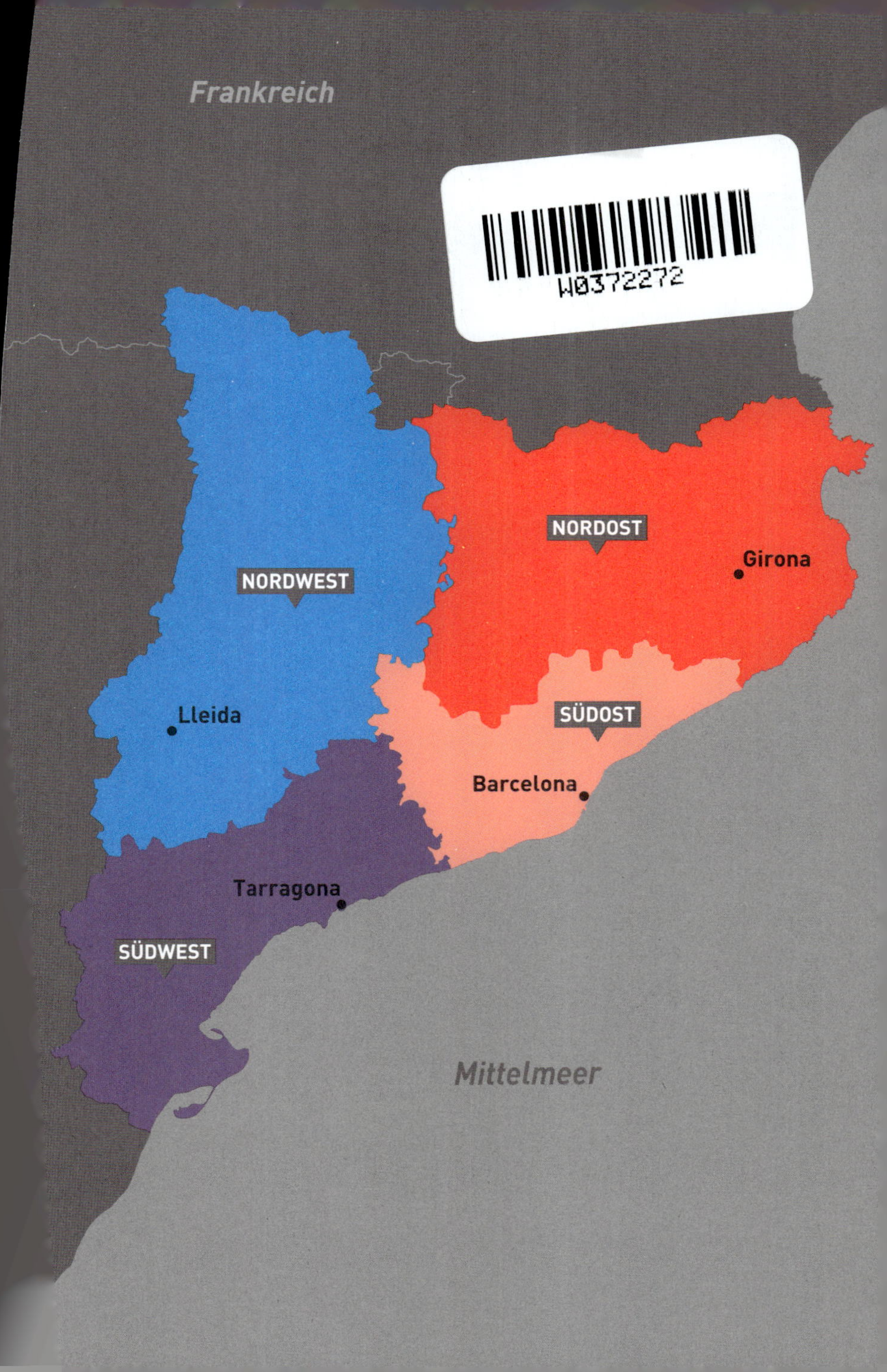
Frankreich
NORDWEST
NORDOST
Girona
Lleida
SÜDOST
Barcelona
Tarragona
SÜDWEST
Mittelmeer

100% KATALONIEN

UND BARCELONA

INHALT

WIE FUNKTIONIERT DER REISEFÜHRER?

Um diesen Reiseführer übersichtlich zu gestalten, haben wir Katalonien in vier Regionen aufgeteilt: Südwest, Südost, Nordost und Nordwest. Die dazugehörige Karte befindet sich auf der ersten Umschlagseite. Den Farben der Regionen begegnen Sie auch am Seitenrand wieder, sodass Sie schnell zu dem gewünschten Ziel blättern können. Das Buch umfasst fünf Kapitel: eines mit allgemeinen Informationen und anschließend die der jeweiligen Regionen. Am Anfang jedes Kapitels finden Sie eine Kurzdarstellung und die wichtigsten Orte. Danach folgt eine Übersicht der Highlights der Region, die in einer fünftägigen Autotour zusammengefasst sind.

Zu jedem Ort geben wir eine ausführliche Beschreibung der wichtigsten Sehenswürdigkeiten. Außerdem verraten wir Ihnen, wo Sie am besten essen, trinken, shoppen, ausgehen und übernachten können und was es sonst noch zu tun gibt. In acht übersichtlichen Top-10-Listen zeigen wir Ihnen zusätzlich, was Sie auf keinen Fall verpassen sollten. Sie finden unsere Empfehlungen im Buch durch folgendes Symbol wieder TOP 10 .

KARTEN UND ÜBERSICHTSPLÄNE

- In der Umschlagklappe befindet sich eine große herausnehmbare Karte von Katalonien, auf der die wichtigsten Straßen und Orte verzeichnet sind. Um Ihnen das Suchen zu erleichtern, finden Sie auf der Rückseite außerdem ein Verzeichnis aller genannten Orte.
- Bei der Autotour am Anfang jedes Kapitels zeigt eine praktische Übersichtskarte, wo Sie sich befinden und welche Orte auf Ihrem Weg liegen.
- Die thematisch geordneten Favoriten (S. 48–55) sind in weiteren Übersichtskarten mit einem gekennzeichnet, damit sie leichter auffindbar sind.
- Für die wichtigsten Orte ist eine Karte des Zentrums enthalten. Die Nummern sowie die Farben der Kreise, die in dieser Karte eingezeichnet sind, verweisen auf die Sehenswürdigkeiten, Restaurants, Geschäfte, Hotels etc. neben der Karte.
- In der hinteren Umschlagklappe befinden sich sechs kleinere herausnehmbare Karten: vier Rundgänge durch die wichtigsten Städte der Region und zwei (Rad-)Wanderungen durch die schönsten Naturgebiete.

100% APP

Mit der App können Sie sich die Tipps und Adressen einfach und kostenlos auf Ihr Smartphone (iPhone oder Android-Phone) herunterladen. So sind Sie immer und überall bestens ausgerüstet, auch wenn Sie das Buch einmal nicht zur Hand haben. Alle Daten sind komplett offline, sodass keine Roaming-Gebühren entstehen.

EINFÜHRUNG

Auf den folgenden Seiten erfahren Sie alles über die Geschichte und die Gegenwart Kataloniens und darüber, was diese Region von anderen unterscheidet. Sie erhalten praktische Informationen zum Beispiel über Klima und Wetter, Reisemöglichkeiten, Essgewohnheiten, Feiertage und Events. Am Ende der Einführung ist ein kleiner Sprachführer Spanisch zusammengestellt. Sehr hilfreich, wenn Sie sich nach etwas erkundigen möchten.

PREISANGABEN BEI HOTELS UND RESTAURANTS

Um Ihnen eine ungefähre Vorstellung von den Preisen in den Hotels und Restaurants zu geben, finden Sie bei den Anschriften stets auch Preise. Bedenken Sie allerdings, dass diese nicht immer gleich sind, sondern beispielsweise je nach Jahreszeit (Haupt- und Nebensaison) variieren können. Die Angaben für Hotels beziehen sich auf ein Doppelzimmer mit Frühstück pro Nacht, es sei denn, es ist etwas anderes genannt. Bei den Restaurants ist – wenn nichts anderes erwähnt ist – der Durchschnittspreis eines Hauptgerichts inklusive Getränk angegeben, bei Bars und Cafés der Preis für ein Getränk wie zum Beispiel eine Tasse Kaffee oder Tee.

HABEN SIE NOCH TIPPS?

Wir haben diesen Reiseführer mit großer Sorgfalt zusammengestellt. Da das Angebot an Geschäften, Restaurants und Bars jedoch regelmäßig wechselt, kann es sein, dass eine Empfehlung nicht mehr existiert. Besuchen Sie in diesem Fall oder wenn Sie andere Anmerkungen oder Fragen zu diesem Guide haben, unsere Website *www.100travel.de/katalonien* oder schreiben Sie uns an *info@momedia.com*. Wir freuen uns über Hinweise, neue Tipps und natürlich Fotos. Posten Sie diese gerne auf unserer facebook fanpage: *facebook.com/100travel*.

Last but not least möchten wir noch bemerken, dass keine der vorgestellten Adressen für ihre Erwähnung bezahlt hat, weder für den Text noch für die Fotos. Alle Texte wurden von einer unabhängigen Redaktion geschrieben.

EINLEITUNG

Die meisten Menschen verbinden vermutlich das sonnige Salou an der Costa Daurada, die Partys in Lloret de Mar und den FC Barcelona mit Katalonien. Schade, dass sie dabei oft übersehen, dass die Region noch viel mehr zu bieten hat – Skipisten in den imposanten Pyrenäen, Wanderwege durch mittelalterliche Dörfer, Picknickplätze in einem Nationalpark, Strände in versteckten Buchten, Weingüter und moderne Kunst.

In der internationalen Presse liest man leider nur wenig über Katalonien, dabei passen die Geschichte und das vielseitige Angebot der rund 32.000 km² großen Region kaum in einen Reiseführer. Als Vergleich: Nordrhein-Westfalen hat eine Fläche von etwa 34.000 km².

Auf den ersten Blick sieht man Weinberge, Überreste römischer Herrschaft, eine Vulkanlandschaft, Wälder, das Ebro-Delta, Naturparks, Berge, Strand und ein nie schlafendes Barcelona. Auf den zweiten Blick fällt auf, dass in den Dörfern nicht die spanische, sondern die katalanische Flagge weht und dass die Menschen dort Katalanisch und nicht *Castellano*, also Spanisch, sprechen. Überall ist die jahrhundertealte Geschichte von der Unterdrückung eines Volkes und dessen Nationalstolz spürbar.

Katalonien ist eines der reichsten Gebiete Spaniens, was vielleicht auch die teuren Mautstraßen erklärt. Hier wohnen über 7,5 Millionen Menschen, 5,5 Millionen von ihnen in der Provinz Barcelona. Der Küstenstreifen Kataloniens ist über 500 Kilometer lang. Von Norden nach Süden und von der Küste ins Landesinnere variiert die Landschaft aufgrund der verschiedenen klimatischen Zonen, die es in der Region gibt.

Die Provinzregierung hat ihren Sitz in der Hauptstadt Barcelona. In dieser Metropole gibt es eine Vielzahl an Museen, kulturellen Einrichtungen und Restaurants. Hier ließe sich wochenlang Urlaub machen. Viele Katalanen sagen allerdings, dass Barcelona nicht das echte Katalonien sei. Und das wird deutlich, wenn man von Barcelona aus nach Norden reist und die mittelalterlichen Dörfer besucht. Die Ruhe der Natur und das beschauliche Landleben stehen im Kontrast zur Hektik der Stadt. Im Nordwesten können Naturfreunde frische Bergluft genießen und eine eigene Welt im Vall d'Aran entdecken. Richtung Süden finden sich Überreste römischer Herrschaft sowie das Ebro-Delta. Je nach Saison kann man Ski fahren oder am Strand liegen.

KATALONIEN FRÜHER

Es war einmal ... eine griechische Kolonie, die später zusammen mit dem Rest der Iberischen Halbinsel zum mächtigen Römischen Reich gehörte. Nach der Herrschaft der Römer kamen die Westgoten, Mauren, Karolinger, Habsburger, die Bourbonen und Franco. Und alle haben sie das Gebiet des heutigen Kataloniens geprägt.

RÖMER UND WESTGOTEN

Der älteste Nachweis menschlichen Lebens in Katalonien ist ein etwa 200.000 Jahre alter Kieferknochen eines Neandertalers, den man in der Nähe des Dorfes Banyoles fand. Weitere Beweise prähistorischen Lebens stammen aus verschiedenen Epochen, unter anderem aus der Altsteinzeit, der Bronze- und Eisenzeit. Die Ortschaften Empúries und Rosas in der Provinz Girona waren einmal die westlichsten Städte des Griechischen Reiches, das vor etwa 2500 Jahren bis zur Iberischen Halbinsel reichte. In Empúries sind die Überreste jener Zeit heute noch zu besichtigen. Sie wurden zum Teil schon vor rund 100 Jahren bei Ausgrabungen freigelegt. Über den Hafen von Empúries kamen etwa 200 v. Chr. die Römer an Land und begannen von dort aus ihre Eroberungszüge. Sie zwangen der Bevölkerung ihre Sprache, ihre Gesetze und auch ihre gesellschaftlichen Strukturen auf. Gegen Ende des 1. Jahrhunderts v. Chr. war das heutige Tarragona Hauptstadt der römischen Provinz Hispania Citerior. Im Großraum Tarragona zeugen Ruinen von dieser Zeit, als die Stadt ein bedeutendes politisches und religiöses Zentrum Hispaniens war. Die Römer waren es auch, die hier das Christentum einführten.

Die Westgoten, ein germanisches Volk, konnten unter ihrem Anführer Athaulf die Römer im 5. Jahrhundert aus Hispanien vertreiben. Der westgotische König Eurich regierte ab 475 sein Königreich von Tolosa aus, dem heutigen Toulouse in Frankreich. Später verlegten die Westgoten ihren Sitz nach Toledo, bekehrten sich zum Katholizismus, gründeten Städte und führten Kriege. Im Jahr 711 begannen die Mauren ihre Invasion vom afrikanischen Kontinent aus und drangen in das katalanische Gebiet ein. Damit begann das westgotische Königreich langsam, aber sicher von der Landkarte zu verschwinden.

Einer der westgotischen Könige war Pelayo. Er soll 718 die Mauren in Covadonga besiegt und das kleine Königreich Asturien gegründet haben. Deshalb wird er manchmal auch als der erste spanische König bezeichnet. Vielleicht ist das der Grund, warum die spanischen Königskinder Principes de Asturias *genannt werden.*

DIE SPANISCHE MARK UND KARL DER GROSSE

Karl der Große, seit 771 König der Franken, war wie viele andere Herrscher auch auf Kriegszug und vergrößerte das Fränkische Reich ständig um weitere Gebiete. 778 zog er gegen die Mauren in den Krieg. Es gelang ihm zwar nicht, Hispanien zu erobern, doch er konnte die Ausbreitung des Islams südlich der Pyrenäen aufhalten. Im Jahr 785 nahm er die Stadt Girona ein. Zehn Jahre später schuf er ein Grenzgebiet zwischen dem Reich der Franken und Al-Andalús, dem maurischen Teil der Iberischen Halbinsel. Es war das Gebiet zwischen den Flüssen Llobregat, Cardener und Segre. Karl nannte es die Spanische Mark. Ludwig, Sohn des inzwischen zum Kaiser gekrönten Karl, gelang es 801 endlich, die Mauren aus Barcelona zu vertreiben. Die Grafen von Barcelona wurden die wichtigsten Vertreter der Karolinger in der Mark, die auch "Gothien" genannt wurde und aus mehreren Grafschaften bestand. Im 10. Jahrhundert verweigerten die katalanischen Grafschaften unter der Führung des Grafen von Barcelona, Borrell II., den Karolingern die Loyalität. Dieser Vorfall war ein erster Hinweis auf den katalanischen Drang nach Unabhängigkeit. Bei einer maurischen Invasion erhielt Borrell II. daraufhin keine Unterstützung. Aus der Spanischen Mark entstanden später die Königreiche Navarra, Aragón und Katalonien.

Der Name "Katalonien" wurde Mitte des 12. Jahrhunderts zum ersten Mal verwendet. Weder die Herkunft des Namens noch dessen Bedeutung sind genauestens geklärt. Es gibt jedoch Vermutungen, dass der Name von "Got-Alanien" abgeleitet wurde, von den Völkern der Goten und Alanen, die die Gegend einst besiedelten.

DAS KÖNIGREICH VON ARAGÓN UND KÖNIG JAKOB I.

Die Grafen der Familie Berengar begannen, Katalonien Richtung Norden, auf die Mittelmeerinseln und Richtung Süden auszuweiten. Raimund Berengar IV. heiratete im 12. Jahrhundert die Tochter des Königs von Aragón, und die beiden Königreiche wurden unter der Krone Aragóns vereint. Die Katalanen behielten jedoch ihre eigene Identität sowie eine eigene Regierung mit einem der ersten Parlamente Europas, dem *Corts Catalanes*. Anschließend wurden Tortosa und Lleida den Mauren entrissen und Katalonien zugeführt. Im 13. und 14. Jahrhundert entwickelte sich Katalonien zu einer starken Seemacht. Der Handel blühte, und die Einwohnerzahl wuchs. Unter der Herrschaft der katalanischen Grafen eroberte das Königreich von Aragón unter der Führung von Jakob I. das Gebiet Valencia sowie die Inseln Mallorca, Sizilien und Sardinien. Jakob I. war derjenige, der mit dem Bau von Stadtmauern rund um das heutige Barri Gòtic in Barcelona begann. Zu dieser Zeit, um genau zu sein 1365, wurde die Basis für die heutige *Generalitat* gelegt, die Regierung Kataloniens. Abgesandte des Adels, der Kirche und der Bürger bildeten als Abgeordnete die *Diputació del General*, deren politischer Einfluss stetig zunahm.

In der italienischen Stadt Alghero auf der Insel Sardinien wird noch heute Katalanisch gesprochen.

AUFSTIEG UND NIEDERGANG

Barcelona war eine der wichtigsten Städte des nördlichen Mittelmeergebietes geworden. Missernten und der Pest zum Trotz wurde viel gebaut: Die Kathedrale Santa María del Mar und das Rathaus sind nur einige Beispiele der strengen katalanischen Gotik. Obwohl es zivile und politische Unruhen gab, florierte Katalonien. 1469 heiratete der König von Aragón, zugleich berüchtigter Förderer der Inquisition, Isabella von Kastilien. Durch diese Verbindung wurde das Königreich von Aragón (inklusive Katalonien) ein Teil des gesamtspanischen Königreiches. Die politische Macht Aragóns verschob sich nun langsam in die Mitte des Landes. Katalonien behielt seine Souveränität und seine eigenen Gesetze, musste diese jedoch in den folgenden Jahrhunderten regelmäßig verteidigen.

Die Geschichte des Romans **Die Kathedrale des Meeres** *von Ildefonso Falcones spielt Anfang des 14. Jahrhunderts in Barcelona. Was das Buch so interessant macht, ist neben der fesselnden Geschichte auch der historische Hintergrund. Man erhält ganz nebenbei auch etwas Geschichtsunterricht und erfährt viel über das Leben der Bürger und der Adeligen sowie über den Wandel in der Kirche Kataloniens.*

Im 16. und 17. Jahrhundert begann der Zerfall Kataloniens. Es gab keinen eigenen Monarchen mehr, die Bevölkerungszahl schrumpfte und die Wirtschaft brach zusammen. Barcelona büßte langsam, aber sicher seine Unabhängigkeit ein. Mit dem Pyrenäenvertrag verlor Katalonien 1659 die Gebiete Roussillon und Cerdanya an Frankreich. Zudem wurden alle seine politischen Einrichtungen der spanischen Monarchie unterstellt. Die kastilischen Herrscher beschäftigten sich zu dieser Zeit mit dem Entdecken der Welt, vor allem Süd- und Mittelamerikas. Spanien prosperierte und erlebte sein Goldenes Zeitalter.

Cristóbal Colón, wie Christoph Kolumbus mit bürgerlichem Namen hieß, betrat 1492 unter spanischer Flagge amerikanischen Boden. Seine Entdeckung des Landes auf der anderen Seite des Ozeans brachte Spanien großen Reichtum. Im Hafen von Barcelona steht eine Statue des Entdeckungsreisenden. "Er weist in Richtung Mittelmeer, sie haben einen Fehler gemacht! Amerika liegt auf der anderen Seite!", hört man so manchen Touristen rufen. Aber Cristóbal deutet nach Genua in Italien. Obwohl seine Geburt nicht dokumentiert ist und sein Geburtsort somit nicht hundertprozentig gesichert ist, kommt er sehr wahrscheinlich von dort.

DEO
IN HONOREM SANCTORUM BARTHOLOMÆI ET THECLÆ

11. SEPTEMBER 1714

Der 11. September ist heute weltweit mit den tragischen Ereignissen in den USA von 2001 verbunden. In Katalonien hat dieser Tag schon seit 1714 einen bitteren Beigeschmack. Als der (Habsburger) König Carlos II. 1700 starb, gab es keinen Thronfolger. Im Krieg um die Nachfolge zwischen Habsburgern und Bourbonen stand Katalonien großteils an der Seite der Habsburger. Mit einem Habsburger auf dem Thron hätte die Region ihr Grundgesetz und ihre Autonomie behalten. Der Rest Spaniens setzte jedoch auf die Bourbonen. Katalonien stand nicht zum ersten Mal auf der Seite der Verlierer.

Am 11. September 1714 ergab sich Barcelona den französischen Truppen, und der Vertrag von Utrecht besiegelte das Kriegsende. Der Bourbone Philipp V. wurde zum König gekrönt und erließ 1716 das "Dekret über den Neuaufbau", was das Ende des Königreichs Aragón und der Eigenständigkeit Kataloniens bedeutete. Katalonien gehörte nun endgültig zum spanischen Königreich. Madrid verwaltete Barcelona und stellte die Stadt unter militärische Kontrolle. Die Universitäten wurden geschlossen und Spanisch wurde zur Landessprache erhoben. Im Unterricht, im Handel, in den Regierungsorganen und Justizgebäuden wurde nur noch Spanisch gesprochen, Katalanisch lediglich zu Hause.

Am 11. September, "la Diada", hissen die Einwohner Kataloniens ihre Flagge. Sogar die Linienbusse haben dann zwei Fahnen auf dem Dach, eine spanische und eine katalanische. Es mag vielleicht eigenartig erscheinen, dass ein Volk des Endes seiner Selbstständigkeit noch immer jedes Jahr gedenkt. Der Brauch geht zurück auf das erste Gesetz, das im Jahr 1980 vom frisch gebackenen katalanischen Parlament angenommen wurde und das den 11. September zum nationalen Feiertag Kataloniens erklärte: "Ein Tag, der nicht allein im Zeichen der schmerzhaften Erinnerung an den Verlust der Freiheit steht (...), sondern auch in der Hoffnung auf eine vollständige nationale Wiederherstellung."

DIE KATALANISCHE RENAISSANCE

Die Legende von "El Niño del Tambor" (Der Junge mit der Trommel) erzählt die Geschichte des kleinen Jungen Isidre und spielt 1808 in den Bergen bei Bruc. Isidre war ein Hirte, der zu jung war, um mit den Soldaten gegen die französische Armee zu kämpfen. Da er nicht tatenlos zusehen konnte, wie Napoleons Truppen von Barcelona aus Richtung Lleida und Zaragoza marschierten, begann er zu trommeln. Das Echo seiner Trommel hallte in den Bergen von Montserrat wider und wurde so laut, dass die Franzosen dachten, eine ganze Armee würde sie erwarten. Aus Angst zogen sie nicht weiter. An diesem Tag konnte der Junge mit der Trommel ganz allein eine französische Armee aufhalten.

Im 19. Jahrhundert setzte eine positive Entwicklung in der Landwirtschaft und im Handel ein, und in der zweiten Hälfte des 19. Jahrhunderts war Katalonien die Drehscheibe der spanischen Industrialisierung. Katalonien wurde deshalb die Fabrik Spaniens genannt. Vor allem die Textilindustrie florierte. Während große Teile Europas Fortschritte machten, hinkte das restliche Spanien durch die Auseinandersetzungen mit den Kolonien in Übersee und der Kirche etwas hinterher. In dieser Zeit wurde der katalanische Nationalismus geboren. Der Katalanismus ist eine politische nationalistische Bewegung, die aus dem Wunsch nach vollständiger politischer Unabhängigkeit heraus entstanden ist. Befördert wurde sie durch die Unzufriedenheit darüber, dass Spanien wirtschaftlich stagnierte. Sie kämpfte auch um die Anerkennung der katalanischen Sprache. Der Intellektuelle Valentí Almirall und seine Anhänger verewigten 1892 ihre Forderungen in den *Bases de Manresa* (Grundsätze von Manresa). Hand in Hand mit dieser Bewegung ging auch eine Kunstströmung: der katalanische *Modernisme*. Während ein Teil der Bevölkerung eine eigene Nation anstrebte, distanzierten sich die Wirtschaftsführer Barcelonas von dieser Idee. Denn die Industrialisierung Kataloniens basierte ja schließlich auf der Nachfrage, und Absatzmärkte gab es auf der gesamten Iberischen Halbinsel.

Während der katalanischen Renaixença *(Renaissance) schrieben viele Schriftsteller wieder auf Katalanisch, eine Tendenz, die sich weiter fortsetzte und im frühen 20. Jahrhundert zur Etablierung des Dichterwettstreits* Jocs Florals de Barcelona *(Blumenspiele von Barcelona) führte. Später entwickelten sich daraus die* Jocs Florals Internacionals.

In den ersten 30 Jahren des 20. Jahrhunderts verlor Katalonien einige Male seine Autonomie und gewann sie in verschiedenen Ausprägungen wieder zurück. Während der Diktatur unter Primo de Rivera (1923–1930) wurde Katalanisch verboten. In den darauffolgenden Jahren erfuhr die Sprache eine Wiederbelebung, die nach dem Spanischen Bürgerkrieg jedoch ein jähes Ende fand. Die 36 Jahre (1939–1975), in denen Diktator Francisco Franco Bahamonde (kurz: Franco) Spanien fest im Griff hatte, waren auch für die Region Katalonien besonders schwer. Das Autonomie-Statut von Katalonien wurde außer Kraft gesetzt, der Katalanismus unterdrückt und Katalanisch in der Öffentlichkeit – und anfangs auch im Privatleben – verboten. Die katalanische Kultur durfte nicht weiter gelebt werden und wurde aus dem öffentlichen Leben verdrängt. Francos Diktatur führte zur Einschränkung der demokratischen Rechte und Abschaffung politischer Parteien in ganz Spanien. Zwischen 1938 und 1953 wurden 4000 Katalanen umgebracht.

Erst nach dem Tod Francos und der Krönung von König Juan Carlos I. im Jahr 1975 erhielt Katalonien wieder kulturelle und politische Autonomie. 1977 erhielt die *Generalitat* ihre alten Befugnisse, und Präsident Josep Tarradellas kam nach Katalonien zurück. Er war während Francos Regierung aus Angst davor, wie sein Vorgänger Lluís Companys zum Tod verurteilt zu werden, ins Ausland geflohen. Mit der Ratifizierung der Verfassung Spaniens 1978 erhielt Katalonien den Status einer autonomen Gemeinschaft und damit das Recht auf eigene politische und öffentliche Einrichtungen, einen eigenen Polizeiapparat, eine eigene Industrie usw. Die spanische Regierung ist für Armee, Justiz und Außenpolitik zuständig. Jordi Pujol wurde 1980 zum ersten Vorsitzenden der neuen *Generalitat* gewählt und war 23 Jahre Regierungschef Kataloniens.

Der beeindruckende Film Salvador *des katalanischen Regisseurs Manuel Huerga erzählt wahrheitsgetreu die Geschichte des Anarchisten Salvador Puig Antich. Puig gehörte zur letzten Generation von Katalanen, die gegen die Unterdrückung durch die Diktatur Francos kämpfte. Der Film handelt von Idealen und gibt dem Zuschauer einen Einblick in das Leben während einer Diktatur. Der 25-jährige Puig war einer der Letzten, die von diesem faschistischen Regime zum Tod verurteilt wurden. Am 2. März 1974 starb er auf grausame Weise durch die Garrotte, die Würgschraube.*

KATALONIEN HEUTE

Die Geschichte Kataloniens ist in politischer und sozialer Hinsicht nicht immer unkompliziert. Mit dem Namen Franco verbindet die ältere Generation heute noch sehr negative Gedanken. Die Unterdrückung der katalanischen Kultur ist in den Erinnerungen verankert und bleibt ein prägendes Element in vielen Bereichen der Gesellschaft.

POLITIK

La Generalitat de Catalunya besteht aus dem Parlament, dem Regierungschef und der Regierung. Die mindestens 100 und maximal 150 Parlamentsmitglieder (*diputats*) werden alle vier Jahre von der Bevölkerung gewählt und repräsentieren verschiedene politische Parteien. Im Parlament wird öffentlich diskutiert, und es werden die Maßnahmen der Regierung genau verfolgt. Der Regierungschef leitet die Regierung und vertritt die Provinz Katalonien. Außerdem besteht die *Generalitat* aus einer Vielzahl von Kontrollorganen. Das Vall d'Aran ist ein eigenes Rechtsgebiet, die Regierung dort heißt *Conselh Generau*.

Bei einem Referendum stimmte die katalanische Bevölkerung 2006 mit überwältigender Mehrheit für das neue Autonomiestatut, das Katalonien noch mehr Autonomie verleihen sollte. Der rechten Partei Partido Popular ging das zu weit; sie befürchtete eine Abspaltung von Spanien. Die Partei reichte daher eine Klage beim spanischen Verfassungsgericht ein und bat um eine Entscheidung über die Verwendung des Terminus "Nation" in dem Statut. 2010 kam das Gericht zu dem Schluss, dass dieser Begriff gestrichen werden müsse, da das spanische Grundgesetz nur das Königreich Spanien als Nation anerkennt. Das Statut von 2006 erklärt Katalanisch zur offiziellen Verkehrssprache der öffentlichen Regierungseinrichtungen, Medien und Schulen. Das Aranesisch wird als offizielle Verkehrssprache des Vall d'Aran bezeichnet. Es wird jedoch auch ausdrücklich betont, dass die katalanische Bevölkerung das Recht und die Pflicht hat, Spanisch zu sprechen.

WIRTSCHAFT

Katalonien ist immer noch eine der reichsten Regionen Spaniens. Die wichtigsten Einkommensquellen sind die Industrie (insbesondere Textil-, Automobil-, Chemie- und Nahrungsmittelindustrie sowie der Schiffsbau), der Tourismus und das Bauwesen. Die Wirtschaftskrise hat jedoch auch Katalonien hart getroffen. Anfang 2012 saßen mehr als 20 Prozent der Berufstätigen arbeitslos zu Hause. Stark angeschlagen sind der katalanische Immobilienmarkt und der Bausektor.

Das alte, aber sehr beliebte Lied Els Segadors *(zu Deutsch:* Die Schnitter*) ist seit 1993 die offizielle Hymne Kataloniens. Es spiegelt die katalanische Mentalität zur Zeit des Bauernaufstands im Jahr 1640 wider.*

DIE MENSCHEN

Trotz des Wohlstands Kataloniens und des kosmopolitischen Charakters, der Barcelona gern zugeschrieben wird, müssen die Bewohner der umliegenden Dörfer bei starken Regenfällen noch immer mit Stromausfällen rechnen. Jeden Tag laufen Männer gebückt unter dem Gewicht der Butangasflaschen schwitzend durch die Straßen, denn ein Erdgasanschluss ist selbst in Barcelona nicht selbstverständlich. Auch bei der (kostenfreien) medizinischen Versorgung bestehen – bis auf wenige Ausnahmen – große Unterschiede zu Deutschland: Die Arztpraxen sind überfüllt, und es gibt lange Wartelisten für Termine bei Spezialisten.

Manche Leute behaupten, dass Katalanen individualistisch sind und in dieser Hinsicht den Deutschen ähneln. Andere wiederum halten sie für geizig. Katalanen machen gern Urlaub in der Region. Bei einem Brückentag zieht es sie in ihr Häuschen in den Bergen oder an den Strand. Die Familie und insbesondere Kinder haben einen großen Stellenwert.

Der Todestag Francos am 20. November 1975 ist zwar lange her, aber seine Diktatur hat viele Narben hinterlassen. Die Menschen, die heute zwischen 40 und 50 Jahre alt sind, waren damals Kinder und haben die Jahre der Unterdrückung bewusst miterlebt. Für einen großen Teil ihrer (Groß-)Eltern ist die Vergangenheit noch sehr präsent. Das katalanische Existenzrecht ist etwas, was sie sich buchstäblich erkämpfen mussten und auch heute noch wegen des Unverständnisses von Außenstehenden und *estrangers* (Ausländern) verteidigen müssen. Doch kann man nicht erwarten, dass eine Gesellschaft ihre Mentalität von einem auf den anderen Tag verändert. Das geht nur schrittweise oder, wie die Katalanen sagen: *poc a poc*.

Obwohl der Tourismus einen wichtigen Beitrag zum katalanischen Wohlstand liefert, sehen vor allem viele Einwohner Barcelonas die Touristen durchaus kritisch. Es ist nicht mehr "ihre Stadt", sie wurde "eingenommen" und "steht nicht mehr im Dienste ihrer Einwohner, sondern ihrer Besucher". Einige Underground-Schriftsteller der Generation 30, die in Barcelona geboren bzw. aufgewachsen sind, äußern ihren Unmut über den "Tourismus-Terror" in dem Buch Odio Barcelona *("Ich hasse Barcelona").*

TYPISCH KATALONIEN

Es sind die Flamencopuppen und andere Souvenirs, die einen in Barcelona daran erinnern, dass man in Spanien ist. Mit Katalonien hat das alles jedoch wenig zu tun. Ein Katalane, der die Besonderheiten seiner *terra* (seines Landes) kurz beschreiben soll, nennt nicht den (andalusischen) Flamenco, sondern die Sardana. Und die Menschenpyramiden, die katalanischen Köstlichkeiten wie *calçots* und *botifarras*, die berühmten Künstler Gaudí und Dalí, *la moreneta* (die Schwarze Madonna von Montserrat), die römische Geschichte und vielleicht den *burro* (Esel).

CALÇOTS UND BOTIFARRA

Wer zwischen November und April in Katalonien ist, sollte sich eine echte *calçotada* nicht entgehen lassen: Dabei handelt es sich um ein traditionelles Barbecue-Gericht, das man eigentlich in einer großen Gruppe (Familie oder Freunde) genießen sollte. Die *calçots* kommen, zu 25 Stück in Zeitungspapier gewickelt, auf den Tisch. Eine *calçot* lässt sich am besten als eine lange Frühlingszwiebel beschreiben. Während man die Zwiebel in einer Hand hält, muss man mit der anderen die äußere, verbrannte Haut entfernen. Danach wird die übrig gebliebene saftige Zwiebel in *romesco* getunkt, eine Soße aus Mandeln, Tomaten, Paprika, Knoblauch und anderen Zutaten, und verzehrt. Dazu passt wunderbar ein Schlückchen Wein, der stilecht nicht in einer Flasche serviert wird, sondern in einem *porró*, einer Karaffe mit einer langen, schmalen Trinktülle. Zum Trinken legt man den Kopf in den Nacken und lässt den Wein in den Mund fließen. Gläser werden nicht benötigt, aber treffsicher sollte man sein! Ein traditionelles Menü besteht aus *calçots a la brasa* (vom Grill) mit *romesco*, danach Fleisch und *botifarra* (Wurst), die ordentlich in *allioli* (Knoblauchmayonnaise) getunkt wird. Dazu wird geröstetes Bauernbrot und eventuell etwas Gemüse gereicht. Nach dem Hauptgang empfiehlt sich eine süße *crema catalana* und als krönender Abschluss eine köstliche Apfelsine.

Bei einer calçotada *lässt es sich kaum vermeiden, sich mit Soße zu bekleckern. Daher erhält man zum Essen immer einen Latz. Und Achtung: Es darf mit Fingern gegessen werden!*

CASTELLS

Wörtlich bedeutet *castell* eigentlich Schloss, doch so werden auch die menschlichen Pyramiden bezeichnet, die traditionell zu katalanischen Festen gehören und von den *castellers* errichtet werden. In der Provinz Valencia gab es früher eine Kombination aus Tanz und menschlichen Pyramiden, den sogenannten Valencianischen Tanz. Gegen Ende des 17. Jahrhunderts übernahmen die Katalanen in der Region Tarragona diesen Brauch, ließen jedoch den tänzerischen Teil weg. Stattdessen versuchten sie, die Pyramiden immer höher und kunstvoller zu gestalten. Im 20. Jahrhundert wurden die *castells* immer berühmter, und seit den 1980er-Jahren sind sie typischer Bestandteil der katalanischen Tradition.

Die *castells* bestehen aus verschiedenen Ebenen: Die *pinya* (Ananas) ist die Basis der Pyramide und wird von einer Vielzahl dicht beieinanderstehender Menschen gebildet. Die Struktur und Höhe des *tronc* (Stamm) bestimmt den Schwierigkeitsgrad der Pyramide. Der *folre* (Überzug oder Verkleidung) steht auf der *pinya* und dient der Verstärkung des Stammes. Auf dem *folre* stehen die *manilles* (Wegweiser). Der *enxaneta* ist die Person ganz oben. Sobald sie einen Arm in die Luft streckt, ist der Turm fertig. Wichtig zum Bau eines *castells* sind *força*, *equilibri*, *valor* und *seny*, also Kraft, Gleichgewicht, Mut und Geist; all diese Eigenschaften muss ein echter *casteller* mitbringen.

In der Geschichte der *castells* gab es leider mehrere Unfälle mit tödlichem Ausgang. Nachdem 2006 ein zwölfjähriges Mädchen nach einem Fall von einem Turm mit neun Ebenen gestorben war, entbrannte eine Diskussion über eine Helmpflicht. 2008 wurde bei Kinderpyramiden der erste Helm verwendet.

In Tarragona findet alle zwei Jahre der Concurso de Castells *statt. Am ersten Sonntag im Oktober kämpfen verschiedene Clubs um den ersten Platz.*

DER KATALANISCHE ESEL

Der katalanische Esel, *el burro catala*, ist erst vor einigen Jahren ein Symbol für Katalonien geworden. Dabei handelt es sich um eine robuste Eselsart aus der Provinz Girona, die wegen des Einsatzes moderner Landwirtschaftsmaschinen vom Aussterben bedroht ist. 2004 haben zwei Jugendliche einen Aufkleber gestaltet, auf dem ein solcher Esel abgebildet war. Damit wollten sie auf die Bedrohung dieser Tierart aufmerksam machen. Innerhalb kürzester Zeit fand diese Eselsabbildung ihren Weg auf T-Shirts, Schirmmützen und vieles mehr. Heute gilt der Esel auch als Symbol für den katalanischen Nationalismus und als Gegenpol zum Toro de Osborne, dem Stier, der eigentlich Werbefigur für ein Getränk war und zum Zeichen der spanischen Kultur wurde.

CORREFOC

Der *correfoc* ist ein Umzug mit Feuer speienden Bestien, tanzenden Teufeln, Rauchschwaden, Lärm und Feuerfunken. Obwohl der Umzug gerade bei Kindern sehr beliebt ist, ist das Ganze nicht ganz ungefährlich. Auf jeden Fall sollte man darauf achten, keine leicht entflammbare Kleidung zu tragen. Bereits im 12. Jahrhundert wurde in Katalonien ein "Teufelsball" gefeiert. Der heutige *correfoc* (*correr* bedeutet rennen und *foc* Feuer) ist jedoch erst seit 1977 Bestandteil einiger Dorffeste. Die Teilnehmer rennen, springen und tanzen, und Höhepunkt ist das Entzünden eines Feuerwerks, dessen Funken auf die feiernde Menge herabregnen.

FC BARCELONA

Viele Ausländer reden von Barça, wenn sie von Barcelona sprechen, dabei bezieht sich diese Abkürzung eigentlich nur auf den bekannten Fußballverein. Im Herbst 1899 wurde der Football Club Barcelona gegründet. Seinen englischen Namen verdankt er dem Briten Walter Wild, der der erste Vorsitzende und das älteste der zwölf Gründungsmitglieder war. Der Club gewann sehr schnell an Popularität, und seine Mannschaft holte etliche Pokale. Aufgrund der wirtschaftlichen und politischen Situation in Spanien verlor der Club in den 1930er-Jahren sein Gründungsmitglied Joan Gamper (er beging Selbstmord), seinen Präsidenten (Josep Sunyol wurde vom Franco-Regime umgebracht) sowie einen Großteil seiner Mitglieder. Unter dem Vorsitz eines vom Franco-Regime bestimmten Präsidenten standen die 1940er-Jahre im Zeichen des Verarbeitens dieser Ereignisse. Sogar die katalanische Flagge im Clubwappen wurde vorübergehend durch die spanische ersetzt. 1949 kamen die katalanischen Streifen wieder zurück. Danach ging es mit dem Club aufwärts, und 1957 wurde das weltweit bekannte Stadion Camp Nou eingeweiht. Der FC Barcelona hat inzwischen über 170.000 Mitglieder.

Barcelonas zweiter Fußballclub Espanyol steht komplett im Schatten des FC Barça. Der Verein wurde 1900 von einer Gruppe Akademiker gegründet. Weil die Spieler nicht nur aus Katalonien, sondern auch aus anderen Teilen Spaniens kamen, nannten sie ihn Espanyol. Die Clubfarben sind Blau und Weiß.

DIE KÜCHE

An der Küste dominieren Gerichte mit Fisch, Meeresfrüchten und Reis, im Inland und in den Bergen werden viel Fleisch und Produkte aus dem Wald sowie dem Gemüsegarten gegessen. In den Städten wird sowohl die katalanische als auch eine internationale

Küche geboten. Die *calçots* und die *botifarras* wurden bereits erwähnt. Katalonien hat jedoch noch mehr typische Gerichte aufzuweisen wie *pa amb tomàquet*: geröstetes (Bauern-)Brot, das mit Knoblauch, Tomate und Olivenöl eingerieben wird. Die Pyrenäen und Vorpyrenäen liefern Käse, Wurst und Pilze. Im Herbst sind die Wegesränder dort von Autos gesäumt: Viele Menschen suchen mit Körben in der Hand nach Pilzen. In der regionalen Küche werden oft Auberginen, Knoblauch, Tomaten, Paprika und Zwiebeln verwendet. Häufig wird daraus *escalivada* zubereitet: gebratenes Gemüse in reichlich Olivenöl.

Eine der ältesten Rezeptsammlungen Europas war das erste katalanische Kochbuch Llibre de Sent Sovi *aus dem Jahr 1324. Es umfasst mehr als 200 Rezepte.*

Katalanen essen für ihr Leben gern ein gutes Stück Fleisch, Reis, Fisch, Meeresfrüchte, Nüsse und Hülsenfrüchte und natürlich *fuet* sowie andere Wurstsorten. Sie lieben auch *macarrons*, eine Nudelart, die anders aussieht als die in Deutschland beliebten Makkaroni. Aus Valencia stammt die *fideuà*, ein Gericht mit langen Fadennudeln, das mit viel *allioli* serviert wird. *Sopa de galets* (eine Art Nudelsuppe) wird das ganze Jahr über gegessen, ist aber eigentlich ein typisches Weihnachtsgericht. Danach kommen *cannelloni* auf den Tisch, die mit Fleisch zubereitet wurden, aus dem erst ein *caldo* (Bouillon) gekocht wurde. Wer genau wissen will, was die lokale Küche zu bieten hat, der sollte ein traditionelles katalanisches Restaurant besuchen.

Essen geht immer mit Trinken einher, und Katalonien ist für seinen Schaumwein Cava berühmt. Freixenet und Codorniu sind die bekanntesten Produzenten.

MODERNISMUS

Ende des 19. Jahrhunderts dominierten im Kunstbereich Art nouveau, also der Jugendstil Gustav Klimt und der katalanische *Modernisme*. Diese Kunstströmung zeichnet sich durch geschwungene Linien, die Abbildung der Natur und ihrer Formen, durch Asymmetrie und viele dekorative Elemente aus. Der bekannteste Modernist ist der Architekt Antoni Gaudí. Aber auch der Dichter Maragaü, der Architekt Domènech i Montaner sowie weitere Schriftsteller, Künstler und Architekten haben wichtige Beiträge zu dieser Kunstrichtung geliefert. Während der Weltausstellung 1888 in Barcelona lernte die Welt den *Modernisme*, Barcelona und Katalonien kennen. Eines der Prachtstücke dieser Stilrichtung – und zugleich ein Wahrzeichen der katalanischen Hauptstadt – ist die Sagrada Família, die Kathedrale von Gaudí, an der noch immer gebaut wird.

Das Buch Stadt der Wunder *von Eduardo Mendoza handelt von Barcelona in der Zeit zwischen zwei Weltausstellungen (1888 und 1929). Es zeichnet ein authentisches Bild der Stadt und des harten Lebens der damaligen Zeit.*

Nach 1910 kam der *Modernisme* wieder zunehmend aus der Mode. In Barcelona kann man allerdings noch viele Beispiele dieser Kunstrichtung bewundern. Der surrealistische Künstler Salvador Dalí sowie Pablo Picasso wurden später durch den *Modernisme* beeinflusst und lieferten einen wichtigen Beitrag zum katalanischen Kulturgut. Dalí wurde in der Stadt Figueres geboren, wo er auch starb. Sein künstlerisches Erbe ist enorm. Ebenso das Werk Picassos, zu dessen berühmtesten Kunstwerken *La Guernica* zählt. Sage und schreibe sechs Museen in Europa wurden Picasso gewidmet. Eines von ihnen steht in Barcelona.

SANT JORDI

In dem kleinen katalanischen Dorf Montblanc lebte vor langer Zeit ein schrecklicher Drache, der unter den Menschen und Tieren wahre Blutbäder anrichtete. Um das Monster zu besänftigen, wurde von Zeit zu Zeit ein Opfer für den Drachen per Los bestimmt. Eines Tages traf das Schicksal die Tochter des Königs. Doch bevor sie dem Drachen geopfert werden konnte, tauchte ein stattlicher Ritter (Jordi) auf und tötete diesen. Aus dem vergossenen Blut wuchs ein Rosenstrauch mit roten Blüten. So lautet die katalanische Version der Legende von Sant Jordi, dem heiligen Georg.

Sant Jordi wird am 23. April begangen und ist der einzige katalanische Feiertag, an dem die Menschen arbeiten müssen. Trotzdem sind in ganz Katalonien die Straßen rot von Rosen und schwarz von Menschen. In den Dörfern werden an jeder Straßenecke bis tief in die Nacht hinein Rosen verkauft, und in den Straßen reihen sich Bücherstände aneinander. Ein Spaziergang entlang all dieser Blumen und Bücher ist "Pflichtprogramm". Männer schenken den Frauen an diesem Tag gewöhnlich eine Rose und Frauen den Männern ein Buch. Es finden auch Konzerte statt, und viele Schriftsteller signieren vor Ort ihre Bücher.

Die UNESCO hat 1995 den 23. April zum Welttag des Buches und des Urheberrechts ausgerufen.

SARDANA

In der Zeit, in der Sizilien noch zum Königreich Aragón gehörte, nahmen die Katalanen einen Tanz von der Insel mit aufs Festland und machten daraus ihre eigene Version. Die Sardana ist ein Volkstanz, der im Kreis getanzt wird. Männer und Frauen stehen abwechselnd nebeneinander und halten sich bei den Händen. Der ruhige, etwas statische Tanz wird bei Dorf- und nationalen Festen auf allen Plätzen getanzt. Er wirkt auf den ersten Blick sehr einfach und vielleicht sogar etwas langweilig, doch hinter den Schritten verstecken sich komplizierte Regeln. Die Begleitmusik kommt von einer *cobla*, einem Orchester, das aus zwölf Instrumenten und elf Mitgliedern besteht. Vor allem ältere Menschen und Kinder beteiligen sich an den *sardanas*, den Jugendlichen ist der Tanz wahrscheinlich zu altmodisch.

Eine, wenn nicht sogar die wichtigste Sardana-Aufführung findet am 16. August im Ort Amer in der Provinz Girona statt. Der von Laubengängen gesäumte Dorfplatz ist an diesem Tag die Bühne für die Sardana de l'Acalde (Sardana des Bürgermeisters).

Die Sardana ist übrigens mehr als nur ein wichtiger Teil der katalanischen Identität. Seit der Eröffnungsfeier der Olympischen Spiele 1992 in Barcelona gilt sie auch als inoffizieller Tanz des Friedens und der Freundschaft in der Welt. Nachdem 600 weiß gekleidete Sardana-Tänzer die fünf Olympia-Ringe gebildet hatten, formten sie ein großes Herz. Die Tänzer schwenkten ein rotes Tuch, und weiße Tauben stiegen auf – ein wahrhaft beeindruckendes Spektakel.

SÜSSIGKEITEN

Katalanen lieben *caramels* (Süßigkeiten), daher gibt es auch kein Dorf ohne Süßwarenladen. Gerade in Verbindung mit religiösen Festen werden sehr oft spezielle Nachspeisen oder andere Leckereien angeboten.

Am Feiertag Heilige Drei Könige wird der *Tortell de Reis* angeschnitten. Das ist eine Art Kuchen oder süßes Brot. Das Gebäck ist rund, hat einen Durchmesser von etwa 50 Zentimetern, ein Loch in der Mitte und ist normalerweise mit Marzipan gefüllt und mit glasierten Früchten dekoriert. Das Besondere an diesem Kuchen ist, dass eine getrocknete Bohne und eine kleine Figur, meistens ein König, eingebacken sind. Derjenige, der die Bohne in seinem Stück findet, muss den Kuchen bezahlen. Dem Besitzer der Königsfigur wird eine Pappkrone aufgesetzt.

San José, das am 19. März gefeiert wird, ist in Katalonien zugleich der Vatertag. Die typische Nachspeise an diesem Tag ist die *crema catalana* – eine gelbe, süße Creme, die mit einer Schicht karamellisiertem Zucker bedeckt ist. Sie erinnert ein bisschen an die französische *Crème brûlée* oder auch an Vanillepudding.

In Katalonien ist es Tradition, dass Erwachsene ihren Patenkindern am Ostersonntag eine *mona de Pasqua* mitbringen, die dann am nächsten Tag mit der ganzen Familie gegessen wird. Dabei handelt es sich um einen Kuchen, der meist mit einer Schokoladenglasur überzogen wird und bunt verziert ist. Die Konditoren wetteifern darum, wer den schönsten Kuchen und die außergewöhnlichsten Schokoladenfiguren als Dekoration herstellt.

La coca de Sant Joan (Johanniskuchen) wird zu Ehren von Johannes dem Täufer an dessen Geburts- und Ehrentag, dem 24. Juni, gegessen. Der Blechkuchen ähnelt ein wenig einer italienischen Pizza und wird ganz unterschiedlich belegt, jedoch nie mit Käse. Es gibt sogar süße Varianten.

PRAKTISCHE INFOS

REISEZEIT

Eine Reise nach Katalonien lohnt sich zu jeder Jahreszeit. Im Sommer kann man sich am Strand sonnen, im Winter laden die Berge zum Skifahren ein. Das Wetter ist von der Lage der einzelnen Gegenden abhängig.

Für einen Sightseeing-Urlaub in Katalonien eignen sich am besten der Frühling und der Herbst. Im Frühling steht alles in voller Blüte, und es ist nicht zu warm, um etwas zu unternehmen. Das Meer ist allerdings zum Schwimmen noch ziemlich kalt. Abends kann es sehr frisch werden, vor allem im Landesinneren. Die Preise sind im Frühling so hoch wie im Sommer. Wenn man im Juli oder August reisen möchte, sollte man unbedingt vorher reservieren. Außerdem sollte man sich dann darauf einstellen, dass natürlich sehr viele andere europäische Touristen und im August auch Spanier in der Region unterwegs sind. Im Juli und August finden viele Dorffeste statt. Es gibt eigentlich immer irgendwo ein Festival, einen Trödelmarkt, ein Konzert auf einem Dorfplatz oder ein Freiluftkino in einem Park oder einem kleinen Amphitheater. September und Oktober sind ebenfalls gute Reisemonate. Es ist dann nicht mehr so warm wie im Sommer, aber man kann noch gut im Meer schwimmen. Weil die Schulen zu dieser Zeit wieder begonnen haben, ist es auch nicht mehr so voll.

UNTERWEGS NACH KATALONIEN

> FLUGZEUG In Katalonien gibt es fünf Flughäfen, von denen El Prat bei Barcelona sowie die Flughäfen von Girona-Costa Brava und Reus für Touristen am interessantesten sind. Die folgenden Fluggesellschaften fliegen nach Katalonien. Da Flugverbindungen regelmäßig geändert werden, ist es ratsam, vorher im Internet nach den aktuellen Angeboten zu suchen:
Lufthansa – von Berlin, Frankfurt/Main und Wien nach Barcelona; **Germanwings** – von Klagenfurt und Salzburg nach Barcelona; **Vueling** – von Berlin, Frankfurt/Main und Wien nach Barcelona; **Iberia** – von Berlin nach Barcelona; **Air Berlin** – von Hamburg, Berlin, Hannover, Köln, Frankfurt und Nürnberg nach Barcelona; **Ryanair** – von Bremen, Hamburg-Lübeck, Magdeburg-Cochstedt, Münster, Düsseldorf-Weeze, Karlsruhe und Memmingen nach Girona sowie von Bremen und Düsseldorf-Weeze nach Reus; **Easyjet** – von Berlin, Basel und Genf nach Barcelona.

Wer ein Auto mieten möchte, sollte sich nach Fly & Drive erkundigen. Gute Urlaubsangebote finden Sie zum Beispiel auf Reiseportalen wie etwa *www.holidaycheck.de* oder *www.ab-in-den-urlaub.de*.

> AUTO Von Süddeutschland aus kann man es in circa 14 Stunden nach Katalonien schaffen. Es ist zugegebenermaßen eine lange Reise, die aber auch sehr schön ist. Beim Tanken sollten Sie beachten, dass Benzin in der Schweiz im Allgemeinen preiswerter ist als in Frankreich, beim Diesel ist es genau umgekehrt. In Spanien kann man in der Regel günstiger tanken als in Frankreich. Für die Mautgebühren sollten Sie Ihre Kreditkarte oder Bargeld griffbereit haben.

> ZUG Für eine Zugreise nimmt man sich am besten viel Zeit. Je nachdem, ob man von Süddeutschland, Österreich oder der Schweiz aus losfahren möchte, muss man mit 16 bis 23 Stunden Fahrzeit rechnen. Von Deutschland aus fährt man mit dem Zug am besten über Paris. Ein TGV nach Paris startet beispielsweise von München Stuttgart oder Köln aus. Und von Paris geht es dann mit dem Nachtzug Joan Miró weiter nach Barcelona. Wer abends in Paris losfährt, kann im Zug schlafen und ist am nächsten Morgen im Zentrum von Barcelona. Österreicher können ihre Zugreise in Wien beginnen, Schweizer in Zürich. Weitere Informationen für Deutschland, Österreich und die Schweiz finden Sie auf der Website *www.raildude.com*.

UNTERWEGS IN KATALONIEN

> ZUG In Katalonien reist man am besten mit Renfe, dem spanischen Pendant zur Deutschen Bahn. Der Ticketpreis ist vergleichsweise niedrig. Fahrplan und andere Infos finden Sie auf *www.renfe.es*. Oben links auf der Website kann die Sprache, zum Beispiel Englisch, gewählt werden. Nahverkehrszüge werden *rodalies* (katalanisch) oder *cercanías* (spanisch) genannt. Für Fernverkehrszüge müssen Sie einen Zuschlag zahlen, und es gilt eine Reservierungspflicht.

> BUS, U-BAHN UND STRASSENBAHN Wenn Sie in Katalonien mit dem Bus von Stadt zu Stadt fahren möchten, finden Sie zum Beispiel auf *www.barcelonanord.com* verschiedene Möglichkeiten (links unter dem Menü können Sie zur englischen Version wechseln). Busbetriebe, die in Katalonien ihre Dienste anbieten, sind Alsa (*www.alsa.es*), Teisa (*www.teisa-bus.com*) und Sarbus (*www.sarbus.com*). Auch in den Städten ist der Bus ein gutes Transportmittel. In Barcelona stehen außerdem U- und Straßenbahnen zur Verfügung. Tickets gibt es bei Automaten an jeder Haltestelle.

> TAXI Taxis mit einem grünen Licht auf dem Dach kann man einfach auf der Straße anhalten. An Bahnhöfen, Flughäfen, einigen Hotels und vielen Plätzen in der Stadt gibt es Taxistände. Der Grundpreis einer Taxifahrt liegt bei rund 2 Euro.

> FERROCARRIL, FUNICULAR UND CREMALLERA Bei Ausflügen stoßen Sie vielleicht auch auf folgende Transportmittel: *ferrocarril*, *funicular* und *cremallera*. Das sind verschiedene Züge, die ihren Namen der Art von Gleis verdanken, auf dem sie fahren. Die *funicular* zum Beispiel wird durch ein Kabel angetrieben, und *cremallera* bedeutet eigentlich Reißverschluss und ist eine Zahnradbahn. Wenn man mit öffentlichen Transportmitteln nach Montserrat fährt, kann man eine solche erleben.

> AUTOBAHNEN In Katalonien fallen auf verschiedenen Autobahnen Mautgebühren an: *peatge*. Die Landstraßen sind dagegen mautfrei und oft idyllisch, allerdings dauert die Reise dann etwas länger. Für die kurvenreiche Küstenstrecke an der Costa Brava braucht man übrigens einen stabilen Magen. Die Kennzeichnungen auf den Straßenkarten sind sehr hilfreich und einleuchtend: A steht für *autovía*, eine mautfreie Autobahn, AP für *autopista*. Hier muss man Maut bezahlen, aber die Straßen sind in einem einwandfreien Zustand und das Serviceangebot umfasst zum Beispiel Tankstellen, Parkplätze und Raststätten. Bei manchen Mautstationen kann man nur mit Kreditkarte zahlen, nicht mit Bargeld. Sie sollten darauf achten, nicht auf einer *Telepeatge*-Spur (mit einem T gekennzeichnet) zu landen, denn auf diesen Spuren ist ein Telemaut-System eingerichtet. Die Höchstgeschwindigkeit auf beiden Autobahnarten beträgt 120 km/h.

> PARKEN In den Städten ist es manchmal nicht einfach, einen Parkplatz zu finden. In Barcelona empfiehlt es sich daher, Parkhäuser aufzusuchen. B:SM ist das Unternehmen, das die öffentlichen Parkplätze in Barcelona betreibt. Auf dessen Website (*www.bsmsa.cat*) gibt es eine Karte mit allen über- und unterirdischen Parkhäusern. Eine günstigere Alternative ist das Parken auf kostenlosen Parkplätzen, beispielsweise in der Nähe der U-Bahn-Station Vall d'Ebron (L3) und der Zona Universitària (L3). Von dort aus fahren öffentliche Verkehrsmittel ins Zentrum. In den meisten anderen Orten gibt es ausgewiesene Parkplätze, auf denen man oft gratis parken kann.

ÜBERNACHTEN

Ein Zelt auf einem Campingplatz, ein einfaches Hotelzimmer, eine Luxussuite in einem Schloss, ein Landhaus oder ein Bed & Breakfast: Die Übernachtungsmöglichkeiten in Katalonien sind enorm vielfältig. In diesem Reiseführer zeigen wir die schönsten und außergewöhnlichsten Unterkünfte. Auf normale Low-Budget-Hotels sowie die großen und bekannten Ketten wird hier nicht eingegangen.

> HOTELS Die Hotelkategorien in Katalonien reichen von einem bis fünf Sterne. Das Frühstück ist nicht immer im Preis inbegriffen. Manchmal werden auch Zimmer mit Halb- oder Vollpension angeboten.

> MASÍA Wer etwas wirklich Außergewöhnliches sucht, bucht ein *masía* (spanisch) oder *mas* (katalanisch). Viele dieser mittelalterlichen Landhäuser sind in den letzten Jahren gründlich saniert worden und bieten einigen Luxus. In diesem Reiseführer werden diverse Beispiele genannt. Manchmal werden sie auch als *can* bezeichnet, katalanisch für "Haus".

LES COLS PAVELLONS, OLOT (L) AIGUACLARA, BEGUR (R)

> BED & BREAKFAST Viele B&Bs in Katalonien gehören Ausländern, die ihren Gästen gern alles Wichtige über die Umgebung erzählen. Oft bekommt man dort neben dem Frühstück auch noch andere Mahlzeiten. Auch B&Bs werden manchmal als *can* bezeichnet.

> CAMPINGPLÄTZE Überall in Katalonien gibt es gute Campingplätze. Der Massentourismus überflutet vornehmlich die Plätze an der Küste, die etwas ruhigeren Anlagen befinden sich meist weiter im Landesinneren. Auf vielen Campingplätzen kann man auch einen Wohnwagen oder einen Bungalow mieten.

> PARADOR Wie im restlichen Spanien auch gibt es in ganz Katalonien sogenannte *paradores*. Diese staatlich betriebenen Hotels sind oft in historischen Gebäuden untergebracht wie in einem alten Kloster, einer mittelalterlichen Festung oder einem denkmalgeschützten Haus.

ESSEN & TRINKEN

> FRÜHSTÜCK Katalanen frühstücken normalerweise später als wir Deutschen. Sie sind meistens schon ein paar Stunden wach, bevor sie einen *café* mit einer *pasta* (einem Croissant oder einem süßen Brötchen) konsumieren. In der Regel wird außer Haus gefrühstückt. Das in Hotels und anderen Übernachtungsmöglichkeiten angebotene Frühstück wurde europäischen Maßstäben angepasst und ist umfangreicher, als es sonst in Spanien üblich ist. Im kleinen Sprachführer sind die verschiedenen Sorten Kaffee, die man in Katalonien bestellen kann, aufgelistet.

> MITTAG *El dinar* ist für die Katalanen die wichtigste Mahlzeit des Tages. Das warme Mittagessen nehmen die meisten zwischen 13 und 16 Uhr ein. In den Städten hat die arbeitende Bevölkerung natürlich kaum Zeit für ein ausgedehntes Mittagessen, außerhalb der Städte wird aber an dieser Tradition festgehalten. Die Mahlzeit besteht aus Vorspeise, Hauptgericht und Nachtisch. Mittags werden in den Restaurants fast überall Drei-Gänge-Menüs zu einem guten Preis angeboten, oftmals ist sogar ein Getränk inbegriffen. Nach dem Essen trinkt man noch einen *café*.

> EL BERENAR gibt es ein paar Stunden nach dem Mittagessen, so zwischen 17 und 19 Uhr. Kinder, die aus der Schule kommen, essen dann Brot. Typisch für diesen Zeitpunkt sind aber auch die bekannten spanischen Tapas. Ein Stück *tortilla*, eine Schale Oliven, ein Teller Chips oder eine Portion Fisch und *pa amb tomàquet*. In Cafés stehen die Häppchen oft auf dem Tresen bereit, man teilt sie mit den Tischnachbarn.

> ABENDESSEN Das Abendessen heißt in Katalonien *el sopar*. Katalanen essen in der Regel nicht vor 21 Uhr, und in vielen Restaurants öffnen die Küchen auch erst um diese Uhrzeit und sind dann bis Mitternacht geöffnet. Gäste können oft so lange sitzen bleiben, wie sie möchten. An Wochenenden ist es normal, dass Restaurants bis weit nach Mitternacht noch gut besucht sind.

Im Allgemeinen gelten an der Bar, drinnen am Tisch und draußen auf der Terrasse unterschiedliche Preise. Wer sein Getränk (und seine Häppchen) an der Bar zu sich nimmt, bezahlt am wenigsten. Für die Bedienung auf der Terrasse wird am meisten berechnet. Es ist ganz normal, auch kleine Kinder bis in die späten Abendstunden munter herumlaufen zu sehen. In vielen einfacheren Lokalen läuft den ganzen Tag über der Fernseher, und bei einem spannenden Fußballspiel kann es dann schon mal sehr laut werden.

ÖFFNUNGSZEITEN

Obwohl Katalonien und Deutschland das eine oder andere gemeinsam haben, werden die Öffnungszeiten in Spanien etwas lässiger gehandhabt.

> SUPERMÄRKTE, BÄCKER UND GESCHÄFTE Bäcker öffnen oft schon um 7 Uhr, Supermärkte gegen 9 Uhr, andere Geschäfte um 10 Uhr. Am Mittag, wenn die Restaurants geöffnet sind, schließen die Läden. Jedes Geschäft handhabt das allerdings etwas anders, manche haben von 13 bis 16 Uhr geschlossen, andere von 14 bis 16 Uhr oder von 14.30 bis 16.30 Uhr. Die meisten Geschäfte sperren abends zwischen 20 und 21 Uhr zu.

> RESTAURANTS UND BARS sind im Allgemeinen zwischen 13 und 16 Uhr für das Mittagessen geöffnet und ab 21 Uhr für das Abendessen. Viele Lokale sind sonntags geschlossen. Für Bars gelten keine festen Öffnungszeiten, einige sind von 8 Uhr bis Mitternacht geöffnet, andere empfangen ihre Gäste erst nach 18 Uhr.

> KIRCHEN Die meisten Kirchen sind täglich geöffnet und frei zugänglich. Bei der Besichtigung sollte man den katalanischen Gläubigen gegenüber Respekt zeigen und Schultern und Beine bedecken. Es gibt Kirchen, für deren Besuch man außerhalb der Gottesdienste Eintritt bezahlen muss.

> MUSEEN Größere Museen sind inzwischen den ganzen Tag durchgehend geöffnet, kleinere Museen schließen jedoch manchmal über Mittag. Sonntagnachmittags und montags haben viele Museen Ruhetag. Es empfiehlt sich, vor einem Besuch die entsprechende Website zurate zu ziehen.

> BANKEN Fast alle Banken öffnen um 8.30 oder 9 Uhr und schließen um 14 Uhr.

FEIERTAGE UND VERANSTALTUNGEN

An den folgenden festen Feiertagen haben die Katalanen frei. Dann sind so gut wie alle Geschäfte geschlossen und die Restaurants sehr gut besucht. Karfreitag, Ostersonntag und Ostermontag sind in Katalonien auch Feiertage.

1. Januar	Any Nou – Neujahr
6. Januar	Dia de Reis – Heilige Drei Könige
1. Mai	Dia Internacional dels Treballadors – Tag der Arbeit
11. Mai	Sant Anastasi (nur in Lleida)
24. Juni	Sant Joan
25. Juli	Sant Jaume (nur in Girona)
15. August	Assumpció de la Mare de Déu – Maria Himmelfahrt
19. August	Sant Magi (nur in Tarragona)
11. September	La Diada, katalanischer Nationalfeiertag
23. September	Santa Tecla (nur in Tarragona)
24. September	La Mercè (nur in Barcelona)
29. September	Sant Miquel (nur in Lleida)
12. Oktober	Dia Nacional de Espanya – spanischer Nationalfeiertag
29. Oktober	Sant Narcís (nur in Girona)
1. November	Tots Sants - Allerheiligen
6. Dezember	Dia de la Constitució Espanyola – Tag der Verfassung
8. Dezember	Immaculada Concepció – Unbefleckte Empfängnis
25. Dezember	Nadal – Erster Weihnachtsfeiertag
26. Dezember	Sant Esteve – Zweiter Weihnachtsfeiertag (nur in Katalonien)

So wie die meisten Spanier machen auch viele Katalanen den ganzen August über Urlaub. Dann ist es in den großen Städten spürbar ruhiger. Obwohl man immer mehr Rücksicht auf den Tourismus nimmt, kann es doch vorkommen, dass Geschäfte und Restaurants zu dieser Zeit geschlossen sind.

Nachfolgend eine kleine Auswahl der vielen Volksfeste in Katalonien.

> Karnevalsfreunde sollten im Februar nach Vilanova i Geltrú oder nach Sitges fahren. In diesen kleinen Städten südlich von Barcelona wird der Karneval richtig gefeiert.

> *Danza de la Mort* (Totentanz) ist eine makabre, jedoch sehr alte Tradition und findet immer am Gründonnerstag statt. In dem Dorf Verges weisen sechs Tänzer mit Sensen, Asche und Uhren darauf hin, dass niemand unsterblich ist. Sie tragen enge, schwarze Kleidung, auf der ein Skelett abgebildet ist. Durch das rhythmische Trommeln bekommt das Ganze eine etwas unheimliche Atmosphäre.

> An *Sant Joan* (Johannistag) wird die Sommersonnwende und damit der Sommeranfang gefeiert. In der Nacht vom 23. zum 24. Juni vergnügen sich die Einheimischen, vor allem an den katalanischen Stränden, mit Feuerwerk, *fogueres de Sant Joan* (Lagerfeuer), Musik und – nicht zu vergessen – der *coca*. Auch die *berbena* (ein Tanzfest) wird in der ganzen Region abgehalten. Dem Sprung über das Feuer und dem Einatmen des Rauches werden heilende Kräfte nachgesagt. Außerdem soll man damit immun gegen die Zaubersprüche von Hexen werden.

> *La Mercè* ist die Schutzheilige Barcelonas, und nach ihr ist dort auch die *festa major* (Stadtfest) benannt. Als im Jahr 1687 die Stadt von einer Heuschreckenplage heimgesucht wurde, bat man die Jungfrau Mercè um Hilfe. Nachdem die Heuschrecken wieder abgezogen waren, wurde sie von der Stadt zur Schutzheiligen ernannt, ein Beschluss, der erst 1868 vom Papst bestätigt wurde. Weil La Mercè der Legende nach 1218 in der Nacht vom 24. September König Jakob I. erschien, wird sie an diesem Tag geehrt. Die ganze Woche vor diesem Datum steht im Zeichen von Konzerten, Ausstellungen, Aufführungen, *castells*, *correfocs*, Feuerwerkswettbewerben und anderen Festlichkeiten. Im Rahmen dieses Festes können Reisende viele Besonderheiten der katalanischen Kultur kennenlernen.

> Jedes Dorf und jede Stadt hat in Katalonien ein eigenes Fest, die *festa major*. Im Zuge dessen gibt es vor allem für Kinder viele unterschiedliche Aktivitäten, aber auch diverse (Open-Air-)Konzerte, traditionelle Umzüge und abends natürlich herrliche Feuerwerke.

TELEFON UND INTERNET

Die Landesvorwahl für Spanien ist 0034. Wenn man von Spanien nach Deutschland telefoniert, wählt man 0049, für Österreich 0043 und für die Schweiz 0041. Deutsche Mobilfunkanbieter haben eine gute Netzabdeckung in Spanien. Man sollte dabei aber nicht vergessen, dass man bei eingehenden Anrufen aus Deutschland, Österreich oder der Schweiz auch selbst Gebühren zahlen muss. Beim Autofahren darf man nur mit Freisprecheinrichtung telefonieren.

In den meisten Städten gibt es Internetcafés, und an vielen Orten, wie zum Beispiel Campingplätzen, wird (oft gegen Bezahlung) WLAN angeboten.

PRAKTISCHE ADRESSEN UND TELEFONNUMMERN

> NOTRUFNUMMERN
Notrufnummer: 112, Krankenwagen: 061, Polizei (Guàrdia Urbana): 062, nationale Polizei: 091, Feuerwehr 080.

> BOTSCHAFTEN UND KONSULATE
Deutsches Generalkonsulat Barcelona
Torre Mapfre, C/Marina, 16–18, 30a, Telefon: (+34) 93 2921000,
Öffnungszeiten: Publikumsverkehr nur nach vorheriger Terminvereinbarung,
Telefonnummer für Notfälle/dringende Angelegenheiten: (+34) 91 5579000.

Honorargeneralkonsulat Österreich Barcelona
Marià Cubí, 7, 1°, 2a, Telefon: (+34) 93 3686003,
Öffnungszeiten: Mo, Mi, Fr: 10–12 Uhr.

Schweizerisches Generalkonsulat Barcelona
Gran Via de Carlos III, 94, 7°, Edificios Trade, Telefon: (+34) 93 4090650,
Öffnungszeiten: Mo bis Fr: 9.30–12.30 Uhr, Visakunden: 9–11.30 Uhr,
telefonisch auch von 14–17 Uhr erreichbar (außer freitags).

GELDANGELEGENHEITEN

Geld abheben ist bei allen Banken möglich, auf denen Telebanco steht. EC-Karten werden in der Regel auch akzeptiert, jedoch fallen dann meistens Gebühren an, die erheblich sein können. Ein Geldautomat heißt auf Katalanisch *caixer*, auf Spanisch *cajero*. Wer in einem Geschäft oder Restaurant mit Kredit- oder EC-Karte bezahlen möchte, sollte sich ausweisen können und die Geheimzahl der Karte im Kopf haben.

POST

Die Briefkästen sind große, gelbe Ungetüme, die oft an Straßenecken stehen. Das Postamt heißt *correos*. Ansichtskarten (*postal*) und Briefmarken (*segells*) sind im Tabakladen (*tabaco*) erhältlich. Postämter haben die gleichen Öffnungszeiten wie die Geschäfte.

GESUNDHEIT

> ERSTE HILFE In akuten Notfällen geht man zur *urgències*, der Notaufnahme des Krankenhauses. Einen Hausarzt finden Sie im nächsten CAP: *Centre d'Atenció Primaria*. Die CAPs verfügen auch über eine Notaufnahme.

> APOTHEKE Paracetamol und andere Schmerzmittel sind in Spanien in der Apotheke erhältlich. Viele Apotheken sind von frühmorgens bis spätabends geöffnet. Es gibt jedoch auch solche, die die gleichen Öffnungszeiten haben wie die Geschäfte. Wer regelmäßig Medikamente benötigt, sollte sich rechtzeitig über die Öffnungszeiten der örtlichen Apotheke informieren. Es schadet auch nicht herauszufinden, wo die nächste *farmàcia* liegt, die rund um die Uhr Dienst hat. Im Allgemeinen erkennt man eine Apotheke an einem grünen Neonlicht-Kreuz, das blinkt, wenn sie geöffnet ist.

> ÄRZTE In Spanien verschreiben die Ärzte normalerweise schneller Medikamente als in Deutschland. Wenn es nötig sein sollte, kann man ohne Überweisung vom Hausarzt auch direkt einen Facharzt konsultieren.

> LEITUNGSWASSER Es spricht nichts dagegen, das Leitungswasser in Katalonien zu trinken. Es schmeckt jedoch wegen des hohen Chlorgehalts nicht so gut wie das Wasser, das man in Flaschen im Supermarkt kaufen kann.

KLEINER SPRACHFÜHRER

Obwohl in einem Mitgliedstaat der EU gelegen und bei Touristen aus aller Herren Länder sehr beliebt, ist in Katalonien im Allgemeinen nur selten Englisch zu hören, geschweige denn Deutsch. Deshalb empfiehlt es sich, die Reise mit einem Wörterbuch Katalanisch oder Spanisch im Gepäck anzutreten. Schon Ihr Bemühen, sich in der Landessprache zu verständigen, macht viele Einheimische sehr viel geduldiger und engagierter, wenn es darum geht, sich mit Ihnen zu unterhalten.

Bedenken Sie überdies: Sie sind zwar in Spanien, aber in erster Linie in Catalunya. Katalanisch ist mehr als nur ein Bestandteil des historischen Erbes der Region. Es ist vor allem das Jetzt und die Zukunft der Katalanen. Je weiter man ins Landesinnere vordringt, umso mehr wird Katalanisch gesprochen und umso weniger Spanisch. Wer sich darauf einstellt, wird einen angenehmen Aufenthalt haben. Übrigens: Eine ganz eigene Sprache hat das Vall d'Aran, das Aranesische.

BEGRÜSSUNG

hallo	**hola**	Wie geht es?	**¿què tal?**
guten Tag	**bon dia**	danke, gut	**bé, gràcies**
guten Abend	**bona tarde**	bis später	**fins després**
gute Nacht	**bona nit**	auf Wiedersehen	**adéu**

NOTFÄLLE

Hilfe! (SOS)	**socors!**
Können Sie mir helfen?	**¿podria ajudar-me?**
Achtung, pass auf!	**compte!**
Feuer	**incendi**
Ich brauche einen Arzt.	**necessito metge**
Rufen Sie einen Krankenwagen.	**truca una ambulància**
Unfall	**accident**
Krankenhaus	**hospital**
Ich bin allergisch gegen ...	**tinc al-lèrgia a ...**
Ich bin bestohlen worden.	**m'han robat**
Polizei(wache)	**(comissaria) policia**

BASICS

ja	**sí**
nein	**no**
bitte	**sisplau**
danke	**gràcies, mercès**
gern (geschehen)	**de res**
Es tut mir leid.	**ho sento**
Verzeihung	**perdoni**
wann	**quan**
warum	**perquè**
wo ist ...	**on és**
keine Ahnung	**no ho sé**
Sprechen Sie Englisch?	**¿vostè parla anglès?**
Können Sie etwas langsamer sprechen?	**¿pot parlar més a poc a poc?**
Ich verstehe (Sie) nicht.	**no l'entenc**
Ich bin Deutscher.	**soc d'Aléman**

ZEIT

Wie spät ist es?	**¿quina hora és?**
Morgen/Mittag	**matí/tarda**
Abend/Nacht	**vespre/nit**
gestern/heute/ morgen	**ahir/avui/demà**
Werktag	**feiner**
Wochenende	**cap de setmana**
Montag	**dilluns**
Dienstag	**dimarts**
Mittwoch	**dimecres**
Donnerstag	**dijous**
Freitag	**divendres**
Samstag	**disabte**
Sonntag	**diumenge**
Tag/Woche	**dia/setmana**
Monat/Jahr	**mes/any**

ZAHLEN

1	**u(n)(a)**
2	**dos**
3	**tres**
4	**quatre**
5	**cinc**
6	**sis**
7	**set**
8	**vuit**
9	**nou**
10	**deu**
20	**vint**
21	**vint-i-u**
30	**trenta**
40	**quaranta**
50	**cinquanta**
60	**seixanta**
70	**setanta**
80	**vuitanta**
90	**noranta**
100	**cent**
1000	**mil**

TELEFONIEREN

hallo (beim Aufnehmen)	**digui**
Mein Name ist ...	**sóc ...**

ÜBERNACHTEN

Ich hätte gern ein ... Zimmer.	**voldria una habitació ...**
Einzelzimmer	**simple**
Doppelzimmer	**doble**
mit einem Doppelbett	**amb llit de matrimoni**
mit zwei Einzelbetten	**amb dos llits**
mit Dusche/Bad/Klimaanlage	**amb dutxa/banyera/aire acondicionat**
Erwachsene(r)/Kind(er)	**adult(s)/nen(s)**
ein Kinderbett	**un llit per a un nen**
für eine Nacht/zwei Nächte	**per una/dues nit(s)**
Wie teuer?	**¿quant és?**
Ist das Frühstück inklusive?	**¿l'esmorzar està inclòs?**
Können Sie mich um ... Uhr wecken?	**¿em podria despertar a les ...?**
Schlüssel	**clau**
Tresor	**caixa**
Können Sie mir ein Taxi bestellen?	**¿em podria trucar un taxi?**

AUTO

Ich möchte ein Auto mieten.	**voldria llogar un cotxe**
Führerschein	**permís de conduir**
Wo kann ich parken?	**¿on puc aparcar?**
Parkgarage	**pàrquing**
Benzin/Diesel/Autogas	**benzina/diesel/autogás**
Tankstelle	**gasolinera**
Wie komme ich nach ...?	**¿com puc arribar ...?**
links/rechts/geradeaus	**a l'esquerre/a la dreta/tot recte**
Kreisverkehr	**glorieta**
Kreuzung	**travessia**
Ampel	**semàfor**
Haben Sie einen Stadtplan?	**¿té un plànol?**
Stau	**caravana**

ÖFFENTLICHE VERKEHRSMITTEL

Bahnhof	**estació**
Zug	**tren**

Bus	**autobús**
U-Bahn-Linie	**línia de metro**
Haltestelle	**parada**
Flugzeug	**avió**
Flughafen	**aeroport**
Ankunft/Abflug, -fahrt	**arribada/sortida**
Wo finde ich den Fahrplan?	**¿on puc consultar els horaris?**
Verspätung	**retard**
Wo kann ich die Fahrkarte kaufen?	**¿on he de comprar un bitllet?**
einfach	**bitllet senzill**
hin und zurück	**bitllet d'anada i tornada**
Wann fährt ...?	**¿a quina hora surt ...?**
umsteigen	**transbordament**

SHOPPEN

Öffnungszeiten	**els horaris**
geöffnet/geschlossen	**obert/tancat**
Wie teuer?	**¿quant és?**
Kann ich mit Kreditkarte zahlen?	**¿puc pagar amb targeta de crèdit?**
Ich will nur schauen.	**només vull mirar**
Laden	**botiga**
Schuhe	**sabates, calçats**
Kleidung	**roba**
Größe	**talla**
Schlussverkauf	**rebaixes**
Supermarkt	**supermercat**
Haben Sie eine Tüte?	**¿té una bossa?**
Postkarte	**postal**
Briefmarke	**segell**
Wo gibt es eine Apotheke?	**¿sap on hi ha una farmàcia?**
Eingang/Ausgang	**entrada/sortida**

RESTAURANT

Frühstück/Mittagessen/Abendessen	**esmorzar/àpat/sopar**
Tagesgericht	**menú del dia**
Speisekarte	**carta**
Rot-/Weißwein	**vi negre/blanc**
Bier	**cervesa**
Fassbier	**canya**
Radler	**clara**
Mineralwasser mit/ohne Kohlensäure	**aigua amb/sense gas**

Espresso	**cafè solo**
Espresso mit Milch	**tallat**
Milchkaffee	**cafè amb llet**
Tee	**te**
Kräutertee	**infusió**
englisch (bei Fleisch)	**al punt**
medium	**poc cuita**
durch	**molt cuita**
warm	**calent**
kalt	**fred**
Pfeffer und Salz	**pebre i sal**
Öl und Essig	**oli i vinagre**

SPEISEKARTE

> primer plat	Vorspeise
amanida	Salat
caneló d'espinacs	Spinatcannelloni
carxofa	Artischocke
ceps	Pilze
croquetes casolanes	hausgemachte Kroketten
embutidos	Wurstsorten
escalivada	gegrilltes Gemüse
espàrrec	Spargel
esqueixada de bacallà	Kabeljau ohne Gräten
formatge (de cabra)	(Ziegen-)Käse
pernìl	Schinken
sopa de galet	Nudelsuppe
verdures	Gemüse

> segon plat	Hauptspeise
a la planxa	vom Grill
al forn	aus dem Ofen
arròs	Reis
bolets	Röhrling (Pilz)
calamar	Tintenfisch
carn	Fleisch
conill amb cargols	Kaninchen mit Schnecken
daurada	Goldbrasse, Dorade
entrecot a cavall	Pferdesteak
gall dindi	Pute
llagostins	Langusten
llenguado	Zunge

llom de porc	Schweinelende
manetes de porc	Schweinshaxe
marisc	Meeresfrüchte
patates i mongetes	Kartoffeln und Gartenbohnen
peix	Fisch
pollastre	Huhn
rap	Seeteufel
salmó	Lachs
vedella	Kalbfleisch
xai	Lamm
> postres	Nachspeise
crema catalana	Pudding/Creme mit karamellisiertem Zucker
fruita del temps	Obst der Saison
gelat	Eis
iogurt	Joghurt
mel	Honig
mató	katalanischer quarkähnlicher Käse
pastís	Torte
suc de taronja	Orangensaft

TOP 10

HIGHLIGHTS

Die **Sagrada Família**, Gaudís Meisterwerk in Barcelona, bewundern **>** S. 63 — 1

Die bizarren Berggipfel von **Montserrat** auf sich wirken lassen **>** S. 107 — 2

Inspirationsquelle für Künstler: die Felsformationen von **Cap de Creus** **>** S. 149 — 3

Im Bergdorf **Siurana** die großartige Aussicht genießen **>** S. 287 — 4

Das Vermächtnis Salvador Dalís im **Dalí-Dreieck** bestaunen **>** S. 172 — 5

Durch den Naturpark **Aigüestortes i Estany de Sant Maurici** wandern **>** S. 243 — 6

Die Weinberge und Bodegas des **Penedès** besuchen **>** S. 111 — 7

Die Vulkane von **La Garrotxa** besteigen **>** S. 181 — 8

Im **Vall d'Aran** die frische Bergluft genießen **>** S. 233 — 9

An den Stränden von **Tamariu, Llafranc** und **Calella de Palafrugell** relaxen **>** S.165 — 10

TOP 10

RELAXEN

1 Im orientalischen Badehaus **Aire de Barcelona** zur Ruhe kommen **>** S. 85

2 Mit einem Boot den **See von Banyoles** erkunden **>** S. 142

3 Beim Relaxen im Spahotel **Hostal Empúries** die Meeresbrise spüren **>** S. 157

4 In der herrlichen Umgebung von **Mas Sorrer** loungen **>** S.157

5 Den **botanischen Garten** von Calella de Palafrugell besuchen **>** S. 165

6 Im Spa **Termas de la Boronía** in Les eine Kaviar-Massage genießen **>** S. 241

7 Den Tag im Strandrestaurant **Kauai** verbringen **>** S. 103

8 Das romantische Zentrum von **Peratallada** entdecken **>** S. 161

9 Im Weinspa von **Perelada** in Rot- oder Weißwein baden **>** S. 154

10 Bei einem Picknick im **Parc Ciutadella** die Ruhe auskosten **>** S. 85

TOP 10

KUNST

Das surrealistische **Teatre-Museu Dalí** in Figueres besuchen > S. 173 **1**

Romanische Kunst und Architektur in **Vall de Boí** bewundern > S. 241 **2**

Im **Picasso-Museum** in Barcelona weltberühmte Werke bestaunen > S. 69 **3**

Eine Wanderung durch den "erotischen" Wald von **Can Ginebreda** unternehmen > S. 142 **4**

Zur Krypta von **Colònia Güell** hinabsteigen > S. 120 **5**

Zahlreiche **Zisterzienserklöster** entlang der Klosterroute besichtigen > S. 300 **6**

In Barcelona einen Blick in **Gaudís modernistische Häuser** werfen > S. 70 **7**

Der **modernistischen Route** in Reus folgen > S. 270 **8**

Kunst in den **Galerien von Cadaqués** erstehen > S. 149 **9**

Im **Centre d'Art La Panera** zeitgenössische Künstler aus Spanien kennenlernen > S. 217 **10**

TOP 10

RESTAURANTS

1 In Girona bei den bekannten **Roca-Brüdern** speisen > S. 135

2 Eine traditionelle **calçotada in Valls** miterleben > S. 303

3 Am spektakulären Esstisch von **Les Cols** tafeln > S. 183

4 Bei **Tragamar** fürstlich essen und dabei die Meeresluft spüren > S. 165

5 Bei **Sant Pau** moderne katalanische Gerichte kosten > S. 80

6 Modernistische Gastronomie bei **Gaudí Garraf** kennenlernen > S. 96

7 In der **Cervecería Catalana** Barcelonas beste Tapas probieren > S. 77

8 Sich bei **Bubó** in Barcelona von Design-Törtchen überraschen lassen > S. 81

9 Im **Lleida** einen Topf mit Schnecken bestellen > S. 218

10 In der **Pizzeria Pulvinar** zwischen römischen Relikten speisen > S. 256

TOP 10

SHOPPEN

Bei **Wawas** in Barcelona originelle Souvenirs erstehen **>** S. 81 1

Die berühmteste **Tonwarenstraße** Kataloniens abklappern **>** S. 162 2

Wein in einer modernistischen **Weinkathedrale** kaufen **>** S. 116 3

In **L'Escala** die köstlichsten Sardellen der Costa Brava kosten **>** S. 157 4

Can Solivera: Verwöhnprodukte auf Olivenölbasis aussuchen **>** S. 162 5

Bei **Caviar Nacarii** für wenig Kaviar eine Menge Geld ausgeben **>** S. 239 6

Bei den Reisfeldern von **Arròs Molí de Rafelet** Reis einkaufen **>** S. 292 7

In Vic traditionelle **katalanische Wurst** probieren **>** S. 201 8

Außergewöhnlich Mitbringsel bei **Fantastik** in Barcelona besorgen **>** S. 82 9

Im **Eth Galin Reiau** in Vielha Hirschpasteten erstehen **>** S. 237 10

TOP 10

MIT KIDS

1 Im interaktiven Museum **CosmoCaixa** die Welt der Wissenschaft entdecken **>** S. 73

2 Historisches und modernes Spielzeug im **Museu del Joguet** bewundern **>** S. 174

3 Im Miniaturpark **Catalunya en Miniatura** wie ein Riese durch Katalonien wandern **>** S. 121

4 Im **Parc Astronòmic Montsec** die Sterne beobachten **>** S. 228

5 Die Fahrt in der Achterbahn des Freizeitparks **Port Aventura** genießen **>** S. 280

6 Auf einem waschechten **katalanischen Esel** einen Ausritt machen **>** S. 184

7 Im **Parc del Laberint d'Horta** stundenlang herumirren **>** S. 86

8 Ein Abenteuer in der **Tropfsteinhöhle von Benifallet** erleben **>** S. 299

9 Im **Museu del Ferrocarril** eine Fahrt mit einem nostalgischen Zug machen **>** S. 104

10 In einem echten **Abenteuerpark** klettern, springen und rutschen **>** S. 207

TOP 10

NATUR

Mit dem Zug entlang des **Pilgerpfades** nach Vall de Núria fahren > S. 192 1

Dem Röhren der Hirsche im **Naturpark von Boumort** lauschen > S. 231 2

Im **Mas de Mingall** zwischen Oliven- und Mandelbäumen wohnen > S. 295 3

Durch die **Schlucht der Mont-Rebei**, eine der längsten Spaniens, wandern > S. 228 4

Die Umgebung von Vic und den herrlichen **Stausee von Sau** erkunden > S. 202 5

Mit einer Bahn zu **vier Vulkanen** fahren > S. 184 6

Einer jahrhundertealten **Schmugglerroute** folgen > S. 186 7

Eine Radtour durch die Weinberge des **Penedès** unternehmen > S. 116 8

Die **Küstenstraße** von Sant Feliu de Guíxols nach Tossa de Mar entlangfahren > S. 145 9

Im **Skigebiet Baqueira-Beret** über die Pisten sausen > S. 238 10

TOP 10

ÜBERNACHTEN

1 Im **Castell d'Emporda** eine fürstliche Nacht verbringen > S. 162

2 Sich im **Boutiquehotel Aiguaclara** verwöhnen lassen > S. 159

3 Im **Iori** in Vielha erst Sushi essen und dann herrlich schlafen > S. 238

4 Im Landhotel **Sant Salvador** inmitten von Reisfeldern wohnen > S. 292

5 Das originelle **B&B 123Olé** entdecken > S. 142

6 Bei **Mas Xipres** in einer umwerfenden Landschaft zur Ruhe kommen > S. 116

7 **The5rooms**: Bei einer waschechten Barcelonerin wohnen > S. 91

8 Am Campingplatz der Kletterer in **Siurana** seine Zelte aufschlagen > S. 287

9 Im buddhistischen Kloster von **Sakya Tashi Ling** schlafen > S. 103

10 Bei **Les Cols Pavellons** in einem Zimmer aus Glas übernachten > S. 185

BARCELONA, COSTA DEL GARRAF, MONTSERRAT, PENEDÈS

SÜDOST-KATALONIEN

AUTOTOUR SÜDOST-KATALONIEN

So können Sie Südost-Katalonien in fünf Tagen erkunden. Die Route bringt Sie zu allen Orten, die Sie gesehen haben sollten, und birgt einige Überraschungen. Sie essen unter Einheimischen und wohnen ganz besonders.

TAG 1

BARCELONA > morgens die Sagrada Família (S. 63) besuchen > im kosmopolitischen Big Fish (S. 74) zu Mittag essen > mit Orange Monkey Tours (S. 85) eine besondere Citytour machen > im Parc de la Ciutadella (S. 85) relaxen > die originellen Häppchen von Tapas 24 (S. 78) probieren > im Palau de la Música Catalana (S. 88) einem Konzert beiwohnen > im the5rooms von Yessica (S. 91) übernachten >

TAG 2

BARCELONA > am Passeig de Gràcia starten > Gaudís Casa Milà (S. 70) oder Casa Batlló (S. 70) besuchen > Richtung Barri Gòtic mit der Kathedrale Santa Eulàlia (S. 71) gehen und dort einen Spaziergang machen > bei En Ville (S. 77) etwas essen > die Kathedrale Santa María del Mar (S. 71) bewundern > bei Bubó (S. 81) ein Design-Törtchen genießen > im Viertel El Born shoppen gehen (S. 62) > bei Luz de Gas (S. 74) einen Cocktail trinken und eine Kleinigkeit essen > im Banys Orientals die Nacht verbringen (S. 90) >

TAG 3

MONTSERRAT UND SANT SADURNÍ D'ANOIA > nach Montserrat fahren > die Seilbahn nehmen > das Benediktinerkloster von Montserrat (S. 108) besuchen > im Vinya Nova (S. 108) ein Mittagessen genießen > über Esparreguera zur Cava-Hauptstadt Sant Sadurní d'Anoia fahren > beim Cava-Hersteller Freixenet (S. 119) vorbeischauen > bei Solà Raventós (S. 119) eine Flasche Cava kaufen > am Abend bei La Cava d'en Sergi (S. 119) tafeln > bei Cal Julia Olivera (S. 120) mitten in den Weinbergen nächtigen >

TAG 4

VILAFRANCA DEL PENEDÈS > nach Vilafranca del Penedès fahren > den Winzer Torres (S. 114) besuchen > bei La Fabrica (S. 113) wieder zu Kräften kommen > eine Radtour durch die Weinberge unternehmen (S. 116) > eine biologische Bodega (S. 115) besuchen > im El Cigró d'Or (S. 113) tafeln > im Casa Torner i Güell (S. 116) seine Zelte aufschlagen >

TAG 5

SITGES > Richtung Badeort Sitges fahren > das Museu Cau Ferrat (S. 95) besuchen > auf dem Steg des Restaurants Club Nàutic de Sitges (S. 96) etwas essen > auf dem Boulevard (S. 99) inlineskaten > bei Franc (S. 98) eine Designer-Badehose erstehen > abends bei Gaudí Garraf (S. 96) etwas außerhalb von Sitges speisen > sich im Hotel Romàntic (S. 100) einquartieren >

MANRESA
IGUALADA
TERRASSA
SABA-DELL
GRANOLLERS
MATARÓ
BARCELONA
VILAFRANCA DEL PENEDÈS
EL VENDRELL
VILANOVA I LA GELTRÚ
MAR MEDITERRÁNEO (MITTELMEER)
Calaf
Pujalt
Sant Salvador de Guardiola
Sant Vicenç de Castellet
Mura
Talamanca
Granera
Safaja
Sant Llorenç Savall
Sant Feliu de Codines
Bigues
la Garriga
l'Ametlla del Vallès
la Sagrera
Llinars del Vallès
Sant Celoni
Vallgorguina
Caldes Montbui
1104
Rellinars
el Borràs
Monistrol de Montserrat
Copons
734
Odena
Argençola
Castellolí
el Bruc
Collbató
Matadepera
Vacarisses
Castellar del Vallès
Palau de Plegamans
Lliçà d'Amunt
Arenys de Munt
Canet de Mar
Dosrius
Sant Vicenç de Montalt
Arenys de Mar
la Roca del Vallès
Sant Andreu de Llavaneres
Argentona
Parets del Vallès
Orrius
Sant Maure
Vilanova del Camí
la Pobla de Claramunt
la Torre de Claramunt
Sant Martí de Tous
Aguiló
Carme
Capellades
Esparreguera
Piera
Viladecavalls
Olesa de Montserrat
Rubí
Sta. Perpètua
Mollet del Vallès
Lagosta
Montornès del Vallès
Cabrera de Mar
Cabrils
Vilassar
Barberà del Vallès
Badia del Vallès
Ripollet
Sant Fost de Camp.
Alella
Vilassar de Mar
Premià de Mar
Tiana
el Masnou
Montgat
Vallbona d'Anoia
Sant Esteve Sesrovires
Masquefa
Canaletes
Sant Llorenç d'Hortons
Martorell
Castellbisbal
Cerdanyola
Montcada
Sant Cugat
Santa Coloma
Badalona
Sant Adrià de Besòs
226
la Llacuna
Mediona
726
Sant Quintí de Mediona
Sant Pere de Riudebitlles
les Cases Noves de Cal Pardo
Montjuïc
el Pla del Penedès
St. Andreu de la Barca
el Papiol
Pallejà
Sant Sadurní d'Anoia
Corbera de Llobregat
St. Vicenç dels Horts
Esplugues
Start
Esblada
Guardiola de Font-rubí
Piugdàlber
Vallirana
St. Feliu
Pontons
Vilobí del Penedès
Sant Pau d'Ordal
Torrelles de Llobregat
St. Joan
Torrelles de Foix
Sarroca
les Cabanyes
la Granada
Avinyonet del Penedès
St. Boi
Cornellà
El Pla de Manlleu
850
Aiguaviva
St. Pere Molanta
Olesa de Bonesvalls
Sant Climent de Llobregat
Begues
Viladecans
el Prat
la Juncosa del Montmell
la Múnia
St. Miquel d'Olèrdola
534
Gavà
Castelldefels
Sant Jaume dels Domenys
Banyeres del Penedès
l'Arboç
464
Sante Pere de Ribes
Rodonya
Llorenç del Penedès
Santa Oliva
Masllorenc
Albinyana
Bonastre
Ziel
Sitges
les Roquetes
C16
E9
A2
C58
AP7
AP2
C16
E90
N340
E15
B10
N11
C32
1
2
3
4
5
0
10
20 km
1:700.000

BARCELONA STADT

MODERNISME, ARCHITEKTUR UND DESIGN

Mit den Olympischen Spielen 1992 erlangte Barcelona internationale Bekanntheit. Unter dem Motto *Barcelona, posa't guapa* (Barcelona, mach dich schön) wurde die Innenstadt dafür gründlich saniert. Heruntergekommene Gassen wurden gesäubert, graue Gebäude bekamen Farbe. Es wurde ein Strand angelegt und ein neuer Stadtteil gebaut (Vila Olímpica), inklusive luxuriösem Jachthafen. Alles wurde getan, damit Barcelona seine Besucher als reizvolle Weltstadt empfangen konnte.

Doch erst einmal zurück zum Anfang. Der Grieche Herkules soll die erste Siedlung an der Stelle des heutigen Barcelona gegründet haben. Der Karthager Hamilcar Barkas, Vater von Hannibal, soll der Stadt dann angeblich ihren Namen gegeben haben: Barcino. Für manche Leute ist er demnach Barcelonas wahrer Gründer. Doch zu belegen ist diese Behauptung nicht. Man weiß nur, dass sich später die Römer hier niedergelassen haben.

Im 10. Jahrhundert fiel die Stadt dem Königreich Aragón zu. Aufgrund ihrer günstigen Lage am Meer und dem erfolgreichen Handel seiner Bewohner ging es Barcelona sehr gut. Am Ende des Mittelalters zeichneten sich jedoch zunehmend Auseinandersetzungen zwischen Katalonien und der zentralen Regierung in Madrid ab. Der Kampf um die Unabhängigkeit wurde allerdings nie gewonnen und schwächte stattdessen die katalanische Hauptstadt zunehmend.

Im 19. Jahrhundert sorgte die florierende Textilindustrie für eine neue Blütezeit. Die Stadt platzte bald aus allen Nähten, weshalb die Stadtmauern abgerissen wurden. Architekten lebten sich in dem neuen Stadtteil Eixample aus, der noch heute das Vorzeigeprojekt des katalanischen *Modernisme* ist. Diese Stilrichtung, die vom Einsatz natürlicher Formen und einer opulenten Dekoration geprägt ist, kam zum Ende des 19. Jahrhunderts auf und ist eine Variante des Art nouveau oder Jugendstils. Vor allem in der Architektur fand der *Modernisme* seinen Niederschlag, bekanntester Vertreter ist Antoni Gaudí, der die berühmte Sagrada Família gebaut hat.

Die Weltausstellungen 1888 und 1929 förderten das Ansehen Barcelonas, die Diktatur Francos schadete ihm. International war die Stadt nämlich vor allem als Hauptstadt der von Franco unterdrückten katalanischen Kultur bekannt. Erst nach dem Tod des Diktators rückten wieder andere Aspekte in den Mittelpunkt.

Die Olympischen Spiele von 1992 waren für die Entwicklung von Barcelona enorm wichtig. Das damit erworbene Selbstbewusstsein und der legendäre katalanische Unternehmergeist sorgten dafür, dass die Stadt sich auch danach positiv entfaltete. Besuchern hat Barcelona jede Menge zu bieten: architektonische Meisterleistungen, wunderbare Strände und eine sehenswerte Altstadt. Heute genießt die Stadt weltweit einen ausgezeichneten Ruf in Sachen Architektur, Mode, Kunst, Gastronomie, Design und Musik.

BARCELONAS STADTTEILE

BARRI GÒTIC ist der älteste Stadtteil des historischen Zentrums von Barcelona, der mittelalterliche Kern wurde auf römischen Überresten errichtet. Der Plaça Jaume I mit dem Palast der katalanischen *Generalitat* und dem Rathaus ist das politische Zentrum der Stadt. In diesem Viertel befinden sich auch die Kathedrale von Barcelona sowie der berühmte Plaça Reial. Städtereisende kommen allerdings nicht nur auf der Suche nach Sehenswürdigkeiten hierher, sondern auch zum Shoppen und Ausgehen, denn der Stadtteil bietet eine Vielzahl von Bars und Restaurants.

War **EL BORN** in den 1980er-Jahren noch ein etwas verrufener Stadtteil, den man am liebsten mied, so hat er sich inzwischen zu einem der beliebtesten Viertel gemausert, wenn es darum geht zu shoppen, einfach etwas herumzubummeln oder etwas zu essen. Hier befinden sich die Kirche Santa María del Mar, das Picasso-Museum und viele originelle Läden, in denen sich alles um Design und Kreativität dreht.

EL RAVAL ("Der Vorort") war im 14. Jahrhundert das erste Eingemeindungsprojekt der Stadt. Es ist von jeher ein Stadtteil, in dem viele Migranten leben. Die ersten Zugezogenen stammten aus dem Hinterland, später ließen sich Zuwanderer aus ganz Spanien hier nieder. Heute leben in El Raval, das lange Zeit als Problemviertel galt, vor allem Pakistaner, Marokkaner und Ecuadorianer. Seit der Eröffnung des Museums für zeitgenössische Kunst MACBA hat sich der Ruf des Viertels deutlich verbessert.

BARCELONETA ist in den Sommermonaten ein Mekka für Strandurlauber, die abends die Terrassen entlang des Boulevards füllen. Die Einheimischen dieses ehemaligen Fischerviertels, das im 18. Jahrhundert angelegt wurde, verbringen ihre Zeit lieber im Schatten ihrer Häuser, während auf den Balkonen die Wäsche im Wind flattert.

Mitten am Strand von Barceloneta steht ein Kunstwerk, das im Volksmund den Spitznamen "Die Würfel" erhielt. Offiziell heißt das Werk Homenatge a la Barceloneta *(Hommage an Barceloneta). Es wurde 1992 anlässlich der Olympischen Spiele errichtet und ist inzwischen ein beliebter Treffpunkt der Strandbesucher.*

EIXAMPLE Als die *ciutat vella* (alte Stadt) im 19. Jahrhundert aus allen Nähten platzte, war die Zeit gekommen, ein neues Wohnviertel zu errichten. Der katalanische Architekt Ildefons Cerdà entwarf daher den Stadtteil Eixample ("Erweiterung") und schuf die berühmten *manzanas* (Häuserblöcke). Wohlhabende Bürger sollten sich hier ebenso wohlfühlen wie Arbeiter. Das Viertel wird durch den Passeig de Gracia in Eixample Esquerra (*esquerra* ist links) und Eixample Dreta (*dreta* ist rechts) geteilt. Obwohl Eixample ein ausgesprochenes Wohnviertel ist, gibt es auch zahlreiche Geschäfte, Bars und Restaurants.

GRÀCIA war ein Dorf, bevor es zu einem Stadtteil des immer weiter wachsenden Barcelona wurde. Der Passeig de Gràcia, die ehemalige Straße nach Gràcia, strahlt noch immer ein eher dörfliches Flair aus. Das Zentrum des Viertels zieht seit jeher Künstler und junge Leute an. Die Feste von Gràcia, die in der dritten Augustwoche stattfinden, sind mittlerweile ziemlich berühmt und locken alljährlich zahlreiche Bewohner der Stadt hierher.

Barcelona verfügt über ein gut ausgebautes U-Bahn-Netz. Werktags verkehren die U-Bahnen bis Mitternacht, freitags bis 2 Uhr und von Samstag auf Sonntag die ganze Nacht. Die Busverbindungen sind nicht ganz so gut. Die rot-weißen Bicing-Fahrräder sind nur für Einwohner gedacht, es gibt jedoch genügend Fahrradverleihstationen. Taxifahrten sind in der Regel nicht teuer. In den Parkhäusern im Zentrum gibt es gebührenpflichtige Parkplätze. Bei Fòrum und Zona Universitària kann man sein Auto kostenlos abstellen und dann mit der U-Bahn ins Zentrum fahren.

SEHENSWÜRDIGKEITEN

Barcelona wird gern als großes Freilichtmuseum bezeichnet, und das nicht ohne Grund. Man begegnet hier einer architektonischen Meisterleistung nach der anderen. Der katalanische Modernismus ist im Wohnviertel Eixample überall präsent, gotische Bauten findet man im historischen Zentrum. In über 50 Museen sind zudem die Werke weltberühmter sowie einheimischer Künstler zu besichtigen.

Einen Stadtspaziergang in Barcelona finden Sie auf der herausnehmbaren Karte in der hinteren Buchklappe.

SAGRADA FAMÍLIA Diese Kathedrale ist das Wahrzeichen Barcelonas. Der 31-jährige Antoni Gaudí erhielt 1883 den Auftrag, die Leitung eines Kirchenbaus zu übernehmen. Der Bau der Krypta war damals schon weit fortgeschritten, doch der Architekt konnte seine Ideen im restlichen Gebäude ausleben. Ursprünglich plante er als Bauzeit zehn Jahre, was sich jedoch bald als illusorisch herausstellen sollte. Die Sagrada Família (Heilige Familie) wurde Gaudís Lebenswerk. 43 Jahre lang war er bis zu seinem Tod damit beschäftigt, und noch heute ist die Kathedrale nicht vollendet. Das liegt zum Teil am gewaltigen Umfang des Baus, denn die Kathedrale soll einmal die größte Kirche der Welt sein. Doch auch Gaudís Arbeitsweise sorgte für Verzögerungen: Seine ersten Entwürfe waren nicht mehr als grobe Skizzen, und die genaue Konstruktionsweise und Ausführung überlegte er sich erst, als die Arbeiten bereits in vollem Gang waren. Das größte Problem war jedoch die Finanzierung des Projekts. Die Sagrada Família war eine TOP 10

BARCELONA STADT

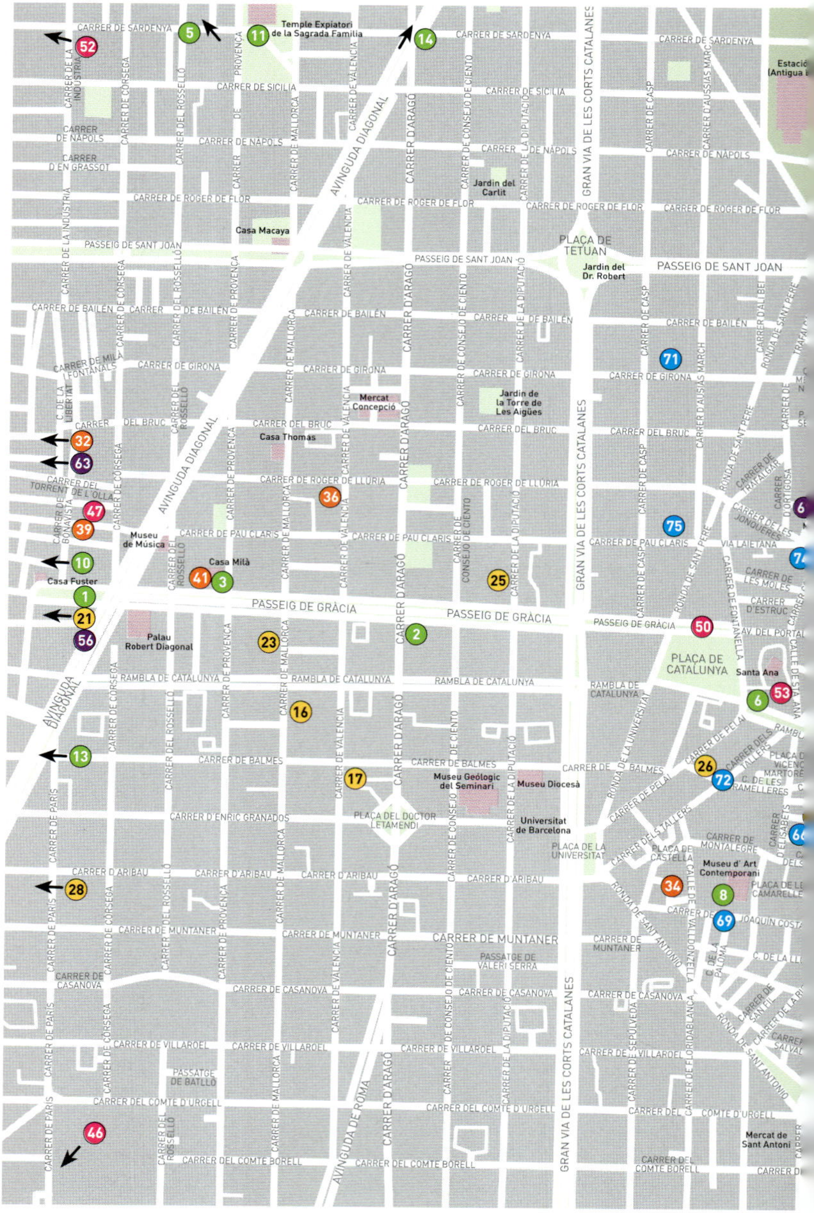

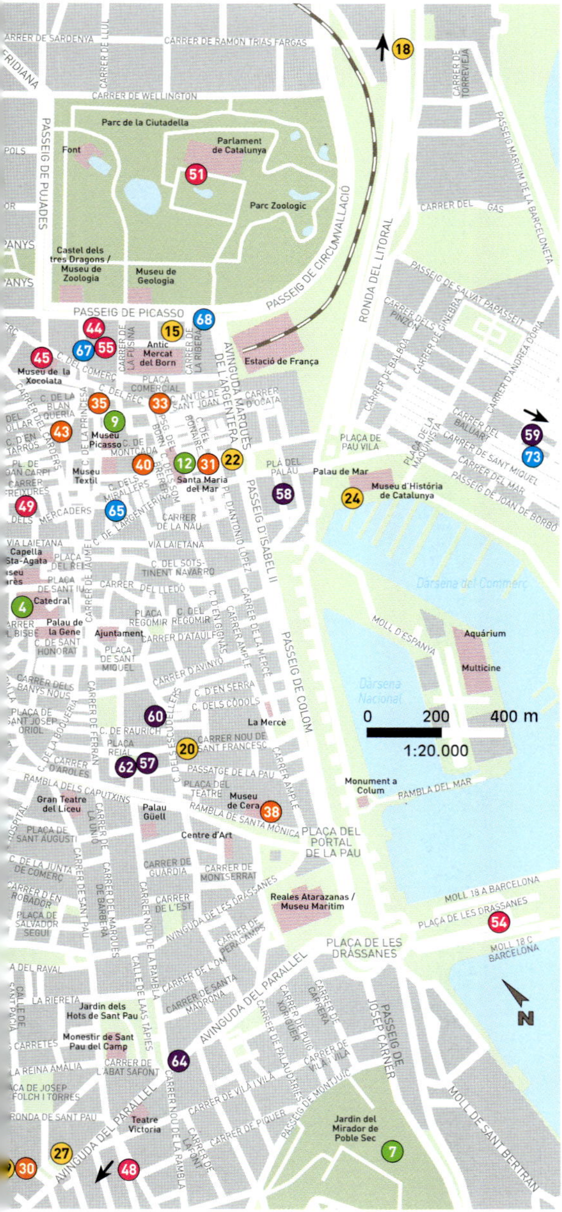

SEHENSWÜRDIGKEITEN > S. 63–74

1. CAIXAFORUM/COSMOCAIXA
2. CASA BATLLÓ
3. CASA MILÀ
4. CATEDRAL DE SANTA EULÀLIA
5. HOSPITAL DE LA SANTA CREU I DE SANT PAU
6. LA RAMBLA
7. MONTJUÏC
8. MUSEU D'ART CONTEMPORANI DE BARCELONA
9. MUSEU PICASSO
10. PARC GÜELL
11. SAGRADA FAMÍLIA
12. SANTA MARÍA DEL MAR
13. TIBIDABO
14. TORRE AGBAR

ESSEN & TRINKEN > S. 74–80

15. BIG FISH
16. CERVECERÍA CATALANA
17. CORNELIA & CO
18. ELS PESCADORS
19. EN VILLE
20. GRILL ROOM
21. KIBUKA
22. KIOSKO
23. LOIDI
24. LUZ DE GAS
25. TAPAS 24
26. TERESA CARLES
27. TICKETS
28. VELÓDROMO
29. XEMEI

SHOPPEN > S. 80–82

30. ARENAS DE BARCELONA
31. BUBÓ
32. CARRER DE VERDI
33. EL BORN
34. FANTASTIK

35. IVO&CO
36. MAR DE CAVA
37. MERCAT LA BOQUERIA
38. PASSATGE DELS TEMPS
39. ROCK 01 COOL BABY
40. THE CHA CHÁ ORIGINAL SHOP
41. VINÇON
42. VINTAGE IN EL RAVAL
43. WAWAS

100% THERE > S. 82–86

44. AIRE DE BARCELONA (BAÑOS ÁRABES)
45. BARCELONA CHOCOLATE TOURS
46. CAMP NOU
47. CRUISING BARCELONA
48. FONT MÀGIC
49. GOCAR
50. ORANGE MONKEY TOURS
51. PARC DE LA CIUTADELLA
52. PARC DEL LABERINT D'HORTA
53. RUTA ZAFÓN
54. TELEFÈRICO
55. VIA VESPA

AUSGEHEN > S. 87–89

56. BOBBY GIN
57. CAFÉ ROYALE
58. CAN PAISANO
59. HOTEL W
60. MARULA CAFÉ
61. PALAU DE LA MÚSICA CATALANA
62. PLAÇA REIAL
63. RAÏM 1886
64. SALA APOLO

ÜBERNACHTEN > S. 89–91

65. BANYS ORIENTALS
66. CASA CAMPER
67. CHIC & BASIC
68. COCOON BARCELONA
69. GAT RAVAL
70. GAT XINO
71. HOSTAL GIRONA
72. HOSTERÍA GRAU
73. HOTEL W
74. OHLA
75. THE5ROOMS

Sühnekirche und sollte ausschließlich mit Almosen bezahlt werden. Es war keine einfache Aufgabe, entsprechend viele Geldgeber zu finden. Während des Ersten Weltkriegs sah Gaudí nur eine Lösung: Er ging selbst von Tür zu Tür, um Spenden zu sammeln.

Die letzten 16 Jahre seines Lebens arbeitete Gaudí ausschließlich an seiner Kirche. Aus dem einst energischen jungen Mann war ein verwahrloster Einsiedler geworden. Er wohnte auf der Baustelle, das Modell stand neben seinem Bett. Das Schicksal bereitete seinem Lebenswerk ein (vorläufiges) Ende: Am 7. Juni 1926 wurde Gaudí von einer Straßenbahn angefahren. Da man ihn für einen Obdachlosen hielt, wurde er erst nach einiger Zeit ins Krankenhaus eingeliefert, in dem er drei Tage später starb.

In den Jahren danach ruhten die Arbeiten an dem halbfertigen Bauwerk. Bei einem Brand in der Krypta gingen 1936 fast alle Entwürfe verloren. 1952 wurde schließlich beschlossen, das Projekt wieder neu zu beleben, jedoch wusste man nicht genau, was dem Architekten eigentlich vorgeschwebt hatte. Gaudís Entwurf basierte auf der Form des lateinischen Kreuzes: ein Langhaus und ein dreibogiges Querschiff. Er entschied sich für drei verschiedene Fassaden, wobei jede einen Teil des Lebens Christi symbolisieren sollte. Die Fertigstellung der Fassade der Geburt erlebte Gaudí noch mit. 1978 war die Fassade des Leidensweges Christi fertig, die Fassade der Seligkeit befindet sich noch im Bau. Der Innenraum der Kathedrale wurde 2010 fertiggestellt und noch im selben Jahr von Papst Benedikt XVI. eingeweiht. Die Türme in Gaudís Entwurf symbolisieren die zwölf Apostel. Ein noch zu bauender Turm im Zentrum wird Christus zwischen den Aposteln darstellen.

CATEDRAL DE SANTA EULÀLIA (L) PARC GÜELL (R)

Über das Datum der endgültigen Fertigstellung dieses Jahrhundertprojekts wird regelmäßig spekuliert. Viele Leute plädieren für den 10. Juni 2026 als Termin für die Eröffnungsfeier – ein symbolisches Datum, da dies der 100. Todestag Gaudís wäre. Die Besucher schreckt es allerdings keineswegs ab, dass Barcelonas Prunkstück noch nicht vollendet ist, denn keine andere Baustelle wird so viel besucht wie die Sagrada Família. Der katalanische Architekt selbst hatte einmal über sein Bauwerk gesagt: "Gott hat keine Eile."

EIXAMPLE - PLAÇA SAGRADA FAMÍLIA, WWW.SAGRADAFAMILIA.CAT, T 932 073031, GEÖFFNET: TÄGLICH APR.-SEPT. 9.00-20.00, OKT.-MÄRZ 9.00-18.00, EINTRITT: 13 €

Die Sagrada Família wird jedoch nicht nur bewundert, sondern stößt duchaus auch auf Ablehnung. George Orwell bezeichnete die Kirche als "eines der hässlichsten Gebäude der Welt". In der örtlichen Presse findet seit Jahren eine Diskussion über Gaudís wichtigstes Erbe statt. Gegner behaupten, eine Sühnekirche passe nicht mehr in unsere Zeit. Andere meinen, dass die Kirche ihrem eigentlichen Zweck entfremdet wird, da sie ein wichtiges Ziel des kommerziellen Massentourismus ist.

PARC GÜELL

PARC GÜELL Von seinem guten Freund Eusebi Güell erhielt Gaudí 1900 den Auftrag, eine Gartenstadt zu entwerfen. Obwohl der Park Güell als Wohnviertel gedacht war, wurden nur zwei Wohnhäuser gebaut. In eines davon zog Gaudí selbst ein, heute ist es ein Museum. Die Bezeichnung "Park" ist eigentlich etwas untertrieben, man kann im Park Güell natürlich auch frische Luft schnappen, aber vor allem Gaudís fantasievolles Schaffen bewundern. Die Wege, Treppen, Terrassen und Stützmauern fügen sich absolut natürlich in die Landschaft ein. Der große Platz in der Mitte des Parks, der Aussicht auf die Stadt und das Meer bietet, war als Freilichttheater gedacht. Die wellenförmige, mit farbenfrohem Mosaik verkleidete Sitzbank ist ein gern fotografiertes Motiv. Der Platz wird von einer dorischen Säulenhalle getragen, deren Säulen als Regenabflussrohre dienen. Gaudí hatte ein Wasserreservoir zur Bewässerung des Gartens angelegt. Bereits der Parkeingang könnte aus einem Märchenbuch stammen: Hier steht auch Gaudís berühmter Salamander, der das Grundwasser "bewachen" sollte. Die Häuser am Eingang waren als Wohnung für den Pförtner sowie als Bürogebäude gedacht.

GRÀCIA - CARRER D'OLOT, WWW.PARKGUELL.ES/EN/PORTADA, GEÖFFNET: TÄGLICH MAI-AUG. 10.00-21.00, APR. & SEPT. 10.00-20.00, MÄRZ & OKT. 10.00-19.00, NOV.-FEBR. 10.00-18.00

Mit 17 Jahren zog Antoni Gaudí in die katalanische Hauptstadt, um dort an der Escola Superior d'Arquitectura zu studieren. Als er 1878 sein Abschlusszeugnis in Empfang nahm, sagte Direktor Elie Rogent: "Ich habe entweder einen Verrückten oder ein Genie bestehen lassen."

MUSEU PICASSO Das berühmte Künstlercafé Els Quatre Gats machte die Öffentlichkeit Anfang des 20. Jahrhunderts mit Pablo Picasso bekannt. Picasso entwarf nämlich die Speisekarten für das Lokal und zeigte dort erste Bilder. Sein späterer Privatsekretär Jaume Sabartès besaß eine große Anzahl von Werken aus dieser Anfangszeit, die er in den 1960er-Jahren in einem alten Palais in der Carrer Montcada ausstellte. Picasso schenkte diesem Museum zudem an die 1000 Kunstwerke, sodass es sich zu einem viel beachteten Picasso-Museum entwickelte, obwohl das Franco-Regime dem Schaffen des Malers sehr kritisch gegenüberstand. Heute ist das Museum eine der meistbesuchten Sehenswürdigkeiten der Stadt. TOP 10

EL BORN - CARRER MONTCADA 15-23, WWW.MUSEUPICASSO.BCN.ES, T 932 563000, GEÖFFNET: DI-SO 10.00-20.00, EINTRITT: 11 €

Wer verschiedene Museen in der Stadt besuchen möchte, dem sei ein Articket empfohlen, das beim Fremdenverkehrsamt erhältlich ist und 30 Euro kostet. Damit hat man freien Eintritt in sechs Museen (Museu Picasso, Fundació Antoni Tapies, MACBA, CCCB, MNAC und Fundació Joan Miró).

LA RAMBLA Lebende Statuen, Kioske, Straßencafés, Blumenstände und Staffeleien – die berühmteste Straße Spaniens, La Rambla, steckt voller Leben und verläuft von der Plaça Catalunya Richtung Meer. Das Wort *rambla* ist vom arabischen Wort für "sandiges Flussbett" abgeleitet, denn ursprünglich lief hier das Regenwasser zum Meer ab. Da der Boulevard eigentlich aus fünf Teilen besteht, wird er auch oft "Las Ramblas" genannt. Am Anfang steht der Brunnen Font les Canaletes. Die Legende besagt, dass jeder, der daraus trinkt, wieder nach Barcelona zurückkehrt. Entlang der Promenade reihen sich diverse Sehenswürdigkeiten wie das Ausstellungszentrum La Virreina Centre de la Imatge, Mercat la Boquería (siehe Seite 82), das Gran Teatre del Liceu, das Kunstzentrum Centre d'Art Santa Mónica und das Museu de la Cera (Wachsfigurenkabinett) aneinander.

TOP 10

CASA MILÀ Manche Leute erkennen in der wellenförmigen Fassade der Casa Milà eine Dünenlandschaft, andere ein Korallenriff. Im Volksmund erhielt dieses markante Gebäude den Spitznamen "La Pedrera" (der Steinbruch). Gaudí arbeitete daran zwischen 1906 und 1910, bevor er sich ganz der Sagrada Família widmete. Seine Vorliebe für fließende Formen kommt in diesem Bauwerk besonders gut zur Geltung, denn es gibt keine einzige gerade Mauer. Auf dem Dach kann man die skurrilen Schornsteine bewundern, die Aussicht auf Stadt und Sagrada Família gibt es gratis dazu.

EIXAMPLE - PASSEIG DE GRÀCIA 92, T 934 845900, GEÖFFNET: TÄGLICH MÄRZ-OKT. 9.00-20.00, NOV.-FEBR. 9.00-18.30, EINTRITT: 15 €

Unter der Casa Milà befindet sich angeblich die allererste Tiefgarage der Stadt, doch das stimmt nur bedingt. Gaudí entwarf zwar einen unterirdischen Raum, der allerdings eine andere Bestimmung hatte, aber heute als Tiefgarage genutzt wird.

CASA BATLLÓ ist als Gaudís Märchenhaus bekannt. Das Wohnhaus ist eine Ode an den katalanischen Schutzpatron Sant Jordi, der der Legende nach einen Drachen getötet haben soll. Die pastellfarbene Fassade erinnert an Fischschuppen, das Dach hat die Form eines Drachenschwanzes. Das Gebäude ist Eigentum der Familie Bernat, die die weltberühmten Lutscher Chupa Chups herstellt. Die erste Etage ist ein Meisterstück innenarchitektonischen Könnens von Gaudí.

EIXAMPLE - PASSEIG DE GRÀCIA 43, WWW.CASABATLLO.CAT, T 934 880666, GEÖFFNET: TÄGLICH 9.00-21.00, EINTRITT: 18,15 €

SANTA MARÍA DEL MAR So wie die Sagrada Família die Kirche der Touristen ist, so ist die Santa María del Mar das Gotteshaus des Volkes. Das gotische Gotteshaus wurde im 14. Jahrhundert in nur 54 Jahren errichtet. Alle Bewohner des Viertels sollen dabei mitgeholfen haben. Die "Kathedrale des Meeres", so der Beiname, war die Kirche der Seemänner und Laufburschen im Hafen. Heute ist sie bei Hochzeitspaaren sehr beliebt. Die Wartezeit, um sich hier das Jawort geben zu können, beträgt bis zu zwei Jahren.

EL BORN - PLAÇA DE SANTA MARÍA, T 933 190516, GEÖFFNET: TÄGLICH 9.00-13.30 & 16.30-20.00

Die Kirche Santa María del Mar spielt eine wichtige Rolle in dem historischen Roman Die Kathedrale des Meeres *von Ildefonso Falcones. Darin erzählt der Katalane die Lebensgeschichte von Arnau Bernat, der beim Bau dieser Kathedrale mithalf und sich schließlich zu einem angesehenen Bürger der Stadt entwickelte.*

Die **CATEDRAL DE SANTA EULÀLIA** ist die wichtigste Kirche des Erzbistums Barcelona. Der Grundstein wurde 1298 gelegt. Als das Gotteshaus im letzten Jahrhundert endlich fertiggestellt war, konnte man gleich wieder mit den Renovierungsarbeiten beginnen. Namensgeberin der Kathedrale ist Santa Eulàlia, die Schutzpatronin der Stadt. Ihre Überreste liegen in der Krypta unter dem Hochaltar. Die 13 Gänse im Klostergarten hinter dem Bauwerk sollen Santa Eulàlia, und damit Barcelona, beschützen. Samstagnachmittags und sonntagmorgens wird auf dem Platz vor der Kirche die Sardana (siehe Seite 28) getanzt.

BARRI GÒTIC - PLA DE LA SEU 3, WWW.CATEDRALBCN.ORG, T 933 151554, GEÖFFNET: MO-SA 8.00-14.00 & 16.00-19.00, SO & FEIERTAGE 8.00-13.45 & 17.15-19.45, EINTRITT: 6 €, WÄHREND MESSEN FREI

CASA BATLLÓ (L)

LA RAMBLA

HOSPITAL DE LA SANTA CREU I DE SANT PAU ist der größte modernistische Komplex Kataloniens. Das Krankenhaus wurde zwischen 1902 und 1930 nach einem Entwurf des Architekten Lluís Domènech i Montaner gebaut. Es besteht aus einem Hauptgebäude und 27 Pavillons. Unterirdische Gänge verbinden die verschiedenen Bereiche miteinander. Seit 1997 zählt das Gebäude zum Weltkulturerbe der UNESCO, in den Morgenstunden werden Führungen angeboten.

EIXAMPLE - SANT ANTONI MARÍA CLARET 167, WWW.SANTPAU.ES, T 933 177652, GEÖFFNET: RUND UM DIE UHR, FÜHRUNG: TÄGLICH 9.30-13.30, PREIS: 10 €

MONTJUÏC ist ein Berg im Süden Barcelonas. Früher befand sich hier zum Schutz der Stadt ein Beobachtungsposten. Die alte Festung diente lange Zeit als militärhistorisches Museum. Seit dem Umbau 2009 ist ein internationales Zentrum für Frieden darin untergebracht. Auch die Weltausstellung von 1929 fand auf dem Berg statt. Das Ereignis wurde mit einem großen Wasserspiel eröffnet. Die Springbrunnen gibt es noch immer, und die regelmäßig dort stattfindenden Abendshows sind eine beliebte Attraktion. Im Museu Nacional d'Art de Catalunya ist katalanische Kunst der Vergangenheit und Gegenwart zu bewundern. Außerdem liegen das Olympische Stadion, das Freilichtmuseum Poble Espanyol und die Fundació Joan Miró mit einer Vielzahl von Werken dieses katalanischen Malers auf dem Berg. Wer etwas Erholung braucht, kann auf dem Montjuïc auch in einem Freibad schwimmen gehen und dabei die Aussicht auf die Stadt genießen. Langweilig dürfte es hier also wirklich niemandem werden.

Während der Wassershow ist auch das Lied Barcelona *vom verstorbenen Rocksänger Freddie Mercury und Operndiva Monserrat Caballé zu hören. Durch ihre Zusammenarbeit entstand das neue Musikgenre Rockoper. Das 1987 komponierte Lied wurde 1992 anlässlich der Olympischen Spiele in Barcelona erneut aufgenommen.*

MUSEU D'ART CONTEMPORANI DE BARCELONA (MACBA) Das MACBA ist ein markantes Gebäude aus dem Jahr 1995, das vom amerikanischen Architekten Richard Meier entworfen wurde. Der Bau dieses Museums für moderne Kunst zwischen den oftmals verfallenen Häusern des *barrio* ("Viertel") El Raval erregte großes Aufsehen. Der Platz vor dem MACBA ist wegen der kleinen Mauern und der Rampe für Rollstuhlfahrer bei Skatern sehr beliebt. Informationen zu den wechselnden Sonderausstellungen finden Sie auf der Website.

EL RAVAL - PLAÇA DELS ÀNGELS 1, WWW.MACBA.ES, T 934 120810, GEÖFFNET: MO, MI-FR 11.00-19.30 (IM SOMMER BIS 20.00), SA 10.00-20.00, SO & FEIERTAGE 10.00-15.00, EINTRITT: 8 €

CAIXAFORUM/COSMOCAIXA Das CaixaForum befindet sich in einer ehemaligen modernistischen Textilfabrik. Hier kann man Ausstellungen moderner Künstler besuchen und sich im Museumsladen mit Kunstbüchern eindecken. Das CosmoCaixa ist ein interaktives Wissenschaftsmuseum, das verschiedenen Themenbereichen, etwa

TOP 10

dem Amazonas-Regenwald, gewidmet ist und ein spektakuläres Planetarium beherbergt. Beide Museen sind eine Initiative der katalanischen Bank La Caixa.

CAIXAFORUM, CARRER MARQUÈS DE COMILLAS 6-8, T 934 768600, OBRASOCIAL.LACAIXA.ES, GEÖFFNET: SO-FR 10.00-20.00, SA 10.00-22.00, EINTRITT: FREI

COSMOCAIXA, CARRER ISAAC NEWTON, T 932 126050, GEÖFFNET: DI-SO 10.00-20.00, EINTRITT: 3 €

TORRE AGBAR ist ein gutes Beispiel für Barcelonas Drang nach eindrucksvollen Innovationen. Der 142 Meter hohe Koloss ist ein Entwurf des französischen Architekten Jean Nouvel. Die blaue und rote Fassade wird abends beleuchtet. Die Auftraggeber nannten den Turm eine "Patronenhülse", die Einheimischen gaben ihm wegen seiner Form andere, etwas schlüpfrige Spitznamen. Das Bürogebäude ist leider nicht öffentlich zugänglich.

EIXAMPLE - AVINGUDA DIAGONAL 209-211, WWW.TORREAGBAR.COM

TIBIDABO Der höchste Punkt der Serra Collserola, Tibidabo, ist fast von der ganzen Stadt aus zu sehen. Hier kann man die Kirche Temple Expiatori del Sagrat Cor und einen nostalgischen Freizeitpark besuchen. Um dorthin zu gelangen, steigt man am besten an der Station Tibidabo (L7 vom Plaça Catalunya) in die historische Straßenbahn Tranvia Blau, die einem vielleicht aus dem Bestseller *Der Schatten des Windes* von Carlos Ruiz Zafón bekannt vorkommt. Das letzte Stück kann man mit einer Kabelbahn zurücklegen.

FREIZEITPARK TIBIDABO, PLAÇA DE DOCTOR ANDREU, WWW.TIBIDABO.ES, GEÖFFNET: SA-SO & FEIERTAGE 11.00-18.00, IM SOMMER MI-SO 12.00-22.00, EINTRITT: 25,20 €

ESSEN & TRINKEN

Von schnellen Snacks bis hin zu stilvollen Sterne-Restaurants, in Barcelona finden Sie alles. Wer gerne mittags warm isst, kann im Vergleich zum Abendessen Geld sparen. Sonntags sind viele Restaurants geschlossen. La Rambla müssen Sie zu diesem Zweck nicht ansteuern, denn dort wird Tiefkühlkost mit überteuerter Sangria serviert.

LUZ DE GAS ist ein Boot im alten Hafen von Barceloneta, das bei Touristen sehr beliebt ist. Auf dem Deck kann man an einem warmen Sommerabend ein Glas Wein mit Tapas genießen. In den Wintermonaten ist das Boot geschlossen.

BARCELONETA - KAI VON MOLL DEL DIPÓSIT, WWW.LUZDEGAS.COM, T 934 842326, GEÖFFNET: MÄRZ-SEPT. TÄGLICH 12.00-3.00, PREIS: AB 5 €

BIG FISH Dieses Restaurant passt ganz und gar zum "Soho von Barcelona", El Born. Inmitten von Designermöbeln und Vintage-Deko isst man Fisch, der jeden Morgen frisch an der Costa Brava eingekauft wird. Auf der Speisekarte stehen traditionelle mediterrane Gerichte, aber auch Sushi und Cocktails. Tipp: Das Mittagsmenü ist sein Geld wert.

EL BORN - CARRER COMERCIAL 9, WWW.BIGFISH.CAT, T 932 681728, GEÖFFNET: DI-DO 13.30-16.00 & 20.30-0.00, PREIS: MITTAGESSEN 14 €

CORNELIA & CO

TERESA CARLES

KIBUKA ist eines der beliebtesten Sushi-Restaurants in Barcelona. Das Angebot an Sashimi, Maki und Sushi ist sehr vielseitig, originell und vor allem lecker. Man sollte früh vor Ort sein oder vorher reservieren, denn das Restaurant ist oft recht voll. Besucht wird es vor allem von den neu zugezogenen Bewohnern des Arbeiterviertels Gràcia.

GRÀCIA - CARRER DE VERDI 64, WWW.KIBUKA.COM, T 934 159217, GEÖFFNET: SO & DI-DO 20.30-0.00, FR-SA 20.30-0.30, IM AUG. ZWEI WOCHEN GESCHLOSSEN, PREIS: 10 €/PORTION

VELÓDROMO ist ein klassisches Grand-Café, in dem sich die Bewohner der reichen Viertel Barcelonas gern sehen lassen. Das Unternehmen, das die Barceloner Biermarke "Moritz" produziert, hat das Café übernommen und seine authentische Ausstrahlung erhalten. Ein schöner Platz zu jeder Tageszeit, auch zum Essen.

EIXAMPLE - CARRER DE MUNTANER 213, T 934 306022, GEÖFFNET: TÄGLICH 6.00-3.00, PREIS: BIER 1,80 €

EN VILLE wurde von der örtlichen Zeitung *La Vanguardia* zu einem der schönsten Restaurants der Stadt gekürt. Das Lokal erinnert an ein französisches Bistro. Auf der Karte stehen hauptsächlich mediterrane Gerichte, und vor allem der Mittagstisch ist sehr gefragt.

EL RAVAL - CARRER DEL DOCTOR DOU 14, WWW.ENVILLEBARCELONA.ES, T 933 028467, GEÖFFNET: SO-MO 13.00-16.00, DI-SA 13.00-16.00 & 20.00-23.30, PREIS: MITTAGESSEN 10 €

KIOSKO ist mit Abstand das beliebteste Hamburger-Lokal der Stadt. Jugendliche, Nachtschwärmer, Familien mit Kindern sowie Touristen – jeder weiß die leckeren Burger zu schätzen. Auf japanische Art, auf spanische mit Manchego-Käse, klassisch oder extra pikant: Alles ist geboten.

EL BORN - AVINGUDA MARQUÉS DE L'ARGENTERA 1, WWW.KIOSKOBURGER.COM, T 933 107313, GEÖFFNET: TÄGLICH 13.00-1.00, PREIS: BURGER 7 €

CERVECERÍA CATALANA ist eine Tapas-Bar, deren riesiges Angebot an frisch zubereiteten Häppchen einem sofort das Wasser im Mund zusammenlaufen lässt. Das ausgezeichnete Preis-Leistungs-Verhältnis sorgt dafür, dass auch viele Touristen hierherkommen. Daher kann es durchaus einmal etwas länger dauern, bis man einen Tisch ergattert. TOP 10

EIXAMPLE - CARRER DE MALLORCA 236, T 932 160368, GEÖFFNET: MO-FR 8.00-1.30, SA-SO 9.00-1.30, PREIS: AB 4 €

CORNELIA & CO nennt sich selbst "der tägliche Picknick-Laden". Tatsächlich werden hier im New Yorker Ambiente köstlicher Kaffee und Kuchen serviert, es gibt aber auch Frühstück, Mittag- und Abendessen sowie Saft und Delikatessen zum Mitnehmen. Alles frischer als frisch, aber für spanische Verhältnisse auch teuer.

EIXAMPLE - CARRER DE VALENCIA 225, WWW.CORNELIAANDCO.COM, T 932 723956, GEÖFFNET: TÄGLICH 9.00-1.00, PREIS: MITTAGESSEN 16 €

LOIDI bietet Feinschmeckern die Möglichkeit, die Küche des innovativen baskischen Spitzenkochs Martin Berasategui zu einem fairen Preis zu probieren. Das Wochenmenü kann man auf der Website erfahren. Das Restaurant ist modern eingerichtet und gehört zum Hotel Condes de Barcelona.

EIXAMPLE - CARRER DE MALLORCA 248, WWW.LOIDI.COM, T 934 929292, GEÖFFNET: MO-SA 13.00-15.30 & 20.00-23.00, PREIS: MENÜ 27-47 €

TAPAS 24 serviert einfache Tapas, die Chefkoch Carles Abellán, ein Lehrling des berühmten katalanischen Kochs Ferran Adrià, mit einer eigenen Note versehen hat. Die Häppchen sind etwas teurer als in einer durchschnittlichen katalanischen Tapas-Bar. Das Restaurant ist originell eingerichtet, es kann dort ziemlich voll und laut werden. Sowohl die Einheimischen als auch Touristen fühlen sich hier wohl.

EIXAMPLE - CARRER DE DIPUTACIÓ 269, WWW.CARLESABELLAN.ES/RESTAURANTES-TAPAS-24, T 934 880977, MO-SA 9.00-0.00, PREIS: AB 5 €

TERESA CARLES Für Vegetarier fast ein Muss! In diesem Restaurant wird gesunder und stilvoller Genuss großgeschrieben und alles nur mit besten Zutaten zubereitet. Man kann die Produkte von Inhaberin Teresa Carles auch zum Mitnehmen kaufen.

EL RAVAL - CARRER DELS JOVELLANOS 2, WWW.TERESACARLES.COM, T 933 171829, GEÖFFNET: TÄGLICH 8.00-23.30, PREIS: TAGESGERICHT 7,50 €

TICKETS ist in Händen von Spitzenkoch Ferran Adrià. Das hochmoderne Ambiente passt perfekt zu seinen avantgardistischen kulinarischen Kreationen – ausschließlich Tapas. Es empfiehlt sich, frühzeitig über die Website zu reservieren.

EIXAMPLE - AVINGUDA DEL PARAL•LEL 164, WWW.TICKETSBAR.ES, GEÖFFNET: DI-SA 19.00-23.00, SO 13.00-15.00, PREIS: TAPAS-MAHLZEIT 50 €

ELS PESCADORS liegt nicht wirklich im Zentrum, ist jedoch ein gutes Restaurant. Es wurde nach den Fischern benannt, die sich früher nach der Arbeit zum gemeinsamen Essen auf dem Platz trafen, an dem sich heute das Restaurant befindet. Die Fisch- und Reisgerichte sind in der ganzen Stadt bekannt.

PLAÇA DE PRIM 1, WWW.ELSPESCADORS.COM, T 932 252018, GEÖFFNET: TÄGLICH 13.00-15.45 & 20.00-23.30, PREIS: 45 €

GRILL ROOM ist ein gemütliches Restaurant, nur einen Katzensprung von La Rambla entfernt. Hinter der modernistischen Fassade verbirgt sich eine sehr geschmackvolle Einrichtung. Auf der Karte stehen nicht nur Tapas und japanische Häppchen, sondern auch umfangreichere Gerichte. Hier könnte man stundenlang sitzen bleiben.

EL GÒTIC - CARRER DELS ESCUDELLERS 8, WWW.GRUPANDILANA.COM/ES/RESTAURANTES/GRILL-ROOM, T 931 157156, GEÖFFNET: MO-DO 13.00-16.00 & 19.30-23.00, FR-SO 13.00-23.30, PREIS: 23 €

XEMEI bedeutet im venezianischen Dialekt Zwilling. Die Zwillinge Max und Colombo aus Venedig formen zusammen das Kochduo, das mit Stefano, Bruder Nummer drei, als Bedienung das Restaurant leitet. Qualität steht an oberster Stelle. Sie bereiten keine Pizzas, sondern hervorragende Fleisch- und Fischgerichte zu.

PASSEIG DE L'EXPOSICIÓ 85, WWW.XEMEI.ES, T 935 535140, GEÖFFNET: MI-MO 13.30-15.30 & 21.00-23.30, PREIS: 35 €

TERESA CARLES

IVO&CO (L) WAWAS (R)

TOP 10

SANT PAU Das Restaurant liegt eine halbe Stunde Fahrzeit von Barcelona entfernt und ist in einem prächtigen Hotel mit Meerblick untergebracht. Die Verwurzelung in Katalonien gepaart mit ihrem kreativen Hang zu Neuerungen bildet offenbar genau die Erfolg versprechende Kombination, die Carme Ruscalleda für ihr mit drei Michelin-Sternen ausgezeichnetes Restaurant Sant Pau benötigt. In Barcelona führt die erfolgreiche Spitzenköchin ein Zwei-Sterne-Restaurant, ihre Filiale in Tokio hat einen Stern.
CARRER DE LA NOU 10, SANT POL DE MAR, WWW.RUSCALLEDA.COM, T 937 600662, GEÖFFNET: DI-MI & FR-SA 13.30-15.30, DI-SA 21.00-23.00, PREIS: MENÜ 146 €

SHOPPEN

Barcelona hat unendlich viele Geschäfte. Originelle Shops und Designer-Läden gibt es auch im Überfluss. Die bekannten Marken finden Sie entlang des schicken Passeig de Gràcia. Sehenswert ist der luxuriöse Replay-Laden, der sich in einem beeindruckenden Gebäude befindet. Auch die H&M-Filiale in Portal de l'Àngel mit einer beleuchteten Treppe und altmodischen Fahrstühlen sollte man sich nicht entgehen lassen.

CARRER DE VERDI In etwas ruhigerem Ambiente shoppen können Sie in der Carrer de Verdi in Gràcia. Es gibt dort einige kleine Boutiquen. Einen Blick wert sind auf jeden Fall der Schuhladen Sueños Negros sowie die Bekleidungsgeschäfte von El Piano für Männer und Frauen. Machen Sie ruhig auch einen Abstecher in die Seitenstraße Carrer d'Astúries. Aber nicht vergessen: Viele Geschäfte schließen von 14 bis 16.30 Uhr.

GRÀCIA - CARRER VERDI UND CARRER D'ASTÚRIES

ROCK 01 COOL BABY Hier findet man alles für Babys und Kleinkinder. Das Geschäft wurde eröffnet, weil die Inhaberin Coni Diaz für ihre Tochter nirgendwo richtig tolle Kinderkleidung kaufen konnte. Angebotene Marken sind zum Beispiel Finger in the Nose und Rock Your Baby.

GRÀCIA - CARRER DE BONAVISTA 16, WWW.ROCK01BABY.COM, T 933 688980, GEÖFFNET: MO-FR 10.00-20.30, SA 11.00-20.30

EL BORN Kleine Läden von jungen Designern gibt es im Stadtteil El Born. Hier stößt man auf viele spanische Namen wie Menchén Tomàs oder El Ganso. Für einen Snack zwischendurch ist man bei Sandwich&Friends an der richtigen Adresse. Die Brötchen sind alle mit Vornamen benannt, und die Wandmalereien innen stammen von Barcelonas berühmtestem Illustrator: Jordi Labanda.

TOP 10

WAWAS begann 2001 mit einer Serie origineller Postkarten. Inzwischen hat sich die Marke zu einem kreativen Souvenirlabel entwickelt, das unter anderem Schokolade und Geschirr im Angebot hat, außerdem allerlei Kinkerlitzchen und Mitbringsel für die Daheimgebliebenen, die garantiert origineller sind als eine Miniatur der Sagrada Família.

EL BORN - CARRER CARDERS 14, WWW.WAWASBARCELONA.COM, T 933 197902, GEÖFFNET: MO-SA 11.00-14.00 & 17.00-20.30, SO 12.00-14.00

THE CHA CHÁ ORIGINAL SHOP bietet hochwertige Souvenirs von katalanischen Designern. Der Laden ist vor allem wegen seiner Kollektion "Tapas Casa Lolo" bekannt: Platzsets und Küchenzubehör des Grafikdesigners Alexis Rom. Es gibt aber auch andere schöne Kleinigkeiten sowie Gebrauchsgegenstände.

EL BORN - CARRER SANT ANTONI DELS SOMBRERES 7, WWW.CHA-CHA.ES, T 933 193779, GEÖFFNET: MO-SA 13.00-19.00

IVO&CO verkauft ausgefallene Wohnaccessoires – Vintage-Sachen, Romantisches und Krimskrams für Wohnzimmer, Bad, Küche und Garten. Gegenüber befindet sich noch eine weitere Filiale, in der man Kindersachen im gleichen Stil kaufen kann.

EL BORN - CARRER REC 20, WWW.IVOANDCO.COM, T 932 683331, GEÖFFNET: MO-SA 11.00-15.00 & 17.00-21.00

TOP 10

BUBÓ Leckermäuler sollten sich die Design-Törtchen von Bubó nicht entgehen lassen. Sie sind das Werk des preisgekrönten Konditors Carles Mampel. Die schick verpackten Köstlichkeiten können, so wie sie sind, im Koffer mit nach Hause genommen werden. Man kann sie aber natürlich auch gleich vor Ort verzehren.

EL BORN - CARRER DE LES CAPUTXES 10, BUBO.ES, T 932 687224, GEÖFFNET: MO-DO 10.00-21.00, FR-SA 10.00-22.00

VINÇON Der Designerladen Vinçon ist in der ganzen Stadt ein Begriff. Man bekommt hier schöne und hochwertige Gebrauchsgegenstände, außerdem gibt es einen Ausstellungsraum mit Werken junger Künstler. Von der Terrasse in der ersten Etage aus hat man einen guten Blick auf Gaudís "La Pedrera".

EIXAMPLE - PASSEIG DE GRÀCIA 96, WWW.VINCON.COM, T 932 156050, GEÖFFNET: MO-SA 10.00-20.30

TOP 10

FANTASTIK In diesem bunten Basar überkommt einen schnell die Lust, sein Zuhause mal etwas aufzupeppen. Die angebotenen Waren – vom mexikanischen Service bis zu vietnamesischen Gartentischen – werden auf Märkten in der ganzen Welt eingekauft.

EL RAVAL - CARRER DE JOAQUÍN COSTA 62, WWW.FANTASTIK.ES, T 932 954877, GEÖFFNET: DI-SA 12.00-20.30, MO 16.00-20.30

VINTAGE IN EL RAVAL Vintage-Liebhaber kommen in El Raval auf ihre Kosten. Bei Holala Plaza hängen die gebrauchten Sachen zwischen Lounge-Sofas und Retro-Einrichtungsgegenständen. In der Straße Riera Baixa gibt es das größte Angebot.

EL RAVAL - HOLALA PLAZA, PLAÇA DE LA CASTILLA 2, WWW.HOLALA-IBIZA.COM, T 933 020593, GEÖFFNET: MO-SA 11.00-21.00, CARRER RIERA BAIXA, LÄDEN GEÖFFNET: MO-SA 11.00-14.00 & 17.00-21.00

ARENAS DE BARCELONA Barcelonas neuestes Einkaufszentrum ist zugleich das spektakulärste. Es befindet sich in einer alten Stierkampfarena und ist allein schon wegen der Architektur einen Besuch wert. Vom Dach aus hat man einen tollen Blick auf die Stadt. Ein Tipp für Musikfans: Hier befindet sich auch das Rockmusik-Museum.

EIXAMPLE - PLAÇA ESPANYA, WWW.ARENASDEBARCELONA.COM, T 932 890244, GEÖFFNET: MO-SA 10.00-21.00

MERCAT LA BOQUERÍA ist der bekannteste Lebensmittelmarkt Barcelonas. Die Einwohner kommen zum Einkaufen hierher, und die Touristen schießen gerne farbenfrohe Fotos. In den vielen Tapas-Lokalen werden jede Menge frisch zubereitete Köstlichkeiten angeboten.

EL RAVAL - LA RAMBLA 99, WWW.BOQUERIA.INFO, GEÖFFNET: MO-SA 8.00-20.30

PASSATGE DELS TEMPS Suchen Sie etwas ganz Besonderes? Kuriose Erfindungen und witzige Gadgets findet man bei Passatge dels Temps, dem Laden des Wachsfigurenkabinetts. Es gibt dort auch viele schöne Dinge für Kinder. Zum Laden gehört zudem eine Lebensmittelecke, in der man hochwertige traditionelle Produkte kaufen kann.

EL GÒTIC - PASSATGE DE LA BANCA 7, WWW.MUSEOCERABCN.COM, T 933 172649, GEÖFFNET: MO-FR 10.00-22.00 & SA-SO 11.00-22.00

MAR DE CAVA ist so ein Laden, in dem es Interieur- und Design-Liebhaber den ganzen Tag aushalten würden. Der Verkaufsraum ist voll mit Kunst und Design aus dem In- und Ausland. Die Stilrichtungen sind ganz unterschiedlich, es sind aber viele Arbeiten von Nachwuchstalenten erhältlich.

EIXAMPLE - CARRER DE VALENCIA 293, WWW.MARDECAVA.COM, T 934 585333, GEÖFFNET: MO-FR 10.30-14.00 & 16.30-20.30 & SA 11.00-16.30

BUBÓ

13232

100% THERE

Es gibt viele Möglichkeiten, Barcelona zu erkunden, zum Beispiel mit einem Touristenbus mit offenem Dach, mit einem Motorroller, auf Inlineskates, mit einem Fahrrad oder einem "Spielzeugauto". Wer zwischendurch Erholung braucht, kann die weniger touristischen Parks, eine Wellnessoase oder ein Schwimmbad aufsuchen.

GOCAR ist eine Art vergrößertes Spielzeugauto, mit dem man quer durch Barcelona fahren kann. Ein integriertes Navigationssystem erzählt einem dabei, wo man gerade ist und was man sieht. Eine originelle Art, die Stadt zu erkunden.

EL BORN - CARRER FREIXURES 23 BIS BAJOS, WWW.GOCARTOURS.ES, PREIS: 35 € JE STD

ORANGE MONKEY TOURS Wer könnte einen besser durch die Stadt führen als ein Einheimischer? Die Guides von Orange Monkey Tours wissen genau, wohin sie ihre Gäste mitnehmen müssen, und geben viele Tipps für den noch verbleibenden Aufenthalt. Spazieren gehen, Rad fahren, kochen und Flamenco tanzen – Möglichkeiten gibt es genug. Auf Wunsch werden auch spezielle Führungen ausgearbeitet.

WWW.ORANGEMONKEYTOURS.COM, PREIS: 20 €

PARC DE LA CIUTADELLA ist der ideale Platz für ein Picknick. Angelegt wurde der Stadtpark 1888 für die Weltausstellung. An den Wochenenden finden oft Konzerte oder Veranstaltungen statt, und viele kommen auch hierher, um selbst Musik oder Yoga zu machen sowie ihr akrobatisches Können zu zeigen. Im Park gibt es auch einen Zoo. TOP 10

EL BORN - PARC DE LA CIUTADELLA

AIRE DE BARCELONA (BAÑOS ÁRABES) ist ein orientalisches Badehaus, in dem man nach einer festen Abfolge verschiedene Bäder durchläuft und sich danach massieren lassen kann. Reservieren ist ein Muss. TOP 10

EL BORN - PASSEIG PICASSO 22, WWW.AIREDEBARCELONA.COM, T 902 555789, GEÖFFNET: TÄGLICH 10.00-1.30, PREIS: AB 28 €

CRUISING BARCELONA Mit einem Reiseführer geht es auf einem Fahrrad durch die Stadt. Es werden verschiedene Touren angeboten, die einen zu den wichtigsten Sehenswürdigkeiten oder auch in etwas unbekanntere Gegenden führen. Sie können hier auch ein Fahrrad mieten und auf eigene Faust losziehen.

GRÀCIA - CARRER SANTA TECLA 7, WWW.CRUISINGBARCELONA.COM, PREIS: AB 22 €

CAMP NOU ist das größte Fußballstadion Europas und Heimstätte des legendären Clubs FC Barcelona. Camp Nou ("neues Feld") zählt über 98.000 Sitzplätze. Das Spielfeld sowie das Club-Museum mit allen FC-Barcelona-Reliquien kann man tagsüber im Rahmen der "Camp Nou-Experience" besichtigen.

AVINGUDA D'ARÍSTEDES MAILLOL, EINGANG 7 ODER 9, WWW.FCBARCELONA.CAT, T 934 963608, GEÖFFNET: MO-SA 10.00-20.00, SO & FEIERTAGE 10.00-14.30, EINTRITT: 22 € (CAMP NOU-EXPERIENCE)

TOP 10

PARC DEL LABERINT D'HORTA Einst gehörten diese Gärten, die im 18. Jahrhundert angelegt wurden, einer reichen katalanischen Familie. Heutzutage kann hier jeder der hektischen Stadt entfliehen, sich in einem Labyrinth verlaufen oder ein Picknick mit Sicht aufs Meer genießen. Für Kinder gibt es außer dem Labyrinth noch einen Spielplatz.
PASSEIG CASTANYERS 1, GEÖFFNET: TÄGLICH NOV.-FEBR. 10.00-18.00, MÄRZ & OKT. 10.00-19.00, APR. 10.00-20.00, MAI-SEPT. 10.00-21.00, EINTRITT: 2,17 €, MI & SO FREI

RUTA ZAFÓN Alle Fans der Bücher *Der Schatten des Windes* und *Das Spiel des Engels* können die Orte besuchen, die Carlos Ruiz Zafón darin beschrieben hat. Der "Friedhof der vergessenen Bücher" ist zwar Fiktion, andere Orte gibt es jedoch wirklich. Verschiedene Veranstalter haben die literarische Route in ihrem Programm.
WWW.ICONOSERVEIS.COM, PREIS: 16 €

BARCELONA CHOCOLATE TOURS Dass Barcelona das ideale Pflaster für "Schokoholics" ist, beweist Cristina von Barcelona Chocolate Tours mit ihren "süßen" Stadtführungen. Sie nimmt interessierte Leckermäuler gern mit zu den wichtigsten Schokoladen-Hotspots der Stadt.
WWW.BARCELONACHOCOLATETOURS.COM, T 687 073392, PREIS: 50 €

VIA VESPA Für das ultimative Mittelmeer-Gefühl erkundet man die Stadt am besten mit einer Vespa. Bei Via Vespa kann man auch Vespa-Touren in Begleitung eines Reiseführers buchen.
EL BORN - CARRER DE LA PRINCESA 56, WWW.VIA-VESPA.COM, T 933 196754, PREIS: AB 45 €

FONT MÀGIC Am Fuß des Montjuïc befindet sich Barcelonas magischer Springbrunnen. Der Brunnen spielte während der Weltausstellung 1929 eine Hauptrolle, und auch heute noch kann man das auf Musik "tanzende" Wasser bewundern, das alle Farben des Regenbogens spiegelt. Bestens geeignet für Kinder und romantische Zweisamkeit.
PLAÇA D'ESPANYA, GEÖFFNET: MAI-SEPT. DO-SO 21.00-23.30, OKT.-DEZ. & MÄRZ-APR. FR-SA 19.00-21.00

TELEFÉRICO Mit dieser Kabelbahn können Sie von Barceloneta zum Montjuïc hinauffahren und unterwegs die Aussicht auf die Stadt und die Küste genießen. Nicht zu empfehlen für Menschen mit Höhenangst.
BARCELONETA - TORRE DE SANT SEBASTIÀ, WWW.TELEFERICODEBARCELONA.COM, T 934 304716, GEÖFFNET: TÄGLICH MÄRZ-MAI & OKT. 11.00-19.00, JUNI-SEPT. 11.00-22.00, NOV.-FEBR. 11.00-17.30, PREIS: 11 € (NUR HIN)

In der letzten Septemberwoche feiert Barcelona das Stadtfest zu Ehren der Schutzpatronin Mare Déu de la Mercè. Ihr offizieller Festtag ist der 24. September, die Feiern dauern aber eine ganze Woche. Kulturelle Höhepunkte sind die Castellers *(siehe Seite 22), das Feuerwerksspektakel und die traditionellen Prozessionen mit lebensgroßen Figuren aus Pappmaschee.*

RAÏM

AUSGEHEN

Wie es sich für eine Weltstadt gehört, kann man in Barcelona wunderbar ausgehen. Zu den Klassikern zählt der Club Razzmatazz. Die Gegend am Port Olímpic verwandelt sich am Wochenende in ein lebhaftes Ausgehparadies mit tollen Clubs. Barcelona hat aber mehr zu bieten – von kleinen Bars bis hin zu berühmten Konzertsälen.

CAN PAIXANO Natürlich muss man in Barcelona auch einen Cava trinken. Can Paixano, alias "La Xampagneria", ist da genau die richtige Adresse. Das Lokal ist meistens gut gefüllt mit Touristen, internationalen Studenten und ein paar Einheimischen.

BARCELONETA - CARRER DE LA REINA CRISTINA 13, WWW.CANPAIXANO.COM, GEÖFFNET: MO-SA 11.00-23.00, PREIS: CAVA & 2 BRÖTCHEN 10 €

SALA APOLO Dieser Club befindet sich in einem alten Theater. Hier werden Konzerte, Anti-Karaoke-Sessions für Rockfans und andere Events organisiert, die bei Menschen bis etwa 35 Jahren sehr gefragt sind. Die Konzertdaten finden Sie auf der Website.

CARRER NOU DE LA RAMBLA 111-113, WWW.SALA-APOLO.COM, T 934 414001, GEÖFFNET: TÄGLICH 0.30-5.00, EINTRITT: 13 €

THE5ROOMS

PLAÇA REIAL An warmen Abenden sind die Terrassen und Kneipen auf der Plaça Reial proppenvoll. Bei Jamboree wird Jam gespielt, bei Sidecar Indie-Rock. Wer etwas Ausgefallenes sucht, klingelt bei Hausnummer 3. In der zweiten Etage befindet sich der Pipa Club, ein 1980 gegründeter Pfeifenraucher-Verein. Obwohl auch in Spanien in Lokalen ein Rauchverbot gilt, gibt es hier noch einen Raum, in dem man (Pfeife) rauchen darf.
BARRI GÒTIC - PLAÇA REIAL

RAÏM 1886 Angeblich werden in der kubanischen Bar Raïm die besten Mojitos der Stadt serviert. Das Lokal wurde 1886 von einem katalanischen Händler eröffnet, der auf Kuba gelebt hatte. Die Wände sind voll mit alten, vergilbten Fotos von Che und Fidel.
GRÀCIA - CARRER DEL PROGRÉS 48, T 687 459679, GEÖFFNET: TÄGLICH 20.00-2.30, PREIS: MOJITO 6 €

PALAU DE LA MÚSICA CATALANA Wer ein Faible für Musik und Architektur hat, verbringt im Konzertsaal Palau de la Música garantiert einen unvergesslichen Abend. Das reich verzierte, modernistische Gebäude wurde vom Architekten Lluís Domènech i Montaner entworfen und gehört seit 1997 zum UNESCO-Weltkulturerbe. Es werden Führungen durch das Gebäude angeboten (Teilnahme nur gegen Voranmeldung).
EL BORN - CARRER PALAU DE LA MÚSICA 4-6, WWW.PALAUMUSICA.ORG, T 902 442882, GEÖFFNET: MO-SA 10.00-21.00

BOBBY GIN Gin Tonics sind schon seit einigen Jahren in der Stadt sehr beliebt. Bei Bobby Gin kann man sie in allen Varianten und Größen bestellen, wobei der Barkeeper einen gern berät. Die Bar ist stilvoll und gemütlich mit Ledersofas eingerichtet und vor allem bei Yuppies beliebt.

GRÀCIA - CARRER DE FRANCISCO GINER 47, WWW.BOBBYGIN.COM, T 933 681892, GEÖFFNET: SO-MI 19.00-2.00, DO-SA 19.00-3.00

MARULA CAFÉ ist der beste Ort, um auf *música negra* (black music) zu tanzen, die von schneller Salsa bis hin zu Jazz, Funk und Soul reicht. Das Publikum ist bunt gemischt und auch über 30-Jährige kommen gern hierher.

BARRI GÒTIC - CARRER DELS ESCUDELLERS 49, WWW.MARULACAFE.COM, GEÖFFNET: SO-DO 23.00-5.00, FR-SA 23.00-6.00, EINTRITT: 12 €

HOTEL W ist ein Magnet für exklusive Partygänger – nicht zuletzt wegen der spektakulären Aussicht von der Eclipse Bar im 26. Stock dieses sehr modernen Hotels. Wer die Kleiderordnung nicht scheut – Abendgarderobe –, kann hier ausgiebig Cocktails und DJ-Musik genießen.

BARCELONETA - PLAÇA DE LA ROSA DELS VENTS 1, WWW.STARWOODHOTELS.COM, T 932 952800, GEÖFFNET: MO-MI 19.00-2.00, DO & SO 19.00-3.00, FR & SA 19.00-4.00

CAFÉ ROYALE befindet sich mitten im touristischen Gotischen Viertel. Dennoch besteht das bunt gemischte Publikum vor allem aus Einheimischen oder Ausländern, die schon länger in der Stadt wohnen. Dienstags wird Flamenco gespielt, mittwochs Jazz, freitags Club-Musik, samstags Funk und sonntags House.

BARRI GÒTIC - CARRER NOU DE ZURBANO 3, WWW.CARLITOSGROUP.COM, T 933 188956, GEÖFFNET: TÄGLICH 22.00-2.30, PREIS: COCKTAIL 7 €

ÜBERNACHTEN

Von modernen Hostels bis hin zu eleganten Hotels: Barcelona bietet Übernachtungsmöglichkeiten für jedes Budget. Einige davon sind wahre Sehenswürdigkeiten.

CASA CAMPER Die Schuhmarke "Camper" kommt eigentlich aus Mallorca, wurde jedoch erst im Viertel El Raval in Barcelona erfolgreich. Die Köpfe hinter "Camper" entwickelten hier noch andere Ideen, so wurde etwa ein Haus aus dem 19. Jahrhundert zu einem tollen Design-Hotel mit 25 Zimmern umgebaut, das der Camper-Philosophie entspricht: Umweltschutz wird groß geschrieben und das Rauchen ist verboten. An der Decke hängen Fahrräder, die man für eine Tour durch das Viertel nutzen kann. In den Zimmern gibt es eine Mini-Lounge und eine kostenlose Selbstbedienungsbar.

EL RAVAL - CARRER D'ELISABETS 11, WWW.CAMPER.COM, T 933 426280, PREIS: 220 €

HOTEL W wird im Volksmund "La Vela" (das Segel) genannt. Das Hotel ist ein absoluter Blickfang und nicht nur für Architekturfans eine sehenswerte Attraktion. Es bietet aus den oberen Stockwerken einen einmaligen Blick aufs Meer, verfügt über einen Privatstrand, ein sehr luxuriöses Spa, ein elegantes Restaurant sowie die moderne Eclipse Bar.

BARCELONETA - PLAÇA DE LA ROSA DELS VENTS 1, WWW.W-BARCELONA.COM, T 932 952800, PREIS: 350 €

OHLA ist ein Design-Hotel mitten im Zentrum. Die stilvoll eingerichteten Zimmer sind mit allen Annehmlichkeiten ausgestattet. Auf dem Dach lädt ein schöner Pool zum Schwimmen ein. Es gibt zwei Restaurants, einen Fitnessraum und einen Kosmetiksalon.

BARRI GÒTIC - VÍA LAIETANA 49, WWW.OHLAHOTEL.COM, T 933 415050, PREIS: 225 €

BANYS ORIENTALS hat mit Abstand das beste Preis-Leistungs-Verhältnis der Stadt. Das Boutiquehotel liegt mitten im beliebten Viertel El Born, die Zimmer sind stilvoll, modern und komfortabel ausgestattet. Zum Hotel gehört ein gutes Restaurant, für das man vorzeitig reservieren sollte.

EL BORN - CARRER DE L'ARGENTERIA 37, WWW.HOTELBANYSORIENTALS.COM, T 932 688460, PREIS: 105 €

GAT XINO/GAT RAVAL Gat Accomodation hat im Multikulti-Viertel El Raval zwei einfache Hostels eröffnet. Einrichtung und Service sind minimalistisch, die Zimmer modern, aber klein. So werden die Preise niedrig gehalten.

EL RAVAL - GAT XINO, CARRER DE L'HOSPITAL 155, WWW.GATROOMS.ES, T 933 248833, PREIS: 75 €

EL RAVAL - GAT RAVAL, CARRER DE JOAQUÍN COSTA 44, WWW.GATROOMS.ES, T 934 816670, PREIS: 75 €

Gat Xino geht auf den Namen zurück, den El Raval im Volksmund trägt: "barrixino". Der katalanische Autor Francesc Madrid taufte die Gegend 1920 in chinesisches Viertel um. Als er den Film Chinatown *sah, der in San Francisco spielt, erkannte er dort die gleichen sozialen Probleme wie in El Raval: Kriminalität, Nachbarschaftsstreit und Prostitution. Die chinesischen Immigranten in Barcelona wohnten jedoch andernorts in der Stadt.*

HOSTERÍA GRAU Barcelona bietet neben unzähligen Designhotels auch typisch katalanische Unterkünfte. Hostería Grau besteht bereits seit 1941 und hat trotz Renovierungen sein ursprüngliches Flair beibehalten. Die Zimmer sind einfach, das Frühstück wird nebenan in der Bar Cèntric serviert, seit 1862 ein Treffpunkt für Schriftsteller.

EL RAVAL - CARRER DE LES RAMELLERES 27, WWW.HOSTALGRAU.COM, T 933 018135, PREIS: 85 €

HOSTAL GIRONA vermittelt einen Eindruck davon, wie das städtische Bürgertum Ende des 19. Jahrhunderts lebte. Die Unterkunft befindet sich in einem modernistischen Gebäude, das, ebenso wie das Wohnviertel Eixample, in dem sich das Hotel befindet, vom Stadtplaner Ildefons Cerda entworfen wurde. Das Gebäude verfügt noch über die ursprünglichen Fußböden und ist mit Antiquitäten eingerichtet.

EIXAMPLE - CARRER DE GIRONA 24, WWW.HOSTALGIRONA.COM, T 932 650259, PREIS: 60 €

THE5ROOMS (L) CHIC & BASIC (R)

THE5ROOMS Yessica Delgado kaufte vor Jahren ein etwas verwahrlostes ganzes Stockwerk in einem Haus im Zentrum von Barcelona und baute es zu einem fantastischen, stilvoll eingerichteten Appartement um. So entstand the5rooms. Inzwischen wurde ihr B&B um zehn Zimmer und zwei Suiten erweitert. Die Inhaberin gibt ihre persönlichen Tipps und Lieblingsadressen gern an die Gäste weiter.

TOP 10

EIXAMPLE - CARRER DE PAU CLARIS 72, WWW.THEFIVEROOMS.COM, T 933 427880, PREIS: 145 €

CHIC & BASIC Wie der Name schon andeutet, kann man hier in schlichter Eleganz wohnen. Die Farbnuancen der Zimmerbeleuchtung kann man selbst einstellen. Ungewöhnlich sind die gläsernen Duschkabinen, die in das Schlafzimmer integriert sind. Die White Bar des Hotels empfiehlt sich für einen guten Cocktail.

EL BORN - CARRER DE LA PRINCESA 50, WWW.CHICANDBASIC.COM, T 932 954652, PREIS: 90 €

COCOON BARCELONA vermietet Appartements. Es werden originelle *pisos* in verschiedenen Stadtteilen angeboten. So haben Sie die Wahl zwischen Strand-Appartements, sehr luxuriösen oder auch preiswerten Unterkünften. Das Angebot umfasst auch einige äußerst originelle Adressen. Die Appartements sind ab zwei Nächten zu mieten.

PASSEIG DE PICASSO 40, WWW.COCOONBARCELONA.COM, T 661 158852, PREIS: AB 20 € P. P.

COSTA DEL GARRAF REGION

KÜSTE UND NATUR

Die Costa del Garraf hat ihren Namen vom Naturschutzgebiet Garraf erhalten. Im Sommer vervierfacht sich die Einwohnerzahl der Küstenorte Castelldefels, Sitges und Vilanova i la Geltrú. Urlauber kommen vor allem wegen der Strände und des Meeres hierher. Im Naturschutzgebiet mit seiner mediterranen Flora zu wandern, ist eine gute Alternative zu einem Strandtag.

SITGES

Sitges hat zwei Gesichter. Auf der einen Seite zieht es im Sommer viele Badegäste an, die dann in den gemieteten blauen Strandstühlen liegen und sich sonnen. Auf der anderen Seite kommen auch viele Partygänger gern hierher. Der Karneval bildet alljährlich den Höhepunkt der Festivitäten, er wird in Sitges so ausgelassen gefeiert, dass sogar Karnevalisten aus Barcelona anreisen.

Andere beliebte Veranstaltungen sind die Oldtimer-Rallye, das Tango-Festival, die Gay Pride und das Fantastic Filmfestival mit Horror-, Sciencefiction- und Fantasyfilmen. Während der Sommermonate ist die Stadt als Homo-Hauptstadt Europas bekannt. Der kosmopolitische Charakter von Sitges machte es seit den 1960er-Jahren bei vielen Ausländern beliebt. Engländer, Franzosen, Skandinavier und Deutsche: 35 Prozent der Einwohner kommen ursprünglich aus dem Ausland. Das ganze Jahr und den ganzen Tag über ist der Ort voller Leben.

Seinen ursprünglichen Charakter hat Sitges vor allem in den schmalen, romantischen Gassen des historischen Viertels rund um die Kathedrale Sant Bartomeu i Santa Tecla bewahrt. Zu Beginn wohnten hier Fischer und Landwirte. Nachdem im Jahr 1778 das Freihandelsgesetz mit Amerika geschlossen wurde, wanderten viele Einwohner nach Südamerika (vor allem Kuba) aus, um dort ihr Glück zu suchen. Diejenigen, die nach einiger Zeit reich zurückkehrten, wurden *indianos* genannt. In ganz Katalonien verteilt stehen noch viele Gebäude, die im Auftrag von reichen *indianos* gebaut wurden (siehe auch Roc de Sant Gaietà auf Seite 279). In Sitges erhielt das Stadtzentrum ein vollkommen neues Erscheinungsbild, als die Heimkehrer dort ihre luxuriösen Häuser bauen ließen.

Der katalanische Schriftsteller Santiago Rusiñol brachte dann im 19. Jahrhundert etwas frischen Wind nach Sitges. Die exzentrische Persönlichkeit aus Barcelona kaufte ein Haus im Fischerviertel und renovierte es. Der Autor lud daraufhin zahlreiche Maler, Künstler, Musiker und Philosophen zu sich ein, unter ihnen auch den 18-jährigen Pablo Picasso. So entwickelte sich der Ort zu einem Treffpunkt für kreative Köpfe.

SITGES STADT

SEHENSWÜRDIGKEITEN > S. 95

1. MUSEU CAU FERRAT
2. PARRÒQUIA DE SANT BARTOMEU I SANTA TECLA

ESSEN & TRINKEN > S. 96–97

3. AL FRESCO
4. EL CHIRINGUITO
5. EL VELERO
6. FRAGATA
7. GAUDÍ GARRAF
8. L'AMBASSADE
9. RESTAURANT CLUB NÀUTIC DE SITGES

SHOPPEN > S. 98

10. DELICA SITGES
11. FRANC
12. LOFT

100% THERE > S. 99

13. CASA BACARDI
14. RUTA DE LOS AMERICANOS
15. INLINESKATEN ÜBER DEN BOULEVARD
16. FEUERWERK ANSEHEN

AUSGEHEN > S. 99–100

17. EL CANDIL
18. LA CALETA
19. L'ATLÀNTIDA DISCO BEACH SITGES

ÜBERNACHTEN > S. 100

20. HOTEL ESTELA
21. HOTEL ROMÀNTIC
22. LA MASÍA CASANOVA

SEHENSWÜRDIGKEITEN

Die meisten Sehenswürdigkeiten befinden sich im alten Fischerviertel, in dessen unmittelbarer Nähe sowie im historischen Stadtteil.

MUSEU CAU FERRAT Modernist, Poet, Maler und Sammler Santiago Rusiñol (1861–1931) kaufte mit dem Geld seines Bruders ein Fischerhaus am Meer. Er zog dort ein und stellte im ganzen Haus Kunstwerke sowie eine Sammlung eiserner Gegenstände aus, unter ihnen den Türschlüssel für eine Burg. Rusiñols Wohnung war Ausdruck dessen, was er "Art Total" nannte: die Kombination von Kunstformen wie Poesie, Musik, Malerei und Literatur. Mit einem Besuch dieses Museums setzt man einen Fuß in die wundersame Welt eines Lebensgenießers, der der Mittelpunkt eines Netzwerks berühmter Künstler war. Sehenswert sind auch die Skizzen an der Wand, die vom jungen Picasso stammen. 2012 wurde das Museum wegen eines gründlichen Umbaus für längere Zeit geschlossen.

CARRER FONOLLAR S/N, WWW.MNAC.CAT (UNTER DEM MUSEUS SECCIÓN), T 938 940364, GEÖFFNET: DI-SA 9.30-14.00 & 15.30-18.30, SO 10.00-15.00, EINTRITT: 3,50 €

In der Straße, in der sich das Museum Cau Ferrat befindet, ist an einigen Häusern im unteren Bereich ein Strich angebracht. Ein blauer besagt, dass hier früher ein Fischer wohnte, ein brauner steht für einen Landwirt.

PARRÒQUIA DE SANT BARTOMEU I SANTA TECLA Diese Kirche, die auf einem Hügel liegt, wurde schon so oft gemalt, dass sie zum Wahrzeichen von Sitges geworden ist. Begonnen wurde der Bau der Kirche 1672, doch die Arbeiten dauerten bis ins 19. Jahrhundert an. Der Haupteingang wird von zwei asymmetrischen Glockentürmen flankiert.

AM ENDE DES PASSEIG DE LA RIBERA, WWW.PARROQUIADESITGES.COM, MESSEN DO-FR 9.30, SA 19.00, SO 12.30

ESSEN & TRINKEN

Das Angebot in Sitges reicht von traditionellen Fischgerichten bis hin zu moderner Fusionsküche. Die meisten Restaurants liegen am Boulevard am Meer und sind eigentlich immer gut besucht.

TOP 10

GAUDÍ GARRAF Dieses Restaurant ist in einem ebenso geheimnisvollen wie beeindruckenden Schloss untergebracht, das von Gaudí entworfen wurde. Die eisernen Zäune am Eingang sind ähnlich gestaltet wie die im Parc Güell. Das Restaurant ist mit seinen eindrucksvollen Lampen und den auffälligen Gemälden wunderbar eingerichtet. Auch wenn das Essen hier gut ist, kommt man doch vor allem wegen der Atmosphäre her.
CARRETERA COSTES C-31 (BARCELONA-SITGES), T 936 320019, GEÖFFNET: DO 10.30-16.00, FR-SA 10.30-16.00 & 21.00-23.00, SO 10.30-14.00, PREIS: 30 €

AL FRESCO ist ein Beispiel für eine rundum gelungene Gestaltung. Das Restaurant ist ein Ort zum Träumen und Wohlfühlen. Im romantisch beleuchteten *patio* lassen sich laue Sommerabende herrlich zu zweit genießen. Die Küche bietet mediterrane Gerichte mit einer originellen Note. Wer kein Abendessen möchte, kann auch nur einige Tapas und einen Cocktail an der Bar bestellen.
CARRER DE PAU BARRABEIG 4, WWW.ALFRESCORESTAURANTE.ES, T 938 940600, GEÖFFNET: APR.-SEPT. TÄGLICH 20.30-2.00, OKT.-MÄRZ DO-SA 20.30-0.00, PREIS: 40 €

RESTAURANT CLUB NÀUTIC DE SITGES ist ein einfaches Restaurant am Pier von Sitges, wo es Paella und andere köstliche Fischgerichte gibt. Von der Terrasse aus hat man einen wunderbaren Blick auf das Meer.
ESPIGÓN DE LEVENATE S/N, WWW.NAUTICSITGES.COM, T 937 43257, GEÖFFNET: MO-FR 10.00-18.00, SA-SO 10.00-14.00, PREIS: 20 €

FRAGATA *Xató* ist ein kaltes Salatgericht, das die Einwohner von Castelldefels, Vilanova i la Geltrú und Sitges sehr schätzen. In diesem modern eingerichteten Restaurant kann man es probieren – ob drinnen oder draußen auf der Terrasse.
PASSEIG DE LA RIBERA 1, WWW.RESTAURANTEFRAGATA.COM, T 938 941086, GEÖFFNET: TÄGLICH 13.30-16.30 & 20.30-23.00, PREIS: 35 €

An der Costa de Garraf gehören Xató *und Wein eng zusammen. Ursprünglich wurde der Salat immer vor dem Probieren des neuen Weins gegessen, um eine Grundlage zu schaffen und die Wirkung des Alkohols zu verringern. Zutaten sind Sardellen, Thunfisch, Kabeljau und Oliven, angemacht mit einer Tomaten-Nuss-Soße.*

L'AMBASSADE bringt ein Stückchen Paris nach Katalonien. Auf der Karte stehen typisch französische Gerichte wie Bouillabaisse, Ratatouille und Foie Gras. Samstag-

AL FRESCO

abends kann man während des Essens eine Kabarettshow verfolgen. Im Garten sitzt man unter einem Glasdach. Da es oft recht voll ist, sollte man vorher reservieren.

PASSEIG DE LA RIBERA 16, LAMBASSADESITGES.COM, T 938 114806, GEÖFFNET: DI-SA 13.30-16.00 & 20.30-23.30, SO 13.30-16.00, PREIS: 29 €

EL VELERO Ein paar Meter vom Strand entfernt befindet sich dieses ausgezeichnete Fischlokal. Krebse, Gambas und Kabeljau stehen ebenso auf der Karte wie Austernpilze und diverse Reisgerichte. El Velero ist zudem für seinen exquisiten Weinkeller bekannt, in dem über 400 verschiedene Weine lagern, auch köstliche Tropfen der Region.

PASSEIG DE LA RIBERA 38, WWW.RESTAURANTEVELERO.COM, T 938 942051, GEÖFFNET: DI-SA 13.30-16.00 & 20.30-23.30, SO 13.30-16.00, PREIS: 50 €

EL CHIRINGUITO – diesen Namen gab Kapitän Calafell nach seiner Rückkehr aus Kuba im Jahr 1913 seinem Strandlokal. Er stammt vom Wort *chiringo* ab, das eine Art der Kaffeezubereitung auf der Karibikinsel bezeichnet. Inzwischen werden alle Strandlokale an der spanischen Küste so genannt. In Spaniens erstem *chiringuito* kann man wunderbar eine Tasse Kaffee genießen oder ein Bier trinken.

PASSEIG MARÍTIM S/N, WWW.ELCHIRINGUITOGROUP.COM, T 938 947596, GEÖFFNET: TÄGLICH 10.00-0.00, PREIS: BIER 3 €

LOFT Ⓛ LA CALETA Ⓡ

SHOPPEN

In Sitges finden Interessierte viele Kunstateliers. Schöne Geschäfte gibt es am Boulevard sowie in der langen Straße zwischen dem Bahnhof und dem Strand.

DELICA SITGES In diesem Delikatessengeschäft läuft einem das Wasser im Mund zusammen. Der Versuchung, etwas einzukaufen, kann man kaum widerstehen. Wie wäre es mit hochwertigem Olivenöl, köstlichen Pralinen oder Salz aus Ibiza?
CARRER MAJOR 4, T 931 886833, GEÖFFNET: MI-SA 10.30-14.00 & 17.00-21.00, SO 10.30-14.00

FRANC verkauft Designer-Unterwäsche und Bademode für Männer der exklusiven Marke ES Collection aus Sitges. Viele homosexuelle Männer kaufen hier ein, aber auch Frauen, die schöne Shorts für ihren Mann oder Freund suchen.
CARRER DE PARELLADES 64, WWW.ESCOLLECTION.ES, T 938 948279, GEÖFFNET: TÄGLICH 10.30-14.00 & 17.00-21.00

LOFT ist ein Geschäft, das süchtig machen kann. Es gibt hier nicht nur viele modische Damenschuhe, sondern auch ausgefallene Deko- und Einrichtungsgegenstände.
CARRER SANT FRANCESC 11, T 938 114853, GEÖFFNET: TÄGLICH 10.30-14.00 & 17.00-21.00

100% THERE

Wer in Sitges ist, sollte den bequemen Strandstuhl auf jeden Fall auch einmal für eine sportliche oder kulturelle Aktivität verlassen.

RUTA DE LOS AMERICANOS Während dieser organisierten Tour führt Sie ein Reiseführer zu den luxuriösen Landhäusern der *indianos*, auch *americanos* genannt. Die Häuser weisen Elemente der kubanischen Architektur auf. Die Touren finden jeden ersten Sonntag im Monat statt, angeboten werden auch Führungen durch die Altstadt oder zu den modernistischen Gebäuden.

AGISITGES, CARRER LOPE DE VEGA 9, WWW.AGISITGES.COM, T 619 793199, FÜHRUNG: 10 € (VORANMELDUNG)

CASA BACARDI Bei Bacardi denkt man zunächst an Kuba, der Namensgeber der Marke, Facundo Bacardí, wurde jedoch in Sitges geboren. Seine Nachfahren erzählen in der Casa Bacardi die interessante Geschichte des Rums und erklären das Destillationsverfahren. Am Ende der Führung gibt es den Kurs "Cocktails zubereiten".

PLAÇA AJUNTAMENT 7, WWW.CASABACARDI.ES, T 938 948151, FR-SA 12.00-20.00, SO 11.00-18.30, FÜHRUNG: 7 € (VORANMELDUNG)

INLINESKATEN ÜBER DEN BOULEVARD Wer es zwischendurch gern auch mal sportlich mag, kann die drei Kilometer lange Küstenlinie von Sitges mit Inlineskates erkunden. Als Startpunkt eignet sich der Passeig de la Ribera mit den Stränden Fragata und Ribera, der dann in den Passeig Marítim übergeht, an dem die Strände Bassa Rodona, Estanyol, Riera Xica und La Barra & Terramar liegen.

BOIRA ESPORTS, CARRER DE ESPANYA 26, T 938 940711, PREIS: 3 €/STD.

FEUERWERK ANSEHEN Die *festa major*, das Stadtfest in der dritten und vierten Augustwoche, ist alljährlich etwas ganz Besonderes für die Einheimischen und zieht über 250.000 Besucher an.

WWW.SITGES.COM

AUSGEHEN

Die wichtigste Ausgehmeile ist die Carrer Primer de Maig, von den Einwohnern auch "Straße der Sünder" genannt. Nachtschwärmer beginnen hier ihren Abend und beenden ihn oft erst am nächsten Morgen in einem (Strand-)Club.

LA CALETA ist eine Chill-out-Bar direkt am Meer, in der man sich tagsüber herrlich auf den bequemen Lounge-Stühlen vom Partyabend erholen oder sich mit Cocktails und guter Musik auf den kommenden Abend einstimmen kann.

PLATJA DE BALMINS, WWW.LACALETADESITGES.ES, T 938 112038, GEÖFFNET: APR.-SEPT. TÄGLICH 10.00-1.00, PREIS: COCKTAIL 8 €

L'ATLÀNTIDA DISCO BEACH SITGES Diese Disco direkt am Strand bietet genügend Tanzfläche, um sich die ganze Nacht lang so richtig auszutoben, und ist der ideale Ort, um ausgiebig zu feiern.

PLATJE DE LES COVES S/N, WWW.CLUBATLANTIDA.COM, T 934 530582, GEÖFFNET: JUNI-SEPT., DI-SO 0.00-6.00, EINTRITT: WECHSELND

EL CANDIL ist eine großzügig angelegte Bar und der beliebteste Treffpunkt der Homosexuellen von Sitges. Die Inhaber betonen aber, dass ihre Bar absolut heterofreundlich ist. Jeden Sonntagabend gibt es eine Travestieshow mit viel Glitter und Glamour.

CARRER CARRETA 9, WWW.BARELCANDILSITGES.COM, T 650 131204, GEÖFFNET: TÄGLICH 20.00-3.00, PREIS: BIER 3 €

ÜBERNACHTEN

In Sitges ist Kunst an vielen Orten ein Thema. Es gibt auch einige Hotels, die von einheimischen Künstlern verschönert und geschmackvoll eingerichtet wurden.

HOTEL ESTELA wurde als Kunst-Hotel berühmt, als sich der Maler Antonio Xaus 1993 im Zimmer 105 einquartierte und beschloss, die Wände, die Decke, die Bettwäsche und die Handtücher zu bemalen. Der Hoteldirektor war sofort Feuer und Flamme. Wenig später gab er acht anderen Künstlern den Auftrag, das Gleiche zu tun. Das Resultat ist wirklich einzigartig.

AVINGUDA PORT D'AIGUADOLÇ 8, WWW.HOTELESTELA.COM, T 938 114545, PREIS: 157 €

HOTEL ROMÀNTIC macht seinem Namen alle Ehre. Das Haus ist mit Antiquitäten aus dem 18. Jahrhundert eingerichtet, und im Garten, in dem das Frühstück serviert wird, stehen Skulpturen. Es liegt in der Nähe des Bahnhofs, des Einkaufszentrums und des Strandes. Wer kein Zimmer mehr bekommt, kann es im Hotel de la Renaixença versuchen, einer ähnlichen Unterkunft der gleichen Inhaber.

ROMÀNTIC, CARRER SANT ISIDRE 33, WWW.HOTELROMANTIC.COM, T 938 948375, PREIS: 110 €, DE LA RENAIXENÇA, CARRER ILLA DE CUBA 13, T 938 948375, PREIS: 90 €

LA MASÍA CASANOVA Zehn Minuten von Sitges entfernt kann man in einem alten Weingut übernachten, das zu einer luxuriösen Unterkunft umgebaut wurde. Schwimmbad, Hamam oder Sauna stehen den Gästen zur Erholung zur Verfügung. Die Zimmer haben eine eigene Minibar. Wie man an den Weinbergen rund um das Hotel erkennen kann, beginnt hier die Weinregion Penedès.

PASSATGE DE LA CASA NOVA 8 IN CANYELLES, T 938 188058, PREIS: 140 €

KAUAI, CASTELLDEFELS

CASTELLDEFELS

Die Wachtürme von Castelldefels sind ein Relikt aus der Zeit, als die Stadt regelmäßig von Piraten heimgesucht wurde. Heute kann man sich hier unbesorgt am großen Strand sonnen.

CANAL OLÍMPIC DE CATALUNYA diente 1992 während der Olympischen Spiele von Barcelona als Wettkampfstrecke für die Ruder- und Kanuwettbewerbe. Der Komplex wurde nach den Spielen zu einem Erholungszentrum umgebaut. Wer selbst einmal auf dem 1200 Meter langen und 130 Meter breiten Kanal herumschippern möchte, kann sich dazu ein Tretboot, Kajak oder Ruderboot ausleihen. Außerdem gibt es Gokarts, Inlineskates, ein Volleyballfeld und eine Tischtennisplatte. Um sich für die sportlichen Leistungen zu belohnen, empfiehlt sich eine Paella auf der Terrasse des Restaurants El Mirador. Hier hat man seine spielenden Kinder und andere Sportler gut im Blick.

AVINGUDA CANAL OLÍMPIC S/N, WWW.CANALOLIMPIC.COM, T 936 362869, GEÖFFNET: TÄGLICH FEBR.-NOV. 8.00-22.00, DEZ.-JAN. 8.00-18.00, VERMIETUNG TÄGLICH 10.00-SONNENUNTERGANG, EINTRITT: 2 €

LA GIOCONDA ist ein Restaurant, in dem den Gästen leckere Pizzas und andere italienische Gerichte serviert werden. Von der Dachterrasse hat man eine schöne Aussicht auf das Meer. Das Lokal ist das Lieblingsrestaurant einiger Fußballer vom FC Barcelona, zum Beispiel von Lionel "Leo" Messi und Alexis Sanchéz, die beide in Castelldefels wohnen.

PASSEIG MARÍTIM 177, WWW.RESTAURANTLAGIOCONDA.COM, T 936 645107, GEÖFFNET: TÄGLICH 13.00-16.30 & 20.30-2.30, PREIS: 20 €

KAUAI liegt gleich neben Castelldefels und ist mit 12.000 m^2 vermutlich das größte Strandrestaurant der katalanischen Küste. Probieren sollte man die Austern mit Cava oder Sardinen vom Grill. Die verwendeten Salate, Tomaten und Kräuter stammen alle aus dem eigenen biologischen Gemüsegarten. TOP 10

CARRER CALAFELL 25-27 IN GAVÀ MAR, WWW.KAUAIGAVAMAR.COM, T 936 451188, GEÖFFNET: DI-SO 12.00-3.00, PREIS: 25 €

MONESTIR BUDISTA SAKYA TASHI LING ist ein buddhistisches Kloster im Herzen des Garraf-Naturparks, südlich von Castelldefels. In diesem alten Palast kann man bei der religiösen Gemeinschaft Sakya Tashi Ling übernachten, die dort 1996 einzog. Das Kloster liegt in absoluter Ruhe inmitten einer herrlichen, üppigen Natur; man hört nur das Flattern der tibetanischen Flagge im Wind. Ein idealer Ort für jede Form der Selbstreflexion, spirituelle Übungen, Meditation oder Yoga. Alkohol ist nicht erlaubt, ebenso wenig das Sprechen während des Abendessens (ein Buch zur Gesellschaft genügt). Sehenswert ist das Museum, das über die tibetanische Kultur informiert und eine Sammlung von Kunstgegenständen beherbergt. TOP 10

PARC NATURAL DEL GARRAF, PALAU NOVELLA, AVINGUDA DE LA PLANA NOVELLA S/N IN OLIVELLA, WWW.MONJES-BUDISTAS.ORG, T 902 503353, PREIS: 35 €

VILANOVA I LA GELTRÚ

Die Blütezeit dieser Stadt war im 18. Jahrhundert, als die Einwohner durch den Export von Baumwolle und Branntwein zu Reichtum gelangten. Heute leben die Einheimischen hauptsächlich von der Fischerei und vom Tourismus.

BIBLIOTECA MUSEU VÍCTOR BALAGUER ist Museum und Bibliothek in einem und befindet sich in einem klassischen Gebäude aus dem 19. Jahrhundert. Die Büchersammlung zählt 25.000 Exemplare von zum Teil großer historischer Bedeutung. Im Museum hängen Werke bekannter katalanischer Maler wie Ramón Casas i Carbó, Santiago Rusiñol und Joaquim Vayreda i Vila sowie berühmter spanischer Künstler wie Goya, Murillo und El Greco.

AVINGUDA VÍCTOR BALAGUER S/N, WWW.VICTORBALAGUER.CAT, T 938 154202, GEÖFFNET: DI-SO 10.00-14.00, DI-MI & FR-SA 17.00-19.00, DO 19.00-21.00, EINTRITT: 3 €

TOP 10

MUSEU DEL FERROCARRIL beheimatet Europas wichtigste Sammlung alter Dampflokomotiven. Das Museum liegt in einem Teil des Bahnhofsgebäudes, in dem früher die Dampflokomotiven abgestellt waren. Ergänzend sind auch andere Gegenstände wie etwa alte Schaffnermützen ausgestellt. Jeden ersten Sonntag im Monat kann man um 11 Uhr eine Fahrt mit einer alten Dampflokomotive unternehmen.

PLAÇA EDUARD MARISTANY S/N, WWW.MUSEUDELFERROCARRIL.ORG, T 938 158491, GEÖFFNET: DI-FR & SO 10.30-14.30, SA 10.30-14.30 & 16.00-18.30, EINTRITT: 5 €

L'OGANQÜIT ist eine Gaststätte in einer alten Eisenfabrik. Der Ofen, in dem früher das Eisen geschmolzen wurde, dient jetzt als Weinlager. Im stilvoll eingerichteten Speisesaal werden einfache Gerichte wie Pizza, Moussaka und Lasagne serviert.

CARRER DE LLIBERTAT 128, WWW.LOGANQUIT.COM, T 938 156362, GEÖFFNET: MI-SA 13.30-15.45 & 20.30-23.15, SO 13.30-16.00, PREIS: 25 €

EL FAR ist mit blauen Stühlen und Fischernetzen hübsch eingerichtet. Die katalanischen Reisgerichte in Kombination mit Fisch, der an der baskischen Küste gefangen wurde, sind einen Besuch absolut wert. Probieren sollte man auch das baskische Dessert *goxua*, das aus Sahne, Kuchenteig und Creme zubereitet und karamellisiert wird.

PASSEIG MARÍTIM 107, WWW.RESTAURANTELFAR.COM, T 938 154207, GEÖFFNET: DI-SO 13.00-15.30 & 21.00-23.00, PREIS: MITTAGESSEN 12 €

CAL MAGI ist ein Ferienhaus in der Nähe von Vilanova i la Geltrú, das man komplett mieten kann und sich deshalb ideal für eine größere Gruppe eignet. Man übernachtet inmitten der Weinberge. Die weißen Trauben, die hier wachsen, werden an den Cava-Hersteller Freixenet verkauft. Zum Ferienhaus gehört auch ein Grill, das Schwimmbad kann man ebenfalls nutzen.

CARRER FONT D'EN CUSCÓ 8 IN L'ARBOÇAR, WWW.MASIARURAL.COM, T 938 970112, PREIS: WOCHENENDE 550 €

CANAL OLÍMPIC DE CATALUNYA, CASTELLDEFELS

MONTSERRAT BERG

HEILIGER BERG

TOP 10

An einem Sommerabend im Jahr 880 hörte eine Gruppe Hirten einen Engelschor singen. Danach wurde der Berg, der 50 Kilometer nordwestlich von Barcelona liegt, von einem göttlichen Licht getroffen. Als dem Bischof von Manresa diese Geschichte zu Ohren kam, bestieg er diesen "heiligen" Berg und fand in einer Grotte eine hölzerne Statue der Jungfrau Maria. Er wollte diese Figur eigentlich mitnehmen, doch es gelang ihm nicht. Für den Bischof bedeutete dies, dass die Jungfrau an diesem Ort verehrt werden wollte, daher gab er den Bau einer Kapelle in Auftrag.

Ob diese Legende wahr ist, sei dahingestellt. Die Heilige Grotte (*santa cova*) und die Kapelle gibt es dort auf jeden Fall immer noch. Der Berg Montserrat (wörtlich: zersägter Berg) zieht jährlich Tausende katholische Pilger an, die die Kapelle und die Jungfrau Maria besuchen. In 720 Metern Höhe wurde im 11. Jahrhundert das Benediktinerkloster Monestir de Montserrat gebaut, das heute von ungefähr 80 Mönchen bewohnt wird. 1811 wurde das Heiligtum von Napoleons Truppen zerstört. Während der Franco-Diktatur traf sich der katalanische Widerstand auf dem Montserrat, denn hier konnte man ungestraft seine eigene Sprache sprechen und den Volkstanz – die Sardana – tanzen.

Montserrat ist der ganze Stolz der Katalanen und zum Symbol des katalanischen Nationalismus geworden. Viele benennen sogar ihre Kinder nach dem Berg, einige davon abgeleitete Namen sind beispielsweise Montse, Mont, Muntsa, Serrat oder Rat.

Die Form des Berges, auf dem das Kloster steht, ist ziemlich außergewöhnlich. Die Zacken des Bergkamms wirken wie große Finger oder "die Sägearbeit von Engeln", so der katalanische Dichter Jacint Verdaguer. Forscher, die sich mit der ungewöhnlichen Naturerscheinung befassen, haben als Erklärung für das gezackte Relief den sauren Regen ausgemacht, der das Kalkgestein sukzessive abbaut. 1987 wurde Montserrat zum Naturpark ernannt. Bergsteiger, Naturliebhaber und Wanderer kommen sehr gerne hierher.

Montserrat erreicht man von Barcelona aus mit dem Zug Richtung Manresa, Haltestelle Montserrat. Von dort geht jede Viertelstunde eine Seilbahn zur Plaça Santa María mit dem Benediktinerkloster. Die Seilbahn fährt täglich von 9.40 bis 14 Uhr und von 14.35 bis 19 Uhr, eine Hin- und Rückfahrkarte kostet 9 Euro. Übernachten kann man oben im Hotel Abat Cisneros (55 Euro) oder in einem möblierten Appartement von Cel-les Abat Marcet (14 Euro). Reservierungen nimmt die Touristeninformation (Central de Reserves i Informació de Montserrat) entgegen, www.montserratvisita.com, *Tel. 938 777701.*

MONESTIR DE MONTSERRAT, das Kloster, ist die Hauptattraktion auf dem Berg. Besucher kommen vor allem hierher, um die Statue *La Moreneta* (die Schwarze Jungfrau aus der Legende) aus dem 17. Jahrhundert zu besichtigen. Der Kirchenchor Escolania singt in der Klosterkirche täglich das "Salve Regina". Der weltberühmte Chor ist der älteste Knabenchor Europas. Um 11 Uhr beginnt die gregorianische Messe, die durch das Läuten der Kirchenglocken angekündigt wird, das von den Bergspitzen widerhallt.

PLAÇA SANTA MARÍA (CENTRALE PLEIN), WWW.ABADIAMONTSERRAT.NET, GEÖFFNET: TÄGLICH 7.30-19.30, KIRCHENCHOR MO-SA 13.00 & 18.45, SO 12.00, EINTRITT: FREI

MUSEU DE MONTSERRAT ist in einem Gebäude aus dem Jahr 1929 untergebracht, das vom modernistischen Architekten Josep M. Puig i Cadafalch entworfen wurde. Im Erdgeschoss hängen Gemälde spanischer Maler, unter anderem von El Greco, Pablo Picasso und Salvador Dalí. Im ersten Obergeschoss befinden sich Schätze aus dem alten Ägypten, so zum Beispiel die Mumie eines jungen Mädchens.

PLAÇA DEL MONESTIR, WWW.MUSEUDEMONTSERRAT.COM, T 938 777745, GEÖFFNET: TÄGLICH 10.00-17.30, EINTRITT: 6,50 €

MONT SANT JOAN Eine Seilbahn bringt Besucher zur Spitze des Montserrat, dem Mont Sant Joan (1236 Meter hoch). Wer lieber selbst hinaufmarschiert, muss mit einer dreieinhalbstündigen Wanderung rechnen, die sich jedoch lohnt. Denn oben angekommen, kann man die Kapelle von Sant Jerni besuchen und wird mit einer fantastischen Aussicht belohnt.

WWW.CREMALLERADEMONTSERRAT.CAT, SEILBAHN JEDE 20 MIN., BETRIEB: FEBR.-DEZ. TÄGLICH 10.00-17.40, HIN- UND RÜCKFAHRT 8 €

SANTA COVA ist der Ort, an dem die Jungfrauenfigur der Legende nach gefunden wurde. Ihre Nachbildung steht nun im Kloster. Wer den heiligen Berg wieder verlassen möchte, kann dies natürlich mit der Seilbahn tun, doch eine Wanderung lohnt sich auch insofern, als man auf dem Weg immer wieder auf religiöse Kunstwerke verschiedener modernistischer Künstler wie Antoni Gaudí und Josep Llimona stößt.

WWW.CREMALLERADEMONTSERRAT.CAT, SEILBAHN JEDE 20 MIN. (FEBR. GESCHLOSSEN), KAPELLE SANTA COVA GEÖFFNET: TÄGLICH APR.-OKT. 10.20-17.20, NOV.-MÄRZ 11.20-16.20, HIN- UND RÜCKFAHRT 3,20 €

VINYA NOVA ist ein Restaurant am Fuß des Montserrat, in dem man ein gutes Menü für wenig Geld bekommt. Neben dem Restaurant befinden sich ein kleiner Streichelzoo und eine Fußballwiese. Das Lokal eignet sich daher gut für Familien mit Kindern, ist aber allgemein sehr beliebt bei den Katalanen. Daher sollten Sie unbedingt frühzeitig reservieren.

AVINGUDA DE LA VINYA NOVA S/N IN COLLBATÓ, WWW.RESTAURANTVINYANOVA.COM, T 937 710329, GEÖFFNET: MO-DO 9.00-16.00, FR 9.00-16.00 & 21.00-0.00, SA 9.00-0.00, SO 9.00-16.00, PREIS: 25 €

MÓN SANT BENET Unweit von Montserrat liegt ein Ausflugstipp für die ganze Familie. Das romanische Kloster von Sant Benet ist einen Besuch wirklich wert, denn eine Führung ist für Erwachsene und für Kinder interessant. Das modernistische Landhaus des katalanischen Malers Ramon Casas befindet sich ein Stückchen weiter. Mitarbeiter des gastronomischen Zentrums Alícia nehmen die Gäste gern mit auf eine kulinarisch-wissenschaftliche Entdeckungsreise. Im dazugehörigen Laden kann man traditionelle katalanische Produkte kaufen. Führungen und Aktivitäten sollte man im Voraus buchen.
CAMÍ DE SANT BENET S/N, SANT FRUITÓS DE BAGES, WWW.MONSTBENET.COM, T 902 875353, PREIS: AB 9,80 €, KINDER 5,90 €

Anlässlich der Eröffnung von Món Sant Benet wurde ein besonderer Marketing-Gag verwendet: In einem angeblichen Dokumentarfilm berichtete ein englischer Fernsehsender, dass es in dem Komplex spuken solle. Uhren würden gegen den Uhrzeigersinn laufen und Mönche aus dem Nichts erscheinen. Verschiedene Medien widmeten diesem Phänomen ihre besondere Aufmerksamkeit. Mit Erfolg: Innerhalb eines Monats kamen 10.000 Besucher.

PENEDÈS REGION

TOP 10

WEINBERGE UND BODEGAS

Zwischen den rauen Felsen des Garraf südwestlich der Stadt Barcelona liegt das Gebiet Penedès. Die Römer waren die Ersten, die diesen Landstrich für den Weinbau entdeckten.

Die weite Ebene ist geprägt von Weinbergen mit einheimischen weißen Rebsorten wie Xarel-lo, Macabeo und Parellada sowie Chardonnay und roten wie Cabernet Sauvignon, Merlot und Blauburgunder. Anfang der 1960er-Jahre wurde die Region offiziell als Weinanbaugebiet anerkannt und erhielt das Prädikat D. O. (*Consell Regulador de la Denominació d'Origen Penedès*). Vilafranca del Penedès entwickelte sich zur Weinhauptstadt Kataloniens, während Sant Sadurní d'Anoia sich auf Cava spezialisierte. Weinproduzent Torres und Cava-Gigant Freixenet sind weltbekannte Beispiele erfolgreicher Unternehmen dieser Region.

VILAFRANCA DEL PENEDÈS

Eine halbe Stunde Fahrzeit von Sitges entfernt liegt Vilafranca del Penedès, die Hauptstadt der Weinregion Penedès, die im 12. Jahrhundert gegründet wurde. Sie ist umgeben von hügeligen Weinbergen.

SEHENSWÜRDIGKEITEN

Ob man nun viel oder wenig von Wein versteht, Vilafranca del Penedès ist auf jeden Fall ein inspirierender Ort, um seinen önologischen Horizont zu erweitern.

VINSEUM Das moderne Museum liegt gegenüber der Kirche Santa María. Fotos und Filme verschaffen einen Einblick in die Weingeschichte der Region, und bei einem Besuch des Museums wird die Neugier ebenso geschürt wie die Begeisterung für den Wein. Auf wie viele verschiedene Arten trinken Katalanen ihren Wein? Wie machen Winzer ihren Wein zu etwas Besonderem? Wer Antworten sucht, ist hier richtig.

PLAÇA JAUME I 5, WWW.VINSEUM.CAT, T 938 900582, GEÖFFNET: DI-SO 10.00-14.00, DI-SA 16.00-19.00, EINTRITT: 5 €

CASA DE LA FESTA MAJOR Hier erfährt man einiges über die Geschichte des großen Stadtfestes Ende August/Anfang September, auf das die Einheimischen sich das ganze Jahr über freuen. In der Ausstellungshalle stehen auch die *gegants*, die typisch katalanischen Riesenpuppen, die ein wichtiger Bestandteil der Festumzüge sind. Andere Traditionen wie die Folkloretänze und die *castellers* werden ebenfalls ausführlich vorgestellt.

CARRER DE LA CORT 14, T 938 920358, GEÖFFNET: JULI-AUG. DI-SA 11.00-14.00 & 17.00-21.00, SO 11.00-14.00, SEPT.-JUNI SA 11.00-14.00 & 17.00-20.00, SO 11.00-14.00, EINTRITT: 2,50 €

PENEDÈS REGION

VILAFRANCA DEL PENEDÈS

SEHENSWÜRDIGKEITEN > S. 111

1. CASA DE LA FESTA MAJOR
2. VINSEUM

ESSEN & TRINKEN > S. 113

3. LA FABRICA
4. EL CIGRÓ D'OR

SHOPPEN > S. 114

5. WOCHENMARKT

100% THERE > S. 114-116

6. ÖKOLOGISCHE BODEGA BESICHTIGEN
7. CASTELLER-TRAINING
8. EIN BESUCH BEI TORRES
9. RADTOUR DURCH DIE WEINBERGE
10. LES DEUS AVENTURA
11. AUF DEM KIRCHTURM WEIN TRINKEN
12. AUF EINEM MODERNEN WEINGUT WEIN KAUFEN UND TRINKEN

ÜBERNACHTEN > S. 116

13. CASA TORNER I GÜELL
14. MAS XIPRES

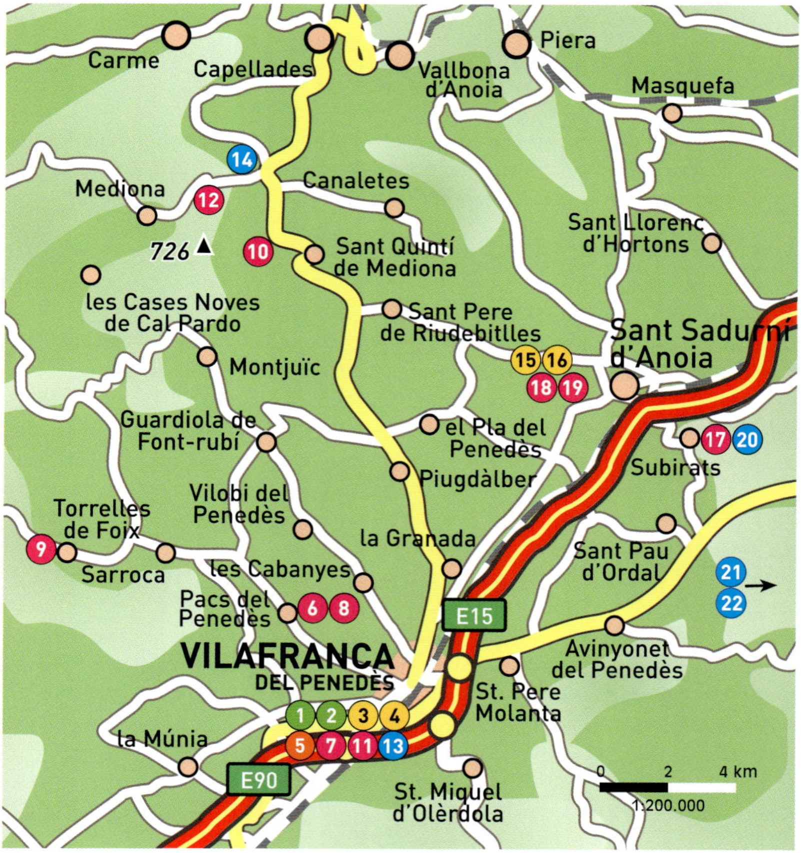

SANT SADURNÍ D'ANOIA

ESSEN & TRINKEN

> S. 117-119

15. CAVA JAUME GIRÓ I GIRÓ

16. LA CAVA D'EN SERGI

100% THERE > S. 119

17. CODORNÍU

18. FREIXENET

19. SOLÀ RAVENTÓS

ÜBERNACHTEN > S. 120

20. MASÍA OLIVERA

SANTA COLOMA DE CERVELLÓ

21. COLÒNIA GÜELL

TORRELLES DE LLOBREGAT

22. CATALUNYA EN MINIATURA

In ganz Katalonien gehören die gegants *zu den Stadtfesten dazu. Diese Riesenpuppen wurden 1424 in Barcelona von der katholischen Kirche eingeführt, inzwischen handelt es sich bei ihnen meist nicht mehr um biblische Figuren, sondern sie verkörpern bedeutende katalanische oder historische Persönlichkeiten.*

ESSEN & TRINKEN

Die Wahl des passenden Weins ist natürlich Geschmackssache, doch wer ganz sicher nichts falsch machen möchte, kann sich vom Ober beraten lassen.

LA FABRICA ist ein beliebtes Restaurant, das sich in einer ehemaligen Suppenfabrik befindet, ein alter Suppenkessel zeugt noch von dieser Vergangenheit. Die Küche bietet japanische und mediterrane Gerichte.

CARRER HERMENEGILD CLASCAR 4, WWW.RESTAURANTLAFABRICA.COM, T 938 171538, GEÖFFNET: MO-FR 13.15-15.30 & 20.30-23.30, SA 13.30-15.45 & 20.30-0.00, PREIS: 26 €

EL CIGRÓ D'OR ist ein modernes Restaurant über einem überdachten Markt, von dem aus man die verschiedenen Marktstände im Blick hat. Das Lokal wurde um die Jahrtausendwende gegründet, war aber bis 2012 in der Ortschaft Gelida unweit von Vilafranca angesiedelt. Sowohl in der Mittagszeit als auch abends werden traditionell-katalanische Gerichte mit einem modernen Touch serviert, die aus regionalen Zutaten zubereitet werden.

PLAÇA DE L'OLI 1, WWW.ELCIGRODOR.COM, T 938 905609, GEÖFFNET: DI-SO 13.00-16.00 & FR & SA 21.00-23.00, PREIS: AB 13 €

SHOPPEN

Produzenten aus den umliegenden Dörfern haben Vilafranca del Penedès als zentrale Verkaufsstelle für ihre Produkte gewählt.

WOCHENMARKT AM SAMSTAG Hier kann man hausgemachten Käse, Wurst und Wein aus der Region kaufen. Der Markt verteilt sich über das gesamte historische Zentrum.
SA 7.00-14.00

100% THERE

***In vino veritas*, "im Wein liegt die Wahrheit", das wussten schon die Römer. Lassen Sie sich also nicht davon abhalten, die köstlichen Weine aus der Region Penedès zu probieren. Einige der folgenden Ziele liegen außerhalb von Vilafranca del Penedès.**

AUF DEM KIRCHTURM WEIN TRINKEN Bei dieser Unternehmung schlägt man drei Fliegen mit einer Klappe. Man besucht die gotische Basilika Santa María, besteigt den Kirchturm, um die Aussicht über die Weinberge zu genießen, und nippt während des Sonnenuntergangs an einem Gläschen Wein. Prost!
OFICINA MUNICIPAL DE TURISME, WWW.TURISMEVILAFRANCA.COM, T 938 181254, TREFFPUNKT: CARRER DE LA CORT 14, JUNI-JULI SA 20.30, AUG. SA 20.00, SEPT. SA 19.00, PREIS: 5 €

CASTELLER-TRAINING Wer Katalonien besucht, muss auf jeden Fall die akrobatische Kunst der *castellers* bewundern. Die Einwohner von Vilafranca del Penedès sind wahre Könner in dieser Disziplin und trainieren zweimal pro Woche. Die *castellers* haben bereits renommierte Preise gewonnen und treten auch manchmal im Ausland auf. Einen Auftritt zu erleben, ist toll, ein Training lohnt sich aber genauso.
CAL FIGORAT, CARRER DE GENERAL PRIM 11, WWW.CASTELLERSDEVILAFRANCA.CAT, T 681 027380, GEÖFFNET: APR.-OKT. MI & FR 20.00-0.00

So wie beim Fußball gibt es auch unter den castellers*-Vereinen in Katalonien einen Konkurrenzkampf. Die zwei Städte mit den besten* castellers*-Vereinen sind Vilafranca del Penedès und Valls (Provinz Tarragona). Ihre Rivalität ist vergleichbar mit derjenigen der Fußballclubs FC Barcelona und Real Madrid.*

BESUCH BEIM WEINHERSTELLER TORRES Die Familie Torres hat den Weinanbau in der Region Penedès weit nach vorn gebracht und vielleicht sogar zum Vorbild für ganz Spanien gemacht. Bei einem Besuch der Bodega wird erst ein Werbefilm gezeigt, bevor es zu einem olfaktorischen Erlebnis in den Dufttunnel geht. Hier kann man die unterschiedlichen Aromen der Trauben in den verschiedenen Jahreszeiten kennenlernen.

WEINPRODUZENT TORRES (L) BODEGA PARÉS BALTÀ (R)

Dann geht es mit einer Bahn auf eine Fahrt durch die Fabrik und in die unterirdischen Keller voller verstaubter Weinflaschen. Am Ende der Tour gibt es ein Gläschen Wein.
CARRER EXTERIOR S/N IN PACS DE PENEDÈS, WWW.TORRES.ES, T 938 177568, GEÖFFNET: MO-SA 9.00-17.00, SO 9.00-13.00, EINTRITT: 6,30 €

ÖKOLOGISCHE BODEGA BESICHTIGEN Die Familie Cusiné der Bodega Parés Baltà betreibt ökologischen Weinbau und verzichtet auf Kunstdünger und chemisch-synthetische Pflanzenschutzmittel. Nach der Besichtigung lohnt sich eine Fahrt zum Castell de Sant Martí Sarroca, der einen tollen Blick auf die Umgebung bietet.
MASÍA CAN BALTA S/N IN PACS DE PENEDÈS, WWW.PARESBALTA.COM, T 938 901399, GEÖFFNET: MO-SA 9.30-18.00

Ein porró ist eine Weinflasche in der Form einer Gießkanne. Sie ist aus Glas und steht oft in traditionellen katalanischen Restaurants auf dem Tisch. Die Leder-Variante wurde früher von katalanischen Bauern und Hirten verwendet. Der Wein wird durch die schmale Tülle in den Mund gegossen, die Tülle wird dabei nicht in den Mund genommen. So kann man sich auf hygienische Weise eine Flasche Wein teilen, ohne Gläser zu benötigen.

TOP 10

AUF EINEM MODERNEN WEINGUT WEIN KAUFEN UND TRINKEN Die innovative Bodega Mas Rodó der Geschwister Sala gehört zu den modernen Weingütern Spaniens. Die Lage der angrenzenden Weinberge in ungefähr 500 Metern Höhe verleiht den Trauben eine gewisse Säure und damit dem Wein eine angenehme Frische. Eine Besichtigung muss im Voraus gebucht werden.

FINCA MAS RODÓ IN SANT PERE SACARRERA, WWW.MASRODO.COM, T 932 385780, PREIS: 9 €

TOP 10

RADTOUR DURCH DIE WEINBERGE Für manche Wein- und Cava-Liebhaber gibt es nichts Schöneres als ihr Wissen mit anderen zu teilen. Das gilt auch für die Weinführer des Reiseveranstalters Molintours mit seinem Büro etwas außerhalb von Vilafranca del Penedès. Da das Leben ihrer Meinung nach zu kurz ist, um schlechten Wein zu trinken, erzählen sie zum Beispiel bei einer Radtour durch die Weinberge, woran man wirklich guten Wein erkennt.

EL MOLÍ TOURS, CARRER BAIX 19 IN TORRELLES DE FOIX, WWW.ELMOLITOURS.COM, T 938 972207, PREIS: AB 25 €

LES DEUS AVENTURA ist ein Abenteuerpark für Jung und Alt mit drei akrobatischen Kletterparcours von eineinhalb Stunden. Man kann so lange im Park bleiben, wie man möchte. Für Fragen oder Hilfe stehen qualifizierte Betreuer vor Ort bereit.

PARC DE LES DEUS S/N IN SANT QUINTI DE MEDIONA, WWW.LESDEUSAVENTURA.CAT, T 696 965684, GEÖFFNET: SEPT.-JUNI SA-SO 10.00-19.00, JULI-AUG. TÄGLICH 10.00-20.00, EINTRITT: 15 €, KINDER 12 €

ÜBERNACHTEN

In der Innenstadt gibt es ein modernistisches Hotel, etwas außerhalb der Stadt übernachtet man inmitten der Weinberge.

CASA TORNER I GÜELL Dieses Boutiquehotel verfügt über ein schlichtes Interieur in einem modernistischen Gebäude aus dem Jahr 1848. Die gläsernen Wände bestehen aus recycelten Cava-Flaschen, die Zimmer sind groß und hell. In der Bar sollte man sich ein Glas Wein oder einen Gin Tonic gönnen, denn das Wein- und Gin-Angebot ist wirklich beachtlich.

RAMBLA DE SANT FRANCESC 26, WWW.CASATORNERIGUELL.COM, T 938 174755, PREIS: 130 €

TOP 10

MAS XIPRES ist ein Weingut aus dem 18. Jahrhundert im nahe gelegenen Dorf Sant Pere Sacarrera. Die Besitzerinnen Hetty und Henny haben die *masía* vollständig renoviert, sodass sich hier nun ein entspannender Urlaub in einer wunderschönen Weinlandschaft verbringen lässt. Es gibt luxuriöse Zimmer und Suiten, ein Schwimmbad mit Aussicht auf die Weinberge und eine Bar im alten *celler*. Die romantische Kapelle auf dem Gelände wird regelmäßig für Hochzeiten genutzt.

MAS XIPRES IN SANT PERE SACARRERA, WWW.MASXIPRES.COM, T 938 178784, PREIS: AB 79 €

MAS XIPRES

SANT SADURNÍ D'ANOIA

Die Cava-Erzeuger in diesem Ort sind für 90 Prozent der spanischen Cava-Produktion verantwortlich. In den fast 100 Bodegas können Besucher Schaumwein probieren und einiges über den Herstellungsprozess erfahren. Wer noch etwas mehr wissen möchte, sollte das neue Museum La Fassina aufsuchen. Da es im Dorf keine empfehlenswerten Unterkünfte gibt, sollte man sich außerhalb des Dorfes einquartieren.

ESSEN & TRINKEN

CAVA JAUME GIRÓ I GIRÓ ist eine Bodega in der Innenstadt, in deren Patio Besucher grillen dürfen. Für die Grillkohle wird gesorgt, das Essen muss jeder selbst mitbringen. Allerdings muss man dazu eine Flasche des in der Bodega hergestellten Cava kaufen. Wer mehr über die Herstellung wissen möchte, wird kostenlos durch den Betrieb geführt.
CARRER MONTANER I OLLER 1-3, WWW.CAVAGIRO.COM, T 938 910165, GEÖFFNET: TÄGLICH 10.00-17.00, GRILL-BENUTZUNG 2 €, FLASCHE CAVA 4,90 €, VORAB INFORMATIONEN ÜBER DIE GRILLZEITEN EINHOLEN

CAVA JAUME GIRÓ I GIRÓ

LA CAVA D'EN SERGI Sergis Leidenschaft fürs Kochen äußert sich in einer exzellenten Küche, in der er traditionellen Gerichten einen zeitgemäßen Touch verleiht und die ihm bei vielen den Ruf als bester Koch der Stadt eingebracht hat. Die Fotos und Gemälde an den Wänden verraten seine Vorliebe für Cava.

CARRER VALÈNCIA 17, WWW.LACAVADENSERGI.COM, T 938 911616, GEÖFFNET: DI-SA 13.00-16.00, FR & SA 21.00-23.30, PREIS: 35 €

In der dritten Oktoberwoche wird jedes Jahr "die Woche des Cava" gefeiert. Bei der Gelegenheit verkostet die Cava-Königin den ersten Cava des Jahres. Zu den Festivitäten kommt eigens ein Festzug aus Barcelona und bringt Tausende Menschen, die tanzend und singend durch die Bodegas ziehen und feiern.

100% THERE

FREIXENET ist ein national und international bekannter Cava-Produzent. Auf dem Gelände der Bodega steht ein Freixenet-Auto in der Form eines Korkens. Drinnen erwartet einen eine spektakuläre Führung – mit einer Bahn geht es durch ein dunkles unterirdisches Labyrinth mit zahllosen Cava-Flaschen. Hier reift der Schaumwein mindestens neun Monate in der Flasche. Wer wissen will, wie der Schaum in den Cava kommt, erfährt dies und noch vieles mehr während der Führung.

JOAN SALA 2, WWW.FREIXENET.COM, T 938 917096, GEÖFFNET: TÄGLICH 9.30-16.00, SO 10.00-13.00, PREIS: 6,30 €

CODORNÍU ist ebenfalls ein sehr bekannter Cava-Produzent. Der Produktionsort ist vor allem wegen der modernistischen Bodega, die vom Architekten Josep M. Puig i Cadafalch entworfen wurde, einen Besuch wert. Codorníu wurde von Josep Raventós gegründet, der 1872 als Erster Cava auf den Markt brachte.

AVINGUDA JAUME CODORNÍU S/N, WWW.CODORNIU.ES, T 938 913342, GEÖFFNET: MO-FR 9.00-17.00, SA-SO 9.00-13.00, EINTRITT: 6 €

SOLÀ RAVENTÓS ist die Bodega des Katalanen Pere, die regelmäßig von Stammgästen bevölkert wird. Sie besuchen seine Bodega, als wäre sie das erste Café am Platz, trinken (kostenlos) ein Glas und kaufen dann oft eine Flasche. Die Informationstour dauert eine halbe Stunde.

CARRER INDUSTRIA 38-40, WWW.SOLARAVENTOS.COM, T 938 910837, GEÖFFNET: MO-FR 9.00-13.00 & 15.00-19.00, SA-SO 10.00-14.00, EINTRITT: 3 €

Cava kommt ausschließlich aus der Region Penedès und darf nicht mit dem französischen Champagner verwechselt werden. Allerdings werden beide nach derselben Methode, der klassischen Flaschengärung, hergestellt. Dabei findet die zweite Gärung in der Flasche statt.

ÜBERNACHTEN

MASÍA OLIVERA wurde früher von Traubenpflückern bewohnt, die in den Weinbergen rund um das Landhaus arbeiteten. Heute verfügt das Haus, das man im Juli und August nur wochenweise mieten kann, über ein Schwimmbad, einen Erholungsbereich und einen Grillplatz. Unbedingt probieren sollte man auch den hausgemachten Wein aus der Bodega des Inhabers Raimon und seines Bruders, die sich ganz in der Nähe der *masía* befindet.

MASÍA L'OLIVERA, CARRETERA C-243A KM 4 IN SUBIRATS, WWW.MASIAOLIVERA.COM, T 938 993341, PREIS: 60 €

SANTA COLOMA DE CERVELLÓ

TOP 10

Rund 20 Autominuten von Barcelona entfernt steht eines von Gaudís weniger bekannten Bauwerken.

COLÒNIA GÜELL ist eine modernistische Industriesiedlung aus dem Jahr 1890. Die wirtschaftliche Entwicklung führte Ende des 19. Jahrhunderts in Katalonien zu einem wachsenden Bedarf an neuen (Textil-)Fabriken. Zu dieser Zeit baute man in unmittelbarer Nähe zu den Fabriken auch Wohnhäuser, in die die Arbeiter mit ihren Familien einziehen konnten. Industrieviertel sind normalerweisie grau, trist und wirken oft schmutzig, doch der Projektleiter Eusebi Güell (auch Auftraggeber des Parc Güell in Barcelona) wollte diesmal etwas Besonderes schaffen. Sein Ziel war, dass die Arbeiter so angenehm wie möglich in einer kleinen Gemeinschaft (einer "Kolonie") leben und arbeiten konnten. Fröhliche Farben und originelle Formen sind daher in diesem Mini-Industriegebiet bestimmend. Eusebis Freund Gaudí sowie seine beiden Kollegen Francesc Berenguer und Joan Rubió, ebenfalls modernistische Architekten, halfen beim Entwurf. Die Krypta, eine Kirche, bei der Gaudí zum ersten Mal all seine Kreativität einbringen konnte, fällt am meisten auf. Dieses fantastische Gebäude weist die typischen schrägen Säulen, Wände, Ornamente, Bögen und farbigen Mosaiken auf. Ein Meisterwerk, das Gaudí, genauso wie die Sagrada Família, leider nicht beenden konnte. Als die Textilbranche 1973 in eine Krise stürzte, zogen die ursprünglichen Bewohner weg und die Fabrik wurde verkauft. Im neuen Besucherzentrum erhält man ein gutes Bild vom Leben in der "Kolonie" im Jahr 1917.

CARRER DE CLAUDI GÜELL 6, WWW.GAUDICOLONIAGUELL.ORG, T 936 305807, GEÖFFNET: MAI-OKT. MO-FR 10.00-19.00, SA-SO 10.00-15.00, NOV.-APR. MO-FR 10.00-17.00, EINTRITT: 6 €

TORRELLES DE LLOBREGAT

TOP 10

CATALUNYA EN MINIATURA ist ein Miniaturpark, der vor allem für Kinder interessant ist. Die schönsten Sehenswürdigkeiten Kataloniens sind dort in einem Maßstab von 1 : 25 nachgebaut. So kann man das Fußballstadion Camp Nou des FC Barcelona problemlos von oben betrachten oder zahlreiche modernistischen Bauwerke Gaudís bewundern. Auch das dazugehörige Bosc Animat, in dem man einen Tag lang auf Stegen und Holzbrücken im Wald herumklettern kann, ist einen Besuch wert.

CARRER DISSEMINATS S/N, WWW.CATALUNYAENMINIATURA.COM, T 936 890960, GEÖFFNET: TÄGLICH MÄRZ & SEPT. 10.00-19.00, JULI-AUG. 10.00-20.00, OKT.-FEBR. DI-SO 10.00-18.00, EINTRITT: 11 €, KINDER 8 €

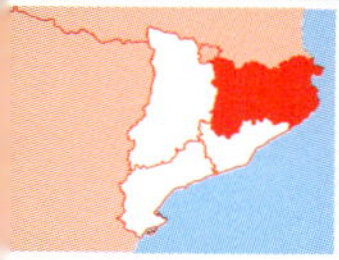

GIRONA, COSTA BRAVA, DALÍ-DREIECK, LA GARROTXA, VIC

NORDOST-KATALONIEN

AUTOTOUR NORDOST-KATALONIEN

So können Sie Nordost-Katalonien in fünf Tagen erkunden. Die Route bringt Sie zu allen Orten, die Sie gesehen haben sollten, und birgt einige Überraschungen. Sie essen unter Einheimischen und wohnen ganz besonders.

TAG 1

CAP DE CREUS UND CADAQUÉS > zum Naturpark Cap de Creus fahren und eine Wanderung machen (S. 149) **>** beim Leuchtturm am östlichsten Ort Spaniens relaxen (S. 149) **>** im Restaurant Cap de Creus ein Mittagessen und die schöne Aussicht genießen (S. 149) **>** nach Cadaqués weiterfahren und durch die historische Altstadt mit Kirche und Kunstgalerien schlendern (S. 146) **>** am Kai entlangspazieren **>** nach Cistella fahren und im Badó Restaurant speisen (S. 178) **>** im Can Lluís übernachten (S. 178) **>**

TAG 2

FIGUERES UND L'ESCALA > in Figueres das surrealistische Teatre-Museu Dalí besuchen (S. 173) **>** in der Crêperie Bretonne köstlich zu Mittag essen (S. 175) **>** nach L'Escala fahren und das alte Zentrum erkunden (S. 155) **>** bei Solés gesalzene Sardellen einkaufen (S. 157) **>** im schönen Hostal Empúries einchecken (S. 157) und den Nachmittag am Strand verbringen **>** im Hostal speisen und übernachten (S. 157) **>**

TAG 3

EMPÚRIES UND BEGUR > morgens die Ausgrabungsstätte von Empúries (S. 156) besuchen **>** bei El Molí de L'Escala etwas essen (S. 156) **>** nach Begur (S. 158) fahren **>** einen Spaziergang zu den Buchten von Sa Riera und Sa Tuna (S. 158) oder zu den Caminos de Ronda unternehmen (S. 158) **>** in Begur zur Burgruine wandern und den Sonnenuntergang betrachten (S. 158) **>** in der Unterkunft Aiguaclara ein Abendessen genießen (S. 159) **>**

TAG 4

RUNDFAHRT DURCH MITTELALTERLICHE DÖRFER > die mittelalterlichen Dörfer Pals (S. 161) und Peratallada (S. 161) besichtigen **>** nach Monells weiterfahren und bei El Roure Blanch zu Mittag essen (S. 164) **>** die Burg von Dalí und seiner Muse in Púbol besichtigen (S. 177) **>** zum Hotel Castell d'Empordà (S. 162) weiterfahren und einchecken **>** die restaurierte Burg bewundern und am Pool relaxen **>** abends im Burgrestaurant tafeln **>**

TAG 5

RUNDFAHRT DURCH BADEORTE > bei La Bisbal d'Empordà (S. 162) Steingut kaufen **>** nach Calella de Palafrugell fahren **>** den botanischen Garten von Cap Roig (S. 165) besuchen **>** bei Tragamar (S. 165) zu Mittag essen **>** zur Bucht Sant Pol bei Sant Feliú de Guixols fahren und am Strand von La Gavina entlangschlendern (S. 169) **>** bei Cama & Cava dinieren und nächtigen (S. 170) **>**

GOLF DE ROSES
Start
Ziel
1
2
3
4
5
el Port de la Selva
Portlligat
Cadaqués
Roses
Aqua Brava
Empuriabrava
Castelló d'Empúries
Peralada
FIGUERES
Boadella d'Empordà
Pont de Molins
Cistella
Lladó
Crespià
Esponella
Sant Pere Pescador
Sant Mori
l'Escala
Bellcaire d'Empordà
l'Estartit
Torroella de Montgrí
Ullastret
Peratallada
Pals
Begur
Tamariu
Llafranc
Calella de Palafrugell
Palafrugell
Palamós
Calonge
Castell d'Aro
Santa Christina d'Aro
SANT FELIU DE GUÍXOLS
La Bisbal d'Empordà
Monells
Púbol
Celrà
GIRONA
Salt
Sarrià de Ter
Sant Gregori
Cassà de la Selva
Romanyà de la Selva
Llagostera
Caldes de Malavella
Vidreres
Sils
Maçanet de la Selva
Massanes
Hostalric
Riudarenes
Vilobí d'Onyar
SANTA COLOMA de Farners
Sant Feliu de Buixalleu
Arbúcies
BANYOLES
Porqueres
Besalú
Sant Martí de Llémena
Amer
les Planes d'Hostoles
Sant Feliu de Pallerols
Parc Natural de la Garrotxa
OLOT
Castellfollit de la Roca
Sant Joan les Fonts
l'Hostalnou de Bianya
Sant Privat d'en Bas
Oix
Beget
Riera de Beget
Molló
Llanars
Camprodon
Ribes de Freser
Sant Joan de les Abadesses
ampdevànol
RIPOLL
Vallfogona de Ripollès
les Llosses
Sant Quirze de Besora
Sant Pere de Torelló
Sant Agustí de Lluçanès
Sant Boi de Lluçanès
can Branques
can Bondia
Sant Martí d'Albars
Torelló
Manlleu
Santa Maria de Corco
Rupit
Sant Hipòlit de Volgrega
Sant Bartomeu del Grau
VIC
Santa Eulàlia de Riuprimer
Malla
Vilanova de Sau
Sant Julià de Vilatorta
Sant Sadurní d'Osormort
Sant Hilari Sacalm
Sant Eugènia de Berga
Taradell
Masvidal
Viladrau
Seva
Tona
el Brull
Collsuspina
Moià
Centelles
els Hostalets de Balenyà
Aiguafreda
la Muga
el Fluvià
el Ter
Rio Servent
E15
N11
A2
N260
N152
C66
AP7
2585
1558
1056
1300
1487
1026
1094
851
857
1129
1697
417
422
297
606
0
10
20 km
1:700.000

GIRONA STADT

JÜDISCHE VERGANGENHEIT UND ELDORADO FÜR FEINSCHMECKER

Die meisten Touristen, die auf dem Billigflughafen von Girona landen, reisen sofort weiter nach Barcelona oder an einen Ferienort an der Costa Brava. Eigentlich schade, denn diese Stadt mit ihrem lebhaften historischen Zentrum, dem jüdischen Viertel, einer gotischen Kathedrale und den arabischen Bädern befindet sich in einem absoluten Aufwärtstrend.

Girona liegt am Zusammenfluss der vier Ströme Ter, Güell, Galligants und Onyar. Im Sommer gehen die Einwohner gern in den prächtigen Parc de la Devesa. Abends sind die Kneipen der Altstadt und auf der Plaça de la Independéncia rappelvoll.

Die Römer gaben der Festung, die sie an dem Ort des heutigen Gironas bauten, den Namen Gerunda. Nach den Römern kamen die Westgoten und die Mauren. Im Mittelalter entwickelte sich Girona zu einem blühenden Zentrum jüdischer Kunst und Kultur. Die Pest, die 1348 ausbrach, kostete mindestens 1000 Einwohner das Leben. Das Alhambra-Edikt von Ferdinand II. von Aragón und Isabella von Kastilien bereitete 1492 der jüdischen Blütezeit ein jähes Ende. Es besagte nämlich, dass sich alle Juden Spaniens zum Christentum bekehren oder das Land verlassen mussten. Erst ab dem 19. Jahrhundert nahm die Einwohnerzahl wieder zu. Anfang des 20. Jahrhunderts hatte Girona 20.000 Einwohner, inzwischen sind es circa 92.000.

Der Spanische Bürgerkrieg (1936–1939) traf Girona hart. Am Ende der Gefechte flüchteten Tausende republikanische Soldaten und Bürger über diese Stadt nach Frankreich. Infolge der grausamen Kriegsjahre und der Unterdrückung durch das Franco-Regime wurde Girona zum Bollwerk des katalanischen Nationalismus.

Das Stadtfest zu Ehren des Schutzheiligen Narcissus wird in der letzten Oktoberwoche gefeiert. Es ist Tradition, an diesem Tag Fliegen aus Schokolade zu essen. Girona wurde 1285 monatelang von französischen Truppen belagert. Als sich die Einwohner ergaben, verschob der Legende nach ein neugieriger Soldat den Deckel vom Grab des heiligen Narcissus. Millionen Fliegen entströmten daraufhin dem Grab und fielen über die französischen Besatzer her, die daraufhin die Flucht ergriffen.

Einen Stadtspaziergang in Girona finden Sie auf der herausnehmbaren Karte in der hinteren Buchklappe.

GIRONA STADT

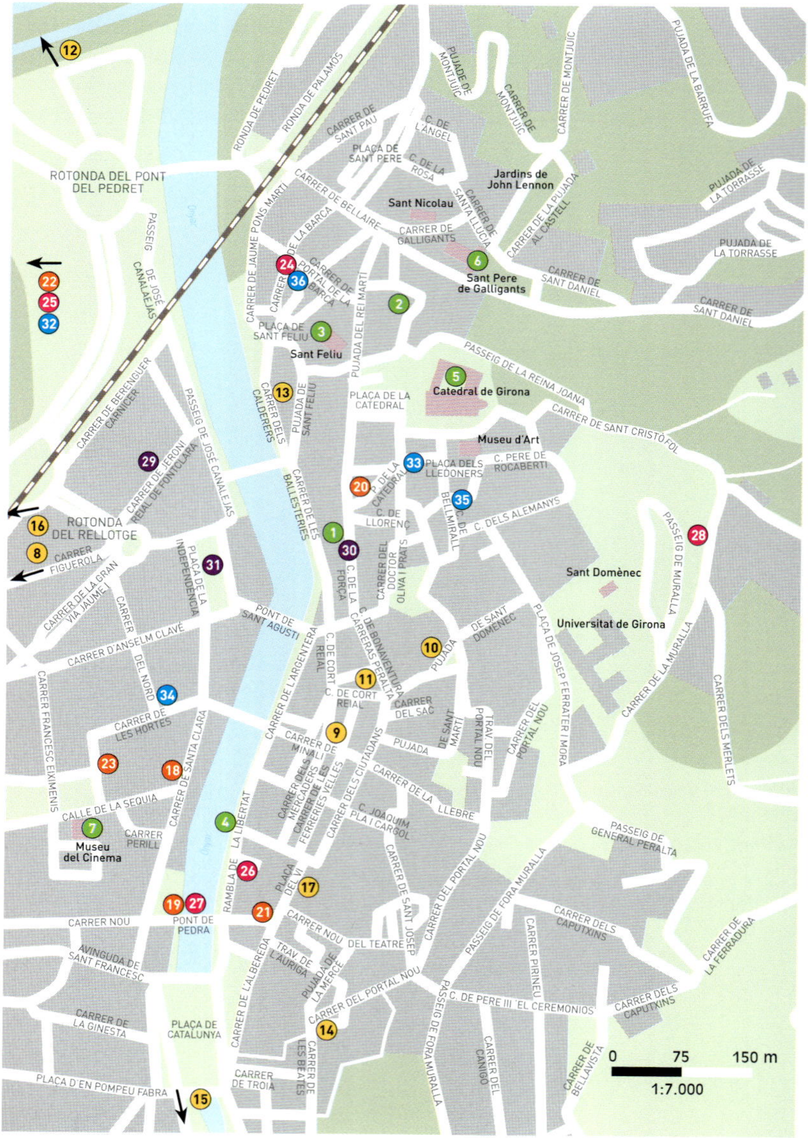

SEHENSWÜRDIGKEITEN > S. 129–132

1. EL CALL
2. ELS BANYS ÀRABS
3. ESGLÉSIA DE SANT FELIU
4. DIE HÄNGENDEN HÄUSER ÜBER DEM ONYAR
5. LA CATEDRAL DE SANTA MARÍA DE GIRONA
6. MONESTIR DE SANT PERE DE GALLIGANTS
7. MUSEU DEL CINEMA

ESSEN & TRINKEN > S. 132–135

8. AMARANTA
9. ARTUSI
10. CAFÉ LE BISTROT
11. DRAPS
12. EL CELLER DE CAN ROCA
13. EL CUL DE LA LLEONA
14. ELS JARDINS DE LA MERCE
15. LA CALÈNDULA
16. TXALAKA
17. XOCOLATERIA ANTIGA

SHOPPEN > S. 135–136

18. CARRER DE LA SANTA CLARA
19. FIRA DE PRODUCTES ARTESANS PONT DE PEDRA
20. LA PABORDIA
21. LA VIENESA
22. MERCAT DE LA DEVESA
23. ZEPPELIN

100% THERE > S. 136–139

24. BIKE BREAKS
25. PICKNICK IM PARC DE LA DEVESA
26. ÜBER DIE RAMBLA DE LA LLIBERTAT SCHLENDERN
27. TRENET EL GERIÓ
28. SPAZIERGANG ÜBER LES MURALLES

AUSGEHEN > S. 139

29. LOCAL PLATEA
30. LOLA CAFÉ
31. PLAÇA DE LA INDEPENDÈNCIA

ÜBERNACHTEN > S. 139–140

32. CAN POL DE DALT
33. CASA CUNDARO
34. HOTEL CIUTAT DE GIRONA
35. HOTEL HISTÒRIC
36. HOTEL LLEGENDES DE GIRONA

SEHENSWÜRDIGKEITEN

Die größte Sehenswürdigkeit Gironas ist das historische Zentrum. Wenn man durch das Labyrinth der alten Gassen mit ihrem Kopfsteinpflaster bummelt, ist es, als ob die Zeit stehen geblieben wäre.

LA CATEDRAL DE SANTA MARÍA DE GIRONA Wer von Norden aus nach Girona fährt, sieht sie schon von Weitem: Gironas beeindruckende Kathedrale. Der Bau der gotischen Kirche dauerte vom 14. bis zum 18. Jahrhundert. Wenn man von der Carrer de la Força kommt, muss man noch 90 Treppenstufen erklimmen, bevor man vor dem Eingang steht. Vor dem Betreten lohnt sich ein Blick auf die schlichte, aber dennoch beeindruckende Fassade. Der Künstler Salvador Dalí erkannte sein Gesicht in einer der Figuren. Die Kathedrale hat, nach dem Petersdom im Vatikan, das zweitbreiteste Kirchenschiff der Welt: fast 23 Meter. Während der Messe ist der Eintritt frei, ansonsten kann man die Kathedrale über das angegliederte Museum betreten. Die Eintrittskarte ermächtigt auch zum Besuch des romanischen Klosters aus dem 7. Jahrhundert, das sich hinter der Kathedrale befindet.

PLAÇA DE LA CATEDRAL S/N, WWW.CATEDRALDEGIRONA.ORG, T 972 214426, GEÖFFNET: TÄGLICH APR.-OKT. 10.00-20.00, NOV.-MÄRZ 10.00-19.00, EINTRITT: 5 €

DIE HÄNGENDEN HÄUSER ÜBER DEM ONYAR

Ganz in der Nähe der Glockentürme der Kathedrale hängt La Bruixa *(die Hexe), der einzige Wasserspeier in menschlicher Gestalt. Der Legende nach fand eine Hexe aus dem Ort die Gottesdienste so schrecklich, dass sie die Kathedrale mit Steinen beschoss. Eines Tages wurde sie daraufhin selbst zu Stein. Der Kirchenrat beschloss, die versteinerte Hexe auf die Kathedrale zu setzen, seitdem läuft das Regenwasser über ihren Mund ab.*

DIE HÄNGENDEN HÄUSER ÜBER DEM ONYAR wurden in den 1980er-Jahren im italienischen Stil restauriert. Dank der Farbgebung der Fassaden wird Girona manchmal als das "katalanische Florenz" bezeichnet. Die Häuser wurden jedoch nicht gebaut, um Besucher der Stadt zu erfreuen, sondern sollten Girona als verlängerte Stadtmauer vor anstürmenden Feinden schützen. Wenn man vom modernen Stadtteil aus zum historischen Zentrum kommt, sind die Häuser gut zu sehen. Von der romantischen Brücke Pont de Pedra oder von Gustave Eiffels rotem Eisenbauwerk, der Brücke Pont de Sant Agustí aus, kann man schöne Fotos machen.

RAMBLA DE LA LLIBERTAT

EL CALL Die katalanischen Juden lebten vom 9. bis zum 15. Jahrhundert in einem Gewirr aus Gassen in der Nähe der Kathedrale. Ihr Stadtteil hatte eine eigene Verwaltung, dafür mussten die Bewohner dem christlichen Regenten der Stadt Steuern zahlen. El Call ist eines der am besten erhaltenen jüdischen Viertel Europas. In der ehemaligen Synagoge befindet sich das Centre Bonastruc Ça Porta, das jüdische Museum. In den kleinen Straßen Carrer Sant Llorenç und Carrer Cúndaro hängen auch heute noch Mesusas oben an den Türpfosten, Behälter mit Schriften, die die Bewohner daran erinnern sollen, nach den Regeln der Thora zu leben.

ELS BANYS ÀRABS Obwohl der Name dieser Bäder etwas anderes vermuten lässt, gehen sie nicht auf die Mauren zurück. Die arabischen Bäder wurden im 12. Jahrhundert angelegt, der Stil ist romanisch, der Grundriss wurde jedoch von maurischen Vorbildern abgeschaut.

CARRER FERRAN EL CATÒLIC S/N, WWW.BANYSARABS.ORG, T 972 213262, GEÖFFNET: APR.-SEPT. MO-SA 10.00-19.00, SO & FEIERTAGE 10.00-14.00, OKT.-MÄRZ TÄGLICH 10.00-14.00, EINTRITT: 2 €

ESGLÉSIA DE SANT FELIU weist eine Mischung aus romanischen und gotischen Elementen auf. Der markante Glockenturm der Kirche ist zu einem Wahrzeichen der Stadt geworden. Der heilige Felix starb im Jahr 304 in Girona als Märtyrer. Dem afrikanischen Missionar zu Ehren wurde im 14. Jahrhundert eine Kirche an der Stelle errichtet, an der seine Überreste begraben waren. Man findet dort auch das Grab des Schutzheiligen Narcissus.

PUJADA DE SANT FELIU 29, T 972 201407, GEÖFFNET: MO-SA 10.00-12.30 & 16.00-18.00, SO 10.00-12.00

MUSEU DEL CINEMA Tomàs Mallol i Deulofeu war von klein auf verrückt nach Filmen und begann bereits in jungen Jahren, Vorführapparate zu sammeln. Daraus entstand mit der Zeit eine Sammlung mit Zehntausenden Objekten, die im Museu del Cinema von der Entwicklung der Filmtechnik erzählen. Im Museumsladen findet man ausgefallene Ansichtskarten, Poster und kuriose Film-Gadgets.

CARRER SEQUIA 1, WWW.MUSEUDELCINEMA.CAT, T 972 412777, GEÖFFNET: MAI-SEPT. DI-SO 10.00-20.00, OKT.-APR. DI-SA 10.00-18.00, SA 10.00-20.00, SO 11.00-15.00, EINTRITT: 5 €

MONESTIR DE SANT PERE DE GALLIGANTS Heute befindet sich in dem ehemaligen Benediktinerkloster ein archäologisches Museum. Gegenüber Sant Pere de Galligants steht die Església de Sant Nicolau. Diese kleine romanische Kapelle aus dem 7. Jahrhundert wird von der Gemeinde ab und zu für kulturelle Ausstellungen genutzt.

PLAÇA DE SANTA LLÚCIA S/N, WWW.MAC.CAT, T 972 202632, GEÖFFNET: OKT.-MAI DI-SA 10.00-14.00 & 16.00-18.00, SO & FEIERTAGE 10.00-14.00, JUNI-SEPT. MO-SA 10.30-13.30 & 16.00-19.00, SO & FEIERTAGE 10.00-14.00, EINTRITT: 2,30 €

ESSEN & TRINKEN

Girona prahlt gern mit seinem kulinarischen Angebot, und das nicht ohne Grund. Die Stadt ist voll von gemütlichen Gaststätten und hervorragenden Restaurants. An vielen Orten kann man draußen sitzen, wie auf der Plaça de la Independència oder unter den imposanten Glockentürmen von Sant Feliu. Die lokale Spezialität ist *botifarra dolça*, eine Wurst, die aus Hackfleisch mit Zucker hergestellt wird.

CAFÉ LE BISTROT ist ein echter Klassiker. Die modernistische Einrichtung sorgt für eine typisch katalanische Atmosphäre. Das Café befindet sich in der Pujada de Sant Domènec, einer sehr fotogenen mittelalterlichen Gasse. Einige Szenen aus dem Film *Das Parfüm* wurden hier gedreht. Im Sommer kann man draußen sitzen und eine Pizza oder andere einfache Gerichte genießen.

PUJADA DE SANT DOMÈNEC 4, WWW.CAFELEBISTROT.COM, T 972 218803, GEÖFFNET: MO-DO 13.00-16.00 & 18.00-0.00, FR-SA 13.00-16.00 & 18.00-2.00, PREIS: 20 €

ELS JARDINS DE LA MERCE liegt am Fuß der Stadtmauern und ist zweifelsohne eines der schönsten Lokale in Girona – mit verschiedenen Räumen, einem Garten und einer angenehmen Cafeteria. Auf der Karte stehen Gerichte mit saisonalen Produkten.

PUJADA DE LA MERCÈ 10, WWW.ELSJARDINSDELAMERCE.COM, T 972 226845, GEÖFFNET: DI-DO 17.00-1.00, SA 11.00-3.00, SO 11.00-21.00, PREIS: 25 €

EL CUL DE LA LLEONA In dem gemütlichen Lokal werden einfache marokkanische Gerichte serviert. Der Name bedeutet wörtlich "das Gesäß der Löwin". Das bezieht sich auf die Löwenfigur auf der nahe gelegenen Plaça de Sant Feliu. Wer ihr Gesäß küsst, kommt angeblich irgendwann nach Girona zurück.

CARRER DELS CALDERERS 8, T 972 203158, GEÖFFNET: MO-SA 13.00-16.00 & 21.00-0.00, PREIS: 17 €

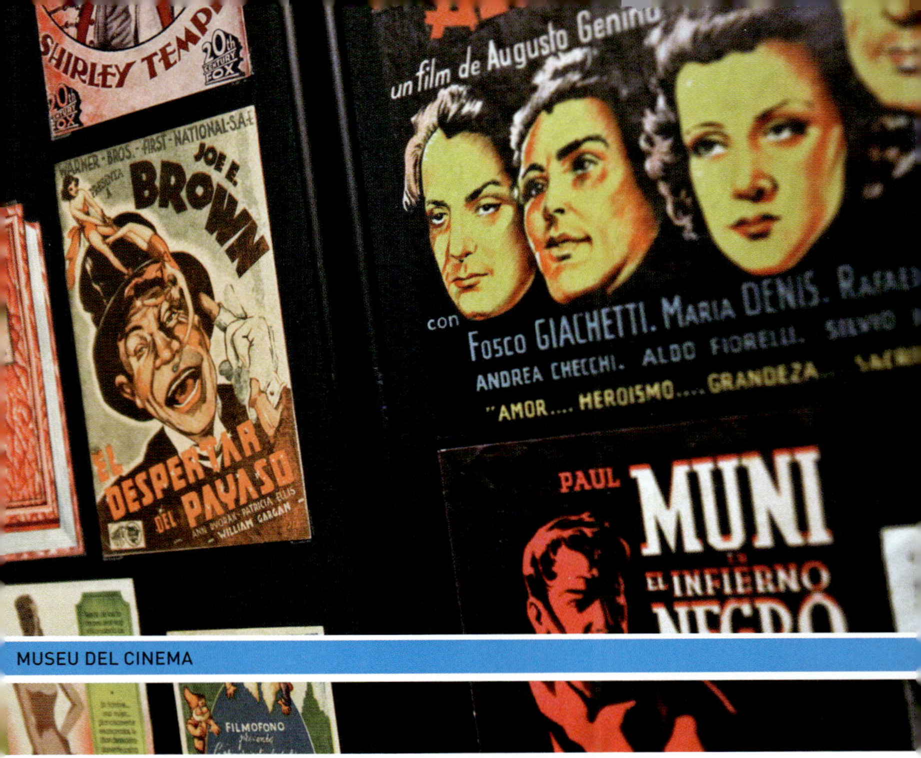

MUSEU DEL CINEMA

LA CALÈNDULA ist ein Restaurant mit einer sehr ausgefallenen Speisekarte. Für fast alle Gerichte werden auch Blumen und Kräuter als Zutaten verwendet – ein wahrer Hochgenuss! Chefkoch Iolanda Bustos lernte die feinen Kniffe des Fachs von niemand Geringerem als Starköchin Carme Ruscalleda (siehe Seite 80).

CARRER TRAVESSIA DE LA CREU 33, WWW.LACALENDULA.NET, T 872 033333, GEÖFFNET: MO-SA 13.00-15.30, DO-SA 20.30-23.00, PREIS: 26 €

TXALAKA Der perfekte Ort für diejenigen, die gern Tapas essen. Die Häppchen, die auf Baskisch *pintxos* heißen, stehen bereit, man muss nur die Stäbchen aufbewahren, damit der Ober weiß, wie viel man am Ende bezahlen muss.

CARRER BONASTRUC DE PORTA 4, WWW.RESTAURANT-TXALAKA.COM, T 972 225975, GEÖFFNET: MI-SO 13.00-17.00, DI-SO 19.30-0.00, PREIS: TAPAS-MAHLZEIT 25 €

ARTUSI ist ein charmantes Restaurant im Herzen der Altstadt mit Wänden aus Naturstein und einfachen, aber stilvollen Möbeln. Artusi bietet gute mediterrane Küche, auf der Mittagskarte ist für jeden etwas dabei.

PLAÇA DE LES CASTANYES 6, WWW.RESTAURANTARTUSI.COM, T 972 487327, GEÖFFNET: TÄGLICH 8.00-23.00, PREIS: MITTAGESSEN 15 €

EL CELLER DE CAN ROCA

DRAPS Hier runzelt niemand die Stirn, wenn sich zwei Personen ein Gericht teilen. Das Motto des Restaurants lautet nämlich: *cuina per compartir* (wörtlich: Küche zum Teilen). Die Speisekarte ist nicht sehr üppig, aber die Größe der Portionen ist beeindruckend.
CARRER CORT REIAL 2, WWW.RESTAURANTDRAPSGIRONA.COM, T 872 080430, GEÖFFNET: MO-SA 13.00-16.00 & 20.30-23.00, SO 13.00-16.00, PREIS: GERICHT 25 €

TOP 10

EL CELLER DE CAN ROCA befindet sich in einem modernen Gebäude am Stadtrand und gehört den drei Brüdern Roca. Joan schwingt das Zepter in der Küche, Josep kümmert sich um den Wein, und Jordi sorgt für die Nachspeisen. 2011 wurde das Lokal von der britischen Gourmet-Zeitschrift *Restaurant* zum zweitbesten der Welt gekürt. Die Brüder haben inzwischen drei Michelin-Sterne.
CARRER DE CAN SUNYER 48, WWW.ELCELLERDECANROCA.COM, T 972 222157, GEÖFFNET: DI-SA 13.00-16.00 & 21.00-23.00, PREIS: AB 125 €

XOCOLATERIA ANTIGA Auf der Plaça del Vi kann man bei Antiga katalanisch frühstücken: süße Köstlichkeiten und Trinkschokolade ohne Milch. Zudem blicken Sie auf den schönen Rathausplatz und können das Leben dort beobachten.
PLAÇA DEL VI 8, T 972 216681, GEÖFFNET: MO-SA 7.00-21.00, SO 8.00-21.00, PREIS: AB 2 €

AMARANTA Vegetarische Gerichte sind in Katalonien, außer in Barcelona, nicht so leicht zu finden. Bei Amaranta werden in traditioneller Atmosphäre vegetarische mediterrane Gerichte wie Moussaka, katalanische *cannelones* und Salate serviert.
CARRER RIO GUËLL 31/33, WWW.RESTAURANTAMARANTA.COM, T 972 940832, GEÖFFNET: MO-DO 13.00-16.30, FR-SA 13.00-23.45, PREIS: 18 €

SHOPPEN

Im alten Zentrum befinden sich entlang der Carrer de les Ballesteries eher einfache Geschäfte. Die großen Ketten liegen jenseits des Flusses Onyar. Die besten Einkaufsstraßen sind Carrer de Santa Clara, Carrer Nou und Avinguda de Sant Francesc.

LA PABORDIA ist ein Designer-Laden, der in einem mittelalterlichen Gebäude untergebracht ist. Es werden moderne Möbel verkauft, die mit den original Natursteinmauern und dem urtümlichen Innenhof einen gelungenen Kontrast bilden.
PUJADA DE LA CATEDRAL 4, WWW.PABORDIA.COM, T 972 201704, GEÖFFNET: MO-SA 9.30-13.00 & 16.00-20.00

ZEPPELIN Kinder fühlen sich im Spielwarengeschäft Zeppelin garantiert wie im Paradies. Der Laden ist gut gefüllt mit diversen Gesellschaftsspielen, Holzspielzeug und allen möglichen witzigen Gegenständen für das Kinderzimmer. Der Patio und das Büro werden für Aktivitäten wie Bastelwettbewerbe oder Spielemeisterschaften genutzt.
PLAÇA DE SANTA SUSANNA 7, WWW.ZEPPELINDREAMS.COM, T 972 208265, GEÖFFNET: MO 16.30-20.00, DI-SA 10.00-13.30 & 16.30-20.00

MERCAT DE LA DEVESA Die Einwohner von Girona können zweimal in der Woche im Stadtpark Parc de la Devesa einkaufen gehen. Im Winter sammeln sich die Markthändler entlang des Ribes del Ter, und in den Sommermonaten findet der Markt auf dem Passeig de la Devesa statt.

PARC DE LA DEVESA, GEÖFFNET: DI & SA 9.00-14.00

CARRER DE LA SANTA CLARA ist eine lebhafte Einkaufsstraße auf der anderen Seite des Onyar, wo sich viele Geschäfte bekannter Ketten, aber auch weniger renommierter Labels befinden. Auch in den Seitenstraßen kann man gemütlich shoppen.

CARRER DE LA SANTA CLARA

FIRA DE PRODUCTES ARTESANS PONT DE PEDRA Auf der Brücke Pont de Pedra findet jeden Samstag ein Kunstmarkt statt. Mitglieder lokaler Handwerksvereinigungen verkaufen hier ihre Produkte.

PONT DE PEDRA, GEÖFFNET: SA 10.00-20.00

LA VIENESA Bei diesem empfehlenswerten Konditor gibt es die lokale Spezialität *xuixo* zu kaufen, eine Art Hörnchen, das mit Pudding gefüllt und mit Zucker bestreut wird. Das Schokoladenangebot von La Vienesa dürfte Leckermäuler ebenfalls in Versuchung führen.

PUJADA PONT DE PEDRA 1, WWW.LAVIENESA.CAT, T 972 201787, GEÖFFNET: DI-SO 9.00-13.30 & 16.30-20.00

100% THERE

Ob ein Picknick, eine Wanderung oder eine Zugfahrt – Girona bietet zahlreiche Möglichkeiten, um das Leben zu genießen und zu entspannen.

BIKE BREAKS ist ein Fahrradzentrum, bei dem man geführte Tagesausflüge buchen, Fahrräder mieten oder sich einen Fahrradurlaub nach Maß zusammenstellen lassen kann. Es gibt beispielsweise eine Fahrradtour zu den verschiedenen Dalí-Museen oder einen kulinarischen Ausflug. Entdecken Sie die Stadt und die Umgebung doch einfach mit dem Drahtesel!

CARRER PORTAL DE LA BARÇA 12, WWW.GIRONACYCLECENTRE.COM, T 972 205465, GEÖFFNET: MO-SA 9.00-14.00, PREIS: AB 15 €

PICKNICK IM PARC DE LA DEVESA Wo ließe sich besser picknicken als im Schatten von 2500 Platanen in Kataloniens größtem Stadtpark. Manche Bäume in der ungefähr 40 Hektar großen Grünanlage sind an die 150 Meter hoch. Dass der Park auch für ausgedehnte Spaziergänge bestens geeignet ist, versteht sich von selbst.

PARC DE LA DEVESA

ELS JARDINS DE LA MERCE

ÜBER DIE RAMBLA DE LA LLIBERTAT SCHLENDERN

ÜBER DIE RAMBLA DE LA LLIBERTAT SCHLENDERN Während die Rambla in Barcelona mit Touristen überfüllt ist, hat die in Girona noch einen eher dörflichen Charakter. Im Mittelalter boten hier Händler aus der Umgebung frische Produkte an. Ende des 19. Jahrhunderts erhielt die Promenade ihr heutiges Erscheinungsbild. Es gibt dort einige gemütliche Cafés und am Samstagvormittag einen Blumenmarkt.
RAMBLA DE LA LLIBERTAT

SPAZIERGANG ÜBER LES MURALLES Die Stadtmauern haben vor langer Zeit den historischen Stadtkern geschützt. Inzwischen kann man auf ihnen wie früher die Soldaten von Norden nach Süden entlanglaufen. Von den verschiedenen Aussichtspunkten hat man einen tollen Blick auf die Stadt und auf die Bergspitzen der Pyrenäen.
LES MURALLES

TRENET EL GERIÓ Die Touristenbahn, die von der Brücke Pont de Pedra abfährt, ist ideal, wenn man Girona mit Kindern besichtigt. Die Bahn fährt eine halbe Stunde teilweise durch die historische, teilweise durch die moderne Stadt.
PONT DE PEDRA, GEÖFFNET: SA-SO 10.00-14.00 & 16.00-19.00, IM SOMMER TÄGLICH 10.00-14.00 & 16.00-19.00, PREIS: 4 €

AUSGEHEN

Girona ist zwar ein eher ruhiges Reiseziel, doch ist es nicht schwer, nach einem ausgedehnten Abendessen noch schöne Kneipen oder Clubs zu finden. An Sommerabenden ist im Parc de la Devesa immer etwas los.

PLAÇA DE LA INDEPENDÈNCIA ist aufgrund der vielen Cafés und Kneipen ein sehr beliebter Platz. Spitzenreiter vor Ort ist die klassische Bar Café Royal. Boira ist Café und Restaurant in einem. Man isst und trinkt dort mit Blick auf den Fluss Onyar.
PLAÇA DE LA INDEPENDÈNCIA

LOCAL PLATEA In diesem ehemaligen Theater können Sie bis in die frühen Morgenstunden tanzen. Im Hauptsaal hängen Kronleuchter an der Decke und Rokokotapeten an der Wand. Zum Relaxen lädt der moderne Gebäudeteil ein.
CARRER DE JERONI REAL DE LA FONTCLARA 4, WWW.LOCALPLATEA.COM, T 972 227288, GEÖFFNET: MI-SA 23.00-5.30

LOLA CAFÉ ist eine gemütliche Bar im historischen Zentrum. Sowohl Einheimische als auch Touristen beginnen hier ihren Partyabend gern mit einem Cocktail. Danach geht es weiter ins Món Apart zum Tanzen. Dieser Club gehört demselben Inhaber und befindet sich zwei Straßen weiter.
CARRER DE LA FORÇA 7, T 972 228824, GEÖFFNET: TÄGLICH 18.00-2.30

ÜBERNACHTEN

In Gironas Altstadt befinden sich mehrere reizvolle Hotels. Der große Vorteil: Die wichtigsten Sehenswürdigkeiten der Stadt liegen ganz in der Nähe.

HOTEL HISTÒRIC Das Altstadt-Hotel bietet mit seinen Natursteinwänden und Holzbalken eine sehr ursprüngliche Atmosphäre. Die Suiten verfügen über eine bequeme Sitzecke, und es gibt auch Appartements.

CARRER DE BELLMIRALL 4A, WWW.HOTELHISTORIC.COM, T 972 223583, PREIS: 115 €

CASA CUNDARO wird von denselben Inhabern wie das Hotel Històric betrieben und befindet sich in einem Gebäude aus dem 9. Jahrhundert im jüdischen Viertel. Fußboden, Holztüren und der Garten sind noch weitgehend im Originalzustand. Tipp: Fragen Sie den Eigentümer, ob Sie die alte Wohnung besichtigen dürfen, die größtenteils unter der Erde liegt. Gäste können sich Fahrräder ausleihen.

PUJADA CATEDRAL 9, WWW.CASACUNDARO.COM, T 972 223583, PREIS: 80 €

HOTEL LLEGENDES DE GIRONA verfügt über elegante Zimmer, in denen die alte Struktur des Gebäudes aus dem 18. Jahrhundert mit modernen Elementen kombiniert wurde. Alle Zimmer haben eine lokale Legende als Thema. Das Zimmer Font dels Enamorats ist eine Suite speziell für Verliebte. Einige Räume bieten durch ein Dachfenster einen Blick auf die Kirche Sant Feliu.

CARRER PORTAL DE LA BARÇA 4, WWW.HOTEL-LLEGENDES.COM, T 972 220905, PREIS: 140 €

HOTEL CIUTAT DE GIRONA ist ein modernes Hotel am Rand der Altstadt, dessen Zimmer stilvoll eingerichtet sind. An den Wänden hängen Fotos von bedeutenden Orten der Stadt, das hauseigene Restaurant Blanc ist sehr empfehlenswert.

CARRER DEL NORD 2, WWW.HOTEL-CIUTATDEGIRONA.COM, T 972 483038, PREIS: 100 €

CAN POL DE DALT liegt vor den Toren Gironas und ist als Bed&Bike speziell für Fahrradfahrer gedacht. Gastherrin Cristina vermietet den alten Getreideschuppen als Appartement. Außerdem kann man auch in einem Zimmer in dem Bauernhof übernachten, in dem sie mit ihrer Familie wohnt.

VEÏNAT DE TRULLÀS, BESCANÓ, WWW.BEDANDBIKE.CAT, T 972 420052, PREIS: APPARTEMENT FÜR 4 PERS. 100 €

HOTEL LLEGENDES DE GIRONA

RUND UM GIRONA

Nicht nur Girona ist einen Besuch wert, die Stadt ist auch ein guter Ausgangspunkt für Ausflüge in die Umgebung.

BANYOLES

Das historische Zentrum ist durchaus lohnend, doch der ganze Stolz des Städtchens ist der See, an dem es liegt.

TOP 10

ESTANY DE BANYOLES ist der größte See Kataloniens mit einem Umfang von etwa sechs Kilometern. Die Badehäuser und Fischerhütten entlang des Ufers wurden Ende des 20. Jahrhunderts gebaut. Während der Olympischen Sommerspiele 1992 fanden auf dem See Ruderwettkämpfe statt. Man kann dort ein Boot mieten, einen Spaziergang oder Fahrradausflug unternehmen sowie wunderbar picknicken. Wer Lust auf einen Kaffee oder eine Mahlzeit mit Seeblick hat, sollte auf der Terrasse des einfachen Lokals La Carpa Platz nehmen.

ESTANY DE BANYOLES, T 972 576495

BURRICLETA ist ein robustes, motorisiertes Fahrrad, das speziell dafür entwickelt wurde, mühelos die unbefestigte Natur zu entdecken. Am See von Banyoles gibt es eine Ausleihstation, von der aus verschiedene Routen starten. Zur Sicherheit kann man auch ein Navigationsgerät mieten, sodass man sich nicht verfahren kann. Tipp: *Burricleta*-Vermietungen gibt es auch in anderen Orten Kataloniens. Auf der Website finden Sie weitere Informationen.

ESTANY DE BANYOLES, WWW.BURRICLETA.COM, T 931 171666, GEÖFFNET: MO-DI NACH VORANMELDUNG, MI-SO 9.30-14.00 & 16.00-19.00, PREIS: AB 25 €

TOP 10

BOSC DE CAN GINEBREDA – MUSEU D'ESCULTURES ERÒTIQUES ist ein ganz besonderes Freilichtmuseum. Der Hügel gehört dem Bildhauer Xicu Cabanyes, der seine erotischen Skulpturen inmitten von Eichen- und Kieferbäumen in der Landschaft verteilt hat. Für drei Euro öffnet sich eine Drehtür und erlaubt einen Spaziergang durch den außergewöhnlichen Skulpturenpark. Vom Gipfel aus hat man eine wunderbare Aussicht.

CARRETERA DE MIERES KM 25,5, PORQUERES, WWW.CANGINEBREDA.COM, T 972 582538, PREIS: 3 €

TOP 10

123OLÉ ist eine Unterkunft für alle, die es originell lieben. In diesem alten Bauernhof gleicht keine Ecke der anderen – von der kunterbunten Küche bis hin zu den romantisch gestalteten Schlafzimmern. Im Garten gibt es neben einem Schwimmbecken und Pferden auch einen Zigeunerwagen, einen alten Wohnwagen und eine Terrasse zum Entspannen. Im Keller warten Musikinstrumente, die Sommerküche

123OLÉ

und der Flamenco-Tanzsaal auf die Gäste. Debbie und Alfred haben die Einrichtungsgegenstände wirklich von überall hergeholt. Jeden zweiten Tag wird nach Absprache für die Gäste gekocht.

CAN PORTELL, SANT ANDREU DEL TERRI, WWW.123OLE.NL, T 972 594412, PREIS: 85 €

CALDES DE MALAVELLA

In Katalonien gibt es Dutzende von Golfplätzen, der spektakulärste befindet sich in Caldes de Malavella.

PGA GOLF CATALUNYA/ESTADIUM COURSE Dieser Golfplatz wurde 1999 eröffnet und hat sich in kurzer Zeit zu einer der attraktivsten Anlagen Europas entwickelt. Der hügelige Platz verfügt über verschiedene Wasserhindernisse, unter ihnen zwei Seen, und ist von Kiefern- und Korkeichenwäldern umgeben.

CARRETERA NACIONAL II KM 701, WWW.PGACATALUNYA.COM, T 972 472577, PREIS: AB 65 €

COSTA BRAVA REGION

WILDE KÜSTE MIT SCHÖNEM HINTERLAND

Jeden Sommer wird die Costa Brava von feiernden Jugendlichen und Familien, die sich in den Touristen-Hochburgen niederlassen, überflutet. Die "wilde Küste" hat jedoch viel mehr zu bieten. Man sollte daher auf keinen Fall nur am Strand liegen.

Die Costa Brava erstreckt sich von der französischen Grenze bei Portbou etwa 200 Kilometer Richtung Süden bis Blanes. Die spektakulären Felsen sind das Werk von Wind und Wellen. Lang gezogene Strände gibt es wenige, idyllische Buchen dafür umso mehr. Beliebte Badeorte und authentische Fischerdörfer wechseln sich ab. Im Hinterland liegen Dutzende mittelalterlicher Dörfer.

Die Küstenlinie der Provinz Girona erhielt 1908 den Namen Costa Brava (wilde Küste). Der Journalist Ferran Agulló veröffentlichte damals unter der Überschrift "Per La Costa Brava" ("Entlang der wilden Küste") einen Artikel in der Lokalzeitung *Le Veu de Catalunya*. Zu dieser Zeit zog die Region noch wenige Touristen an, erst ab der zweiten Hälfte des 20. Jahrhunderts begann sich der Tourismus zu entwickeln. Die Costa Brava war zunächst vor allem bei Intellektuellen und Künstlern beliebt, später auch zunehmend bei ausländischen Touristen. 1965 wurde der Name Costa Brava offiziell anerkannt.

TOP 10

Die 23 Kilometer lange Küstenstraße von Sant Feliu de Guíxols nach Tossa de Mar (C-55) vermittelt einen guten Eindruck der Costa Brava: steile Abgründe, bizarre Felsen und einsame Buchten. Die 365 Kurven sind eine echte Herausforderung für Menschen, denen leicht schlecht wird.

EL PORT DE LA SELVA

El Port de la Selva, das bereits im frühen 20. Jahrhundert bei Schriftstellern und Intellektuellen hoch im Kurs stand, ist ein hübscher Ort nahe der französischen Grenze. Hier wurden die ursprünglichen Fischerhäuser noch nicht durch Hotelburgen ersetzt.

MONESTIR DE SANT PERE DE RODES Das romanische Benediktinerkloster aus dem 10. Jahrhundert liegt oberhalb des Fischerdorfes. Man gelangt hierher, indem man von El Port de la Selva aus der kurvenreichen Straße folgt. Zwei quadratische Türme flankieren das Bauwerk: ein Glockenturm und ein Wehrturm. Laut der Überlieferung wurde das Kloster auf dem Kopf und einem Arm des Heiligen Petrus erbaut. Mönche aus Rom, die im 6. Jahrhundert wegen eines drohenden Angriffs feindlicher Truppen über den Seeweg nach Nord-Katalonien geflüchtet waren, hatten dessen Reliquien hier versteckt.
CAMÍ DEL MONESTIR S/N, WWW.MONESTIRS.CAT, T 972 387559, GEÖFFNET: JUNI-SEPT. TÄGLICH 10.00-20.00, OKT.-MAI TÄGLICH 10.00-17.30, EINTRITT: 4,50 €

CADAQUÉS

Aus der Luft betrachtet frisst sich die Halbinsel Cap de Creus trotzig ein gutes Stück ins Meer hinein. Die bizarren Felsformationen des gleichnamigen Naturparks waren eine Inspirationsquelle für Salvador Dalí. Mitten auf der Landzunge liegt das Dorf Cadaqués. Der Name leitet sich ab von "Cap de Quers" oder "Cap d'Aques", was "Kap der Felsen" bedeutet.

Hohe Berge trennen den Fischerort vom Rest des Festlands. Bis 1950 konnte man sogar nur vom Meer aus zu dem Ort gelangen. Die schlechte Erreichbarkeit sorgte dafür, dass die Einwohner von Cadaqués ziemlich abgeschieden lebten. Fischfang und Weinbau waren die wichtigsten Einnahmequellen. Heute können Sie hier frischen Fisch in den Restaurants genießen, an den weißen Häusern entlangschlendern und das Kunstangebot in den Galerien bestaunen. Das Flair aus jener Zeit, als die Künstler Dalí, Picasso und Miró hier ihre Sommer verbrachten, ist nie ganz verschwunden.

In Cadaqués und Umgebung kann es sehr windig werden. Der Wind, der von den Pyrenäen aus über die Halbinsel hinwegfegt, nennt sich tramontana. *Der Name kommt von den spanischen Worten* tras *(hinter) und* montaña *(Berg). Dalí kam oft nach Cadaqués. Obwohl er hier nie gelebt hat, wird er fast wie ein Heiliger verehrt. Selbst am Strand prangt sein Bild. Man begegnet ihm überall: in Restaurants, Hotels und als Souvenir.*

SEHENSWÜRDIGKEITEN

Der charmante Kai und die Altstadt sind die Highlights von Cadaqués. Auch die Fahrt zum Leuchtturm Cap de Creus ist sehr empfehlenswert.

ESGLÉSIA DE SANTA MARÍA Auf der höchsten Erhebung des alten Dorfkerns von Cadaqués thront die Santa-María-Kirche aus dem 17. Jahrhundert. Genau wie die umliegenden Häuser ist auch sie ganz in Weiß gehalten.

CARRER ELISEU MEIFREN S/N, T 972 258084, GEÖFFNET: JUNI-SEPT. TÄGLICH 10.00-12.45 & 16.00-18.45

MUSEU DE CADAQUÉS Das kommunale Museum von Cadaqués ist in einem schön restaurierten Gebäude im Zentrum untergebracht. Dort gibt es wechselnde Sonderausstellungen, meistens über die Geschichte der Stadt oder über das Leben und die Werke von Salvador Dalí.

CARRER DE NARCÍS MONTURIOL 15, T 972 258877, GEÖFFNET: SEPT.-DEZ. MO-DI & DO-SA 10.30-13.30 & 15.30-18.30, MI 10.00-15.00, APR.-JUNI DI-SA 10.30-13.30 & 16.00-19.00, JULI-AUG. DO-DI 10.00-20.00, MI 10.30-13.00 & 15.00-20.00, PREIS: 6 €

TOHATSU

CADAQUÉS STADT

SEHENSWÜRDIGKEITEN
> S. 146–147

1. ESGLÉSIA DE SANTA MARÍA
2. MUSEU DE CADAQUÉS
3. PARC NATURAL CAP DE CREUS

ESSEN & TRINKEN **> S. 149**

4. EL CASINO
5. LA GALIOTA
6. RESTAURANT CAP DE CREUS

SHOPPEN **> S. 149–150**

7. GALERÍA CADAQUÉS DOS

100% THERE **> S. 150**

8. BOOT MIETEN
9. MOUNTAINBIKE/MOTOR-ROLLER MIETEN

ÜBERNACHTEN **> S. 150**

10. CAMPING CADAQUÉS

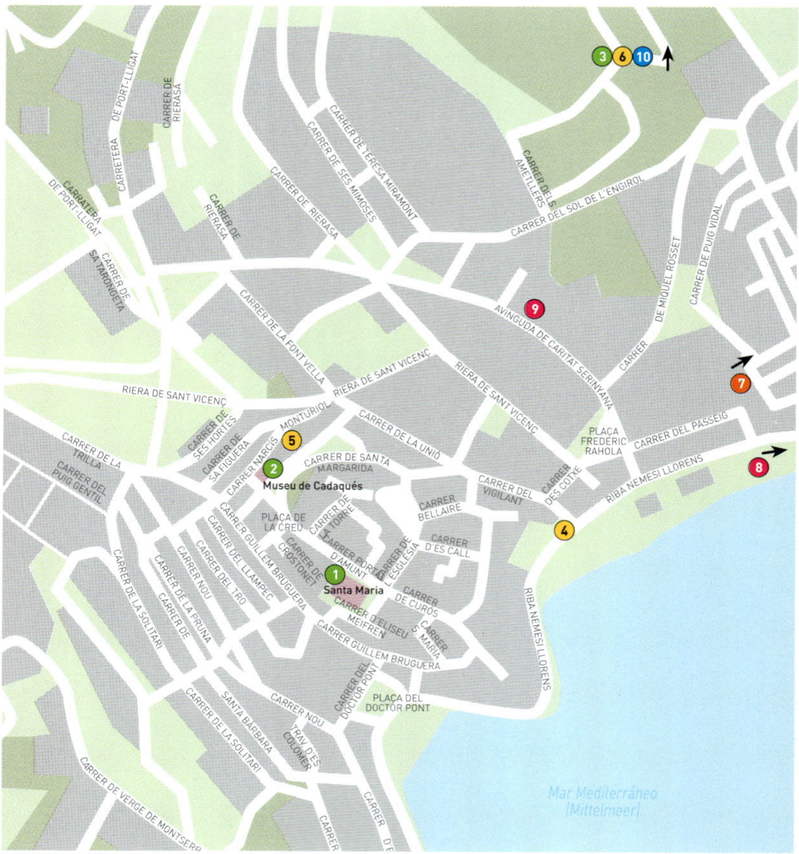

PARC NATURAL CAP DE CREUS befindet sich auf der Halbinsel zwischen El Port de la Selva, Cadaqués und Rosas. Von Cadaqués aus nimmt man die Carretera de Cap de Creus bis zum östlichsten Punkt Spaniens mit dem gleichnamigen Leuchtturm. Über Jahrhunderte hinweg wurde die bizarre Landschaft vom kräftigen Wind und Meereswasser so geformt.

CARRETERA DE CAP DE CREUS

TOP 10

ESSEN & TRINKEN

Viele Restaurants sind nur in der Hochsaison und dann auch nur am Wochenende geöffnet. Am Kai gibt es Touristen-Lokale, in der Altstadt findet man sowohl traditionelle als auch moderne Restaurants.

LA GALIOTA Für typische Gerichte aus Cadaqués und Umgebung ist man hier genau richtig. Serviert werden Speisen, die *mar i muntanya* (Meer und Berge) kombinieren, wie zum Beispiel Seezunge mit Orange, sowie Gerichte französischer Herkunft wie Entenpaté. Dalí war hier Stammkunde und aß am liebsten Käsesoufflé und Huhn mit Apfel.

CARRER NARCÍS MONTURIOL 9, T 972 258187, GEÖFFNET: JUNI-SEPT. MO-DI & DO-SO 13.00-16.00 & 21.00-0.00, PREIS: 45 €

RESTAURANT CAP DE CREUS befindet sich am östlichsten Punkt Spaniens. Auf der Speisekarte stehen nicht nur einfache Fischgerichte, sondern auch indische Currys. Es gibt zudem ein Café, in dem Kaffee und Kuchen angeboten werden. Auf der Terrasse kann es sehr windig sein, die fantastische Aussicht entschädigt jedoch dafür.

CAP DE CREUS S/N, T 972 199005, GEÖFFNET: DEZ.-OKT. MO-FR 12.00-21.30, SA-SO 11.00-0.00, PREIS: 25 €

EL CASINO Heute ist das Casino von Cadaqués ein Grand Café, in dem Künstler ihre Werke ausstellen. Einheimische treffen sich hier, um eine Runde *quina* zu spielen, ein Spiel, das unserem Bingo ähnelt.

PLAÇA DOCTOR TRÈMOLS 1, T 972 258137, GEÖFFNET: TÄGLICH 7.00-23.00, PREIS: BIER AUF DER TERRASSE 2,50 €

SHOPPEN

Während der Nebensaison bleiben viele Geschäfte geschlossen, aber im Sommer kommen Kunstliebhaber in den zahlreichen Galerien von Cadaqués auf ihre Kosten. Einheimische Künstler stellen von Juni bis September auf dem Passeig Marítimo aus.

TOP 10

GALERÍA CADAQUÉS DOS, der Nachfolger der 1973 vom italienisch-schweizerischen Architekten Lanfranco Bombelli eröffneten Galería Cadaqués, ist bei Kunstliebhabern in Katalonien ein Begriff. Bombelli wollte das katalanische Publikum mit den Strömungen der internationalen Kunstwelt bekannt machen. Künstler wie Dieter Roth,

Marcel Duchamp und Richard Hamilton stellten in der Galerie aus. Sechs Jahre, nachdem Bombelli 1997 gestorben war, eröffnete Huc Malla die Galeria Cadaqués Dos.
CARRER HORT D'UND SANÉS 7, WWW.GALERIACADAQUES.COM, T 972 259028, GEÖFFNET: MO-SA 11.00-13.30 & 17.00-20.30

100% THERE

Die Umgebung von Cadaqués zieht viele Wanderer an. Man kann das Gebiet aber natürlich auch mit dem Motorroller, dem Fahrrad oder vom Meer aus erkunden.

MOUNTAINBIKE/MOTORROLLER MIETEN Wer kein eigenes Gefährt dabeihat, kann sich bei RentaBit ein Mountainbike oder einen Motorroller ausleihen, um die fantastische Umgebung zu erkunden.
AVINGUDA CARITAT SERINYANA 9, WWW.RENTABIT.NET, T 972 258226, PREIS: AB 6 €

BOOT MIETEN Bei Cadaqués Boats kann man Motor- und Segelboote mieten und damit die versteckten Strände und Buchten in der Nähe anlaufen.
PLAÇA DEL SR. LORENÇ, NAU 205, WWW.CADAQUESBOATS.COM, T 972 258027, PREIS: AB 125 € (1/2 TAG)

ÜBERNACHTEN

In Cadaqués gibt es ein paar Sterne-Hotels sowie einfache Pensionen, aber etwas Außergewöhnliches ist nicht dabei. Der Campingplatz ist eine gute Alternative.

CAMPINGPLATZ CADAQUÉS ist etwa einen Kilometer vom Küstenort entfernt. Das Gelände liegt etwas höher und bietet einen schönen Blick auf die Bucht und das Meer. Das Schwimmbad ist nur im Sommer geöffnet. Achtung: Es gibt wenig Schatten.
CARRETERA DE PORT LLIGAT 17, T 972 258126, PREIS: ZELTPLATZ 9,90 €, P. P. 7,80 € (GEGEN VORANMELDUNG)

ROSES

Roses liegt am längsten Sandstrand (vier Kilometer) der Costa Brava und ist darum bei Badeurlaubern sehr beliebt. Der ursprüngliche Fischerort beherbergt noch immer die wichtigste Fischereiflotte der Region.

COLL DE ROSES bietet Weinliebhabern eine "Weinerfahrung" mit allen Sinnen. Das Weinzentrum, eine Initiative des bekannten Weinhauses Bodega Espelt, befindet sich in einer katalanischen Landvilla mit einem Türmchen und typisch spanischen Fliesen.
CAMÍ DE LES ARENES S/N, WWW.CELLERESPELT.COM, T 972 256465, GEÖFFNET: MO-SA 10.00-18.00, SO & FEIERTAGE 10.00-14.00, PREIS: 5 €

CADAQUÉS

PLAYA CALA LA PELOSA Der herrliche Strand etwas außerhalb von Roses ist bei Touristen wenig bekannt, dafür bei Einheimischen sehr beliebt. Die Paellas des gleichnamigen Strandlokals sollen die besten der Region sein.

PLAYA CALA LA PELOSA, GEÖFFNET: OSTERN-JUNI & SEPT.-MITTE OKT. MI-MO 12.00-0.00, JULI-AUG. SA-SO 12.00-0.00, PREIS: 25 €

JAZZTABE ist ein Jazzclub, in dem am Wochenende Livemusik gespielt wird. Er befindet sich in einem mittelalterlichen Gebäude und zieht Besucher aus der nahen und fernen Umgebung an. Im dazugehörigen Garten werden im Sommer köstliche Cocktails serviert.

CARRER DE L'ESGLÈSIA 8, PALAU SAVERDERA, WWW.JAZZTABE.CAT, T 972 530402

NIU DE SOL lautet der Name eines kleines Landhotels, ein Stück außerhalb von Roses, das von Mercè Barceló geleitet wird. Zum Hotel gehört auch ein Restaurant. Alles, was hier auf den Tisch kommt, wurde nach Rezepten von Mercès Mutter und Großmutter zubereitet. Die Zimmer sind klassisch und geschmackvoll eingerichtet, einige von ihnen bieten eine fantastische Aussicht.

CARRER NOU 34, PALAU-SAVERDERA, WWW.HOTELRURALPALAU.COM, T 972 110002, PREIS: 100 €

ESGLÉSIA DE SANTA MARÍA, CASTELLÓ D'EMPÚRIES

EMPURIABRAVA

Mit dem Erstarken des Tourismus entwickelte sich der Jachthafen von Empuriabrava zum größten Europas. Architekten und Bauherren tobten sich hier aus und bauten Ferienwohnungen mit Liegeplätzen für Segelboote, 5000 an der Zahl.

PARC NATURAL DELS AIGUAMOLLS DE L'EMPORDÀ Einer Gruppe junger Umweltaktivisten gelang es 1983, diese Sumpflandschaft zum Naturschutzgebiet erklären zu lassen. Vor allem Vogelliebhaber kommen auf ihre Kosten. Von Störchen und Falken bis hin zu Reihern und Flamingos kann man hier alle möglichen Arten beobachten.
CARRETERA DE SANT PERE PESCADOR KM 13,6, T 972 454222

SKYDIVE EMPURIABRAVA ist der wichtigste Treffpunkt für Fallschirmspringer in Europa. Zusammen mit einem Lehrer kann man in einer Höhe von 4000 Metern aus einem Flugzeug springen. Von der Luft aus sieht man unter anderem das Mittelmeer.
AERÒDROM D'EMPURIABRAVA, AEROCLUB S/N, WWW.SKYDIVEEMPURIABRAVA.COM, T 972 45011, PREIS: AB 197 €

CASTELLÓ D'EMPÚRIES

Ein paar Kilometer landeinwärts von Empuriabrava liegt Castelló d'Empúries. Das Dorf mit seinem mittelalterlichen Ortskern war einmal ein bedeutendes Zentrum in dieser Region. Sonntagvormittags findet hier ein großer Flohmarkt statt.

ESGLÉSIA DE SANTA MARÍA Diese Kirche war eigentlich als Bischofssitz gedacht. Das erklärt, warum in einer Ortschaft mit 2000 Einwohnern eine solch beeindruckende Basilika steht. Sie wurde auf romanischen Ruinen erbaut, einen Teil davon kann man noch im hauseigenen Museum besichtigen.
PLAÇA MOSSEN CINTO VERDAGUER, GEÖFFNET: MO-FR 10.00-13.00 & 16.00-20.00, SO 12.00-14.00 & 16.00-20.00

FARINERA DE CASTELLÓ D'EMPÚRIES Das Mehl-Museum ist in einem auffälligen Gebäude am Dorfrand untergebracht. Man erfährt hier viel Interessantes über die traditionelle Mehlherstellung und kann historische Getreidemühlen besichtigen.
CARRER DE SANT FRANCESC 5-7, WWW.ECOMUSEU-FARINERA.CAT, T 972 250512, GEÖFFNET: SEPT.-JUNI DI-FR 10.00-13.00, SA 10.00-13.00 & 16.00-19.00, SO 10.30-13.30, JULI-AUG. DI-SO 10.00-14.00 & 17.00-20.00, EINTRITT: 3,70 €

BUTTERFLY PARK EMPURIABRAVA ist ein schönes Ausflugsziel für Kinder. Erst dürfen sie exotische Vögel füttern und danach den Schmetterlingsgarten besuchen.
CARRER DE LA SANTA CLARA S/N, WWW.BUTTERFLYPARK.ES, T 972 450761, GEÖFFNET: TÄGLICH APR.-OKT. 10.00-19.00, EINTRITT: 8 €, KINDER 6 €

THE GALLERY ist ein stilvoll eingerichtetes Restaurant mit einer für den Ort erstaunlich kosmopolitischen Ausstrahlung. Seine Speisekarte ist eindeutig von der innovativen katalanischen Küche inspiriert. Das Lokal gehört zum einfachen Hotel Casa Clara, das sich im selben Gebäude befindet.

CARRER DE LA FRUITA 27, WWW.HOTELCASACLARA.COM, T 972 250215, GEÖFFNET: TÄGLICH 13.30-16.00 & 20.30-23.00, PREIS: 30 €

CAN BAYRE war früher ein herrschaftlicher Bauernhof in der Ortschaft Fortia, der von den heutigen Eigentümern vollständig restauriert wurde. Alte Baumaterialien wurden mit modernen Elementen kombiniert. So findet man in diesem Öko-Hotel die ursprünglichen Mosaikfußböden neben modernem, bequemem Mobiliar. Es gibt Doppel- und Vierbettzimmer und in den ehemaligen Stallungen auch ein Appartement. Das Wohnzimmer wird gemeinschaftlich genutzt.

PLAÇA DE L'ESGLÉSIA S/N FORTIÀ, WWW.CANBAYRE.COM, T 972 534324, PREIS: 86 €

PERALADA

Peralada ist bereits seit dem 6. Jahrhundert v. Chr. bewohnt, der heutige Dorfkern stammt aus dem Mittelalter. Das Dorf ist von Weinbergen umgeben, der Weinanbau reicht bis ins 15. Jahrhundert zurück.

CASTELL DE PERALADA Diese Burg aus dem 14. Jahrhundert war die Unterkunft der Grafen von Peralada. Die Gärten und das Restaurant bilden heute die Bühne für Theater- und Musikfestivals, und im Mai findet hier die Messe Luxury Market statt. Ein Teil der Burg beherbergt ein Kasino. In der Bibliothek mit über 80.000 Büchern können sich Brautpaare das Jawort geben. Man findet hier auch die Bodegas des Weinproduzenten Castell Perelada Vins i Caves.

CARRER SANT JOAN S/N, WWW.CASINO-PERALADA.COM, T 972 538125, EINTRITT: MUSEUM 3,30 €

LA BOTIGA DEL CELLER Die Weine von Peralada erlebten 1960 ihren internationalen Durchbruch. Der Chef des Weinimperiums, Arturo Suqué, brachte den erfolgreichen Peralada Rosé Champagne beziehungsweise Cava rosé auf den Markt. Man kann die Weine von Castell Perelada Vins i Caves in La Botiga del Celler probieren und auch kaufen.

CARRER SANT JOAN 23, WWW.CASTILLOPERELADA.COM, T 972 538503, GEÖFFNET: MO-SA 10.00-14.00 & 15.00-20.00

Arturo Suqué war mit Salvador Dalí befreundet. Obwohl Dalí eigentlich kein großer Freund von Wein war, fand er den Cava rosé so außergewöhnlich, dass er nichts dagegen hatte, damit in Verbindung gebracht zu werden. So wurde der Künstler zum Botschafter dieses feinen Weins aus Peralada.

TOP 10

WEIN-SPA In Rotwein baden? Eine Gesichtsbehandlung mit Traubenpeeling? Im Wein-Spa von Weinproduzent Castell Perelada Vins i Caves ist dies möglich. Das Spa

HOSTAL EMPÚRIES, L'ESCALA

gehört zu einem Fünfsternehotel des Golfclubs von Peralada. Alle Schönheitsprodukte, die hier verwendet werden, sind auf Wein-Basis hergestellt.

CARRER ROCABERTÍ S/N, WWW.WINE-SPA.COM, T 972 538830, PREIS: AB 40 €

TERRA REMOTA, etwas außerhalb von Peralada, ist ein sehr aufstrebender Weinproduzent. Der Betrieb ist klein, aber fein, und es wird ausschließlich Biowein hergestellt. Tipp für Genießer: einen Picknickkorb bestellen und die Delikatessen und den Wein mit in die Weinberge nehmen.

CARRETERA DE CAPMANY KM 6, SANT CLIMENT DE SESCEBES, WWW.TERRAREMOTA.COM, T 972 193727, PREIS: FÜHRUNG UND WEINVERKOSTUNG 10 €, PICKNICKKORB FÜR ZWEI PERS. 38 €

L'ESCALA

In L'Escala fahren die Fischer täglich aufs Meer hinaus. Sie locken Sardellen mit Licht an und fangen sie ganz traditionell. Im alten Dorfkern befinden sich eine Werft und die ursprünglich anmutenden Verarbeitungsbetriebe, in denen der Fang getrocknet und gesalzen wird. *Anxoves de l'Escala* sind in Katalonien beliebte Tapas.

SANT MARTÍ D'EMPÚRIES (L) HOSTAL EMPÚRIES (R)

MUSEU D'ARQUEOLOGIA DE CATALUNYA – EMPÚRIES Die Ausgrabungsstätte von Empúries liegt direkt am Meer und bietet daher wunderbare Ausblicke. Die Siedlung wurde 575 v. Chr. von den Griechen gegründet und später von den Römern übernommen. Bis zum beginnenden Mittelalter war Empúries die wichtigste Stadt der Region. Der Name stammt vom griechischen Wort *emporion* ab, das "Markt" bedeutet. Die Strecke von den archäologischen Ausgrabungen bis L'Escala ist bei Radfahrern und Wanderern sehr beliebt.

CARRER PUIG I CADAFALCH S/N, WWW.MAC.CAT, T 972 770208, GEÖFFNET: JUNI-SEPT. TÄGLICH 10.00-20.00, OKT.-MAI DI-SO 10.00-17.00, EINTRITT: 3 €

SANT MARTÍ D'EMPÚRIES ist ein vollständig restauriertes, mittelalterliches kleines Dorf in unmittelbarer Nähe der Ausgrabungsstätte von Empúries. In den Restaurants auf dem alten Dorfplatz kann man gut zu Mittag essen.

EL MOLÍ DE L'ESCALA war irgendwann einmal eine Wassermühle, wurde jedoch zu einem rustikalen Restaurant umgebaut. Es liegt am Rand des alten Dorfkerns von L'Escala. Natürlich steht hier die lokale Spezialität *anxoves de l'Escala* auf der Karte.

CAMI DE LES CORTS, T 972 774727, GEÖFFNET: MO-SA 13.00-16.00 & 20.00-22.00, SO 13.00-16.00, PREIS: MENÜ 18 €

MAS CONCAS ist ein ländliches Restaurant außerhalb von L'Escala, in dem man die Kunst eines französischen Chefkochs genießen kann. In dem Gebäude wohnte früher der katalanische Romanschriftsteller Victor Català. Das Restaurant ist nicht schwer zu finden, denn der Ort Cinc Claus ("fünf Schlüssel") besteht nur aus wenigen Häusern.
CAMINO DE CINC CLAUS S/N, T 972 775158, GEÖFFNET: MI-MO 13.00-15.30 & 20.00-22.30, PREIS: 35 €

TOP 10

SOLÉS wurde 1888 von Francisco Solés i Oliveras gegründet. Seitdem verkauft der Betrieb gesalzene Anchovis in ganz Katalonien und über die Grenzen hinweg. Auch heute noch wird der Fisch nach traditioneller Art getrocknet und gesalzen.
CARRER DEL PORT 2, WWW.ANXOVES.COM, T 972 770357, GEÖFFNET: SA 11.00-14.00, JULI-SEPT. TÄGLICH 11.00-14.00

TOP 10

HOSTAL EMPÚRIES Die Lage dieses Hotel-Restaurants – an einem der Strände von l'Escala – ist einfach idyllisch. Die Zimmer und Räume im alten Gebäudeteil strahlen ein gemütliches, ursprüngliches Ambiente aus, die neuen Zimmer wurden mit nachhaltigen Materialien luxuriös gestaltet. Das Hotel verfügt über ein Spa und eine schöne Terrasse, auf der man die Meeresbrise und die Aussicht auf die Bucht genießen kann. Gegessen wird dort natürlich viel Fisch, was viele Besucher zum ausgiebigen Tafeln verleitet.
LATJA DE POTITXOL S/N, WWW.HOSTALEMPURIES.COM, T 972 770207, PREIS: ZIMMER 150 €, MENÜ AB 23 €

L'ESTARTIT

L'Estartit ist ein Ort mit Massentourismus, großen Campingplätzen und einem Jachthafen. Vor der Küste liegen die Medas-Inseln, ein Naturschutzgebiet.

MEDAS-INSELN Wer l'Estartit besucht, sollte unbedingt einen Ausflug zum Medas-Archipel unternehmen. Es ist das bekannteste Tauchparadies an der Costa Brava. Bei der Estació Nàutica l'Estartit Iles Medes kann man sich Tauch- und Schnorchelexkursionen anschließen, Bootsausflüge machen, surfen und Kajak fahren.
CARRER DE LA PLATJA 10-12, WWW.ENESTARTIT.COM, T 972 750699, PREIS: TAUCHEN AB 31 €

NAUTILUS Für den, der nicht tauchen möchte, aber trotzdem einmal unter die Wasseroberfläche blicken will, ist Nautilus die Lösung. Dieses Boot mit gläsernem Boden pendelt zwischen der Küste und den Medas-Inseln hin und her.
PASSEIG MARÍTIM 23, WWW.NAUTILUS.ES, T 972 751489, ABFAHRT: TÄGLICH 11.30 & 15.00, PREIS: 18,50 €

TOP 10

MAS SORRER Um zum Mas Sorrer zu gelangen, muss man erst quer durch ein Sonnenblumenfeld fahren. Danach kann man wählen, ob man sich drinnen oder draußen ein Plätzchen sucht. Bei Menjazz kann man zu Mittag oder zu Abend essen und in der Jazzbar abends einen Cocktail trinken. Es finden hier auch Konzerte und jedes Jahr das Internationale Kurzfilmfestival statt.
CARRETERA GI-643 KM 0,5, GUALTA, WWW.MASSORRERJAZZBAR.COM, T 677 458854, GEÖFFNET: JULI- AUG. MO-FR 20.30-4.00, SA-SO 12.00-17.30 & 20.30-4.00, SEPT.-JUNI SA 12.00-17.30 & 20.30-1.00, SO 12.00-17.30, DEZ.-JAN. GESCHL.

BEGUR

Anfang des 19. Jahrhunderts verließen viele Einwohner Begur, um in Kuba Geld zu verdienen. Als diese sogenannten *indianos* mit ihrem dort erworbenen Reichtum zurückkehrten, ließen sie Häuser im kubanischen Stil errichten. Diese kolonialen Gebäude sind typisch für Begur. In der ersten Septemberwoche wird alljährlich ordentlich gefeiert, dann gedenken die Einheimischen ihrer Vorfahren, die aus der Karibik nach Hause zurückkamen. Die Buchten in der Nähe des Ortes zählen zu den schönsten der Costa Brava.

CASTELL DE BEGUR Vom Schloss von Begur ist nicht viel mehr übrig als eine Ruine. Ein Rundgang lohnt sich dennoch – wegen des Panoramablickes über die Küste. Obwohl man die Sonne nicht im Meer versinken sieht, ist es dennoch toll, hier den Sonnenuntergang zu genießen.

CASTELL DE BEGUR S/N, T 972 624520

GALENA MAS COMANGAU ist ein rustikales Restaurant in einem renovierten Bauernhof aus dem 19. Jahrhundert. Vom Tisch aus blickt man auf die Bergformation Les Gavarres. Der Koch kombiniert Fisch mit frischen Produkten aus dem Hinterland wie Spargel und Artischocken. Einen Aperitif oder Kaffee kann man in der Lounge zu sich nehmen. Im Mas Comangau kann man auch übernachten.

RAMON LLULL 1, WWW.MASCOMANGAU.COM, T 972 623210, GEÖFFNET: DO-DI 13.00-15.45 & 20.00-22.45, PREIS: HAUPTGERICHT 30 €, DOPPELZIMMER 100 €

CAMINOS DE RONDA Diese Wanderrouten führen über schmale Pfade entlang steiler Klippen. Früher liefen Soldaten, die die Küste bewachten, diese Wege ab. Beim örtlichen Fremdenverkehrsamt ist eine Karte erhältlich.

AVINGUDA ONCE DE SETEMBRE 5, WWW.BEGUR.CAT/TURISME/DEU, T 972 624520, GEÖFFNET: MO-SA 10.00-13.00 & 16.00-20.00

SA TUNA & SA RIERA sind zwei kleine, idyllische Buchten an der Küste von Begur, die vom Zentrum aus zu Fuß in einer Dreiviertelstunde erreichbar sind. Unterwegs hat man eine schöne Aussicht auf die traditionellen Fischerhäuser sowie die Holzboote am Strand.

SA RIERA/SA TUNA

FIRA D'INDIANS In der ersten Septemberwoche steht Begur alljährlich ganz im Zeichen der Karibik. Dann feiern die Einwohner zu Ehren ihrer Vorfahren, die nach Kuba und auf die Antillen auswanderten und mit gut gefülltem Geldbeutel zurückkehrten, ein Fest. Dabei stehen bunte Umzüge und viel Salsa-Musik auf dem Programm, und man kann kubanische Gerichte probieren.

IM ZENTRUM VON BEGUR

MAS SORRER (L)

TOP 10

AIGUACLARA befindet sich in einem der kolonialen Gebäude Begurs. Joan und Clara haben das Hotel mit antiken Möbeln und allerlei schönen Gegenständen eingerichtet. Man kann dort in der stilvollen Lounge entspannen, in der Bar etwas trinken, im Patio sitzen und in Claras Lädchen schöne Souvenirs kaufen. Die charakteristischen hohen Decken und die großzügigen Räume findet man im ganzen Gebäude wieder. Das Restaurant hat eine umfangreiche Speisekarte mit festen Preisen (drei Gänge 27 Euro) und ist sowohl bei Einheimischen als auch bei Touristen beliebt, die nicht im Hotel übernachten. Ein DJ legt jeden Freitagabend aus seiner Plattensammlung auf.

CARRER SANT MIQUEL 2, WWW.AIGUACLARA.COM, T 972 622905, PREIS: 120 €

AIGUABLAVA liegt auf einem Felsen auf der Landzunge Punta D'es Muts. Dieser moderne *parador* mit der wunderbaren Aussicht auf das Meer ist von Kiefern umgeben und bietet jeglichen Luxus. Das Restaurant ist in der ganzen Region berühmt. Tipp: In der Nähe kann man zwei prähistorische Höhlen, die in die Felsen gehauen worden sind, besuchen.

PLATJA D'AIGUABLAVA, WWW.AIGUABLAVA.COM, T 972 622162, PREIS: 195 €

BARRI DEL PEDRÓ, PALS

PALS

Der Dorfkern von Pals wurde vollständig restauriert und lädt Besucher zu einem gemütlichen Bummel durch die historischen Gassen ein.

BARRI DEL PEDRÓ ist das historische Zentrum von Pals. Der Torre de les Hores ("Uhrenturm") war Teil einer romanischen Burg. Hierher führte der katalanische Schriftstellers Josep Plà (1897–1981) gern seine Freunde, um ihnen seine Lieblingslandschaft zu präsentieren. Die Kirche von Pals datiert aus dem 10. Jahrhundert.

PAU PLANAS ist ein Keramikgeschäft mitten im alten Pals. Ein Großteil der Kollektion wird in einem Atelier im La Bisbal d'Empordà auf traditionelle Weise hergestellt.
CARRER MAJOR 9, T 972 636402, GEÖFFNET: TÄGLICH 10.00-19.00

MAS AMETLLER liegt im Nachbardorf Fontclara. Das Landhaus verfügt über vier elegante Appartements, und es gibt einen Grillplatz mit schöner Aussicht. Kinder können nach Herzenslust im Innenhof spielen. Es werden auch Fahrräder vermietet.
CARRER FONT 3, FONTCLARA, WWW.MASAMETLLER.COM, T 972 634045, PREIS: 140 € (MIND. ZWEI NÄCHTE)

PERATALLADA

Das autofreie Dorf ist bei Tagesausflüglern sehr beliebt und wird während der Ferien und an Wochenenden von Touristen und verliebten Pärchen nur so überflutet.

Der Felsen, auf dem dieses mittelalterliche Dorf steht, musste bearbeitet werden, um Platz für die Stadtmauern und Häuser zu schaffen. Daher der Name Peratallada, abgeleitet von pedra tallada *(behauener Stein).*

CONJUNT HISTÒRIC-ARTÍSTIC Inmitten alter Stadtmauern, Straßen mit Kopfsteinpflaster, Restaurants und Handwerksbetrieben befindet sich der mittelalterliche Dorfplatz. Viele der restaurierten Häuser sind Landhäuser vermögender Katalanen. Die Burg, die einst den Baronen von Peratallada gehörte, ist jetzt ein Hotel-Restaurant. Die Església de Sant Esteve wurde außerhalb des Ortes gebaut. Da die Burg bereits über eine Kapelle verfügte, wollten die Eigentümer angeblich keine weitere Kirche im Dorf. TOP 10

CANDELARIA ist ein Restaurant in einer alten Olivenmühle mit nicht allzu großer Auswahl. Die Tischdecken aus Spitze, die winzig kleinen Lampenschirme und die alten Bilderrahmen sorgen für eine romantisch-verträumte Atmosphäre.
CARRER MAJOR 9, WWW.CANDELARIAPERATALLADA.COM, T 972 634181, GEÖFFNET: FR 20.00-0.00, SA-SO 13.00-16.00 & 20.00-0.00, PREIS: 35 €

LA BISBAL D'EMPORDÀ

La Bisbal d'Empordà blickt auf eine jahrhundertealte Handelstradition zurück. Der Freitagsmarkt findet seit 1322 statt. Ortsansässige Töpfer zogen bereits im 18. Jahrhundert nach Mataró (40 Kilometer nördlich von Barcelona), um dort ihre Tonwaren zu verkaufen. Noch heute wird die Keramikkunst in hohen Ehren gehalten.

TOP 10

CARRER DE L'AIGÜETA In dieser Straße findet man Tonwaren in allen Sorten und Größen. Die Töpfe und Schalen werden in den Fabriken von La Bisbal hergestellt und von ansässigen Unternehmern verkauft.

TOP 10

CAN SOLIVERA In diesem Olivenölbetrieb plaudern die Eigentümer gern über ihre große Leidenschaft, und in ihrem Laden gibt es neben Olivenöl auch andere Produkte wie Olivenölseife, Parfüm auf Olivenölbasis und die neueste Entdeckung: Anchovis aus L'Escala, eingelegt in reinem Can-Solivera-Öl. Wer vorher anruft, kann auch außerhalb der Öffnungszeiten vorbeikommen.

CAMINO DE PERATALLADA A FITOR S/N, WWW.SOLIVERA.COM, T 972 634096, GEÖFFNET: MI & FR-SA 10.00-14.00

ÚLTIMA PARADA ist ein Möbelgeschäft mit alten Stühlen, Tischen und Schränken. Man findet hier auch witzige Wohnaccessoires wie Lampen aus den 1960er-Jahren sowie altmodische Vasen. Zum Laden gehört eine gemütliche Kaffee-Ecke mit Terrasse. Wer hier nichts gefunden hat, kann es im Nachbarladen probieren. Cul de Sac verkauft ebenfalls Vintage, Antiquitäten und Dekoartikel.

CARRETERA C-66, KM 12,5, WWW.ULTIMA-PARADA.COM, T 610 380769, GEÖFFNET: MO-FR 17.00-20.30, SA 11.00-14.00 & 17.00-20.30

ANTIC CENTER liegt etwas außerhalb von La Bisbal in Vulpellac und ist eines der größten Antiquitätengeschäfte Spaniens. Antiquitätenhändler aus ganz Europa bieten hier ihre Waren an.

CARRETERA GIRONA-PALAMÓS KM 7,5 VULPELLAC, WWW.ANTIC-CENTRE.COM, T 972 645262, GEÖFFNET: MO-SA 10.00-14.00 & 16.00-20.00, SO 10.00-14.00

TOP 10

HOTEL CASTELL D'EMPORDÀ Salvador Dalí wollte dieses Gebäude gern für seine Frau Gala kaufen, konnte sich mit dem Eigentümer jedoch nicht über den Preis einigen. Jahrzehntelang stand es leer, bis die Niederländer Albert und Margo beschlossen, die Schlossruine zu einer luxuriösen Unterkunft umzubauen. Es gibt heute Turmzimmer, Schlosszimmer und die Hochzeitssuite Pere Margarit, außerdem eine romantische Terrasse sowie einen Swimmingpool mit Blick auf das Hinterland. Auch wer hier nicht übernachtet, kann das herrliche Ambiente während eines Mittag- oder Abendessens in dem mondänen Restaurant Drac genießen. Seit Ende 2011 kreiert der junge Chefkoch ausgezeichnete avantgardistische Gerichte und typisch katalanische *platos* – ideal für Feinschmecker.

CASTELL D'EMPORDÀ S/N, WWW.CASTELLDEMPORDA.COM, T 972 646254, PREIS: 140 €

HOTEL CASTELL D'EMPORDÀ Ⓛ CARRER DE L'AIGÜETA Ⓡ

ULLASTRET

Der Name Ullastret leitet sich vom katalanischen *ullastre* ab, das "wilder Olivenbaum" bedeutet. Das Dorf ist vor allem wegen der archäologischen Ausgrabungen von Ciutat Ibèrica d'Ullastret bekannt.

CUITAT IBÈRICA D'ULLASTRET Etwas außerhalb des mittelalterlichen Ullastret befindet sich eine der wichtigsten archäologischen Ausgrabungsstätten aus der Zeit der Iberer, deren Reich zwischen dem 9. und 6. Jahrhundert v. Chr. in Ostspanien bestand. Wahrscheinlich gingen die Iberer aus der Verbindung zwischen Nordafrikanern und der örtlichen Bevölkerung hervor. Am Wochenende kann man an einer Führung teilnehmen, bei der sich die Mitarbeiter verkleiden und in die Rolle der Iberer schlüpfen.

PUIG DE SANT ANDREU, WWW.MAC.CAT/SEUS/ULLASTRET, T 972 179058, GEÖFFNET: JUNI-SEPT. DI-SO 10.00-20.00, OKT.-MAI DI-SO 10.00-18.00, PREIS: 2,30 €

HOTEL CASTELL D'EMPORDÀ, LA BISBAL D'EMPORDÀ

MONELLS

Monells ist ein mittelalterliches Dorf, das bei Touristen noch nicht so bekannt ist. Absolut sehenswert ist der Dorfplatz mit den charakteristischen Bogengängen.

EL ROURE BLANCH ist ein gutes Restaurant direkt am Dorfplatz, dessen gemütlicher Innenhof mit den Holztischen zum Verweilen und Genießen einlädt. Auf der Speisekarte stehen köstliche lokale Gerichte wie *botifarra* und hausgemachte Geflügelkroketten.

PLAÇA JAUME I 3, WWW.ELROUREBLANCH.COM, T 972 630770, GEÖFFNET: TÄGLICH 9.00-15.30, FR-SA 20.00-22.30, PREIS: 20 €

TAMARIU

Tamariu ist der kleinste der Badeorte Tamariu, Llafranc und Calella de Palafrugell. Alle drei sind bei reichen Katalanen sehr beliebt, ihre luxuriösen Landhäuser stehen an der felsigen Küste und gewähren ihren Bewohnern einen herrlichen Blick auf das Meer.

CAMINOS DE RONDA Ab Tamariu kann man den schmalen Küstenpfaden bis nach Llafranc oder Calella de Palafrugell folgen. Wie die Wege bei Begur dienten auch diese früher Soldaten zur Überwachung der Küste. Bei der örtlichen Touristeninformation ist eine Karte erhältlich.

RIERA S/N, T 972 620193, GEÖFFNET: MO-DI & DO-SA 10.00-13.00 & 16.00-19.00

LLAFRANC

Im eleganten Badeort Llafranc gibt es einen schönen Sandstrand, einen Jachthafen sowie den Dolmen von Can Mina dels Torrent.

WANDERUNG Ein schöner Wanderweg führt in Richtung des Dorfes Can Mina dels Torrent, wo man den prähistorischen Dolmen besichtigen kann. Dieses Grab wurde zwischen 3400 und 3000 v. Chr. errichtet. Dann geht es weiter zum Kap von Sant Sebastià mit dem Leuchtturm. Hier hat man eine schöne Aussicht auf Llafranc und die Küste. Für die fünf Kilometer lange Strecke braucht man in etwa eineinhalb Stunden. Beim Fremdenverkehrsamt in Llafranc ist eine Karte erhältlich.

ROGER DE LLÚRIA S/N, T 972 305008, GEÖFFNET: SA 10.00-13.00 & 16.00-19.00, SO 10.00-13.00

HOTEL EL FAR liegt etwas außerhalb von Llafranc direkt hinter dem Leuchtturm. Das Gebäude wurde als Unterkunft an die angrenzende Kapelle aus dem 17. Jahrhundert gebaut, die man besichtigen kann. Es gibt dort noch einen Wehrturm aus jener Zeit. Das Hotel ist im mediterranen Stil eingerichtet: Es dominieren die Farben Blau, Weiß und Rot. Ebenfalls vor Ort: ein Restaurant mit Aussicht auf die Küste.

PLATJA DE LLAFRANC S/N, WWW.ELFAR.NET, T 972 301630, PREIS: 170 €

CALELLA DE PALAFRUGELL

Calella de Palafrugell ist wegen seiner ursprünglichen mediterranen Architektur und der gut erhaltenen, weißen Bogengänge bekannt.

JARDINS DE CAP ROIG Die Gärten von Cap Roig wurden von der englischen Gartenarchitektin Dorothy Webster und ihrem russischen Ehemann, dem Architekten Nicolai Woevodsky, gestaltet. Das Ehepaar kaufte ein Grundstück auf einem Felsen in Calella de Palafrugell und verwandelte es in ein botanisches Paradies mit inzwischen 2000 Pflanzenarten. Im Sommer finden dort Konzerte renommierter Künstler statt.

CAP ROIG, T 972 614582, GEÖFFNET: APR.-SEPT. TÄGLICH 10.00-20.00, OKT.-MÄRZ TÄGLICH 10.00-18.00, EINTRITT: 6 €

TRAGAMAR Mit den Füßen im Sand essen, das ist im Restaurant Tragamar möglich, einem schön eingerichteten Lokal in bester Lage. Auf der Speisekarte stehen hauptsächlich Fisch- und Reisgerichte sowie eine Spezialität, die Besucher aus der ganzen

Umgebung anzieht: die *patatas bután*, eine mit Käse zubereitete Variante der bekannten *patatas bravas*.

PLATJA CANADELL S/N, WWW.TRAGAMAR.COM, T 972 614336, GEÖFFNET: APR.-OKT. MO, MI-DO 13.00-16.00, FR-SO 13.00-16.00 & 21.00-0.00, PREIS: 35 €

CANTADA D'HAVANERES Am ersten Samstag im Juli feiern die Einwohner von Calella de Palafrugell das Festival Cantada d'Havaneres und erinnern damit an all die, die Ende des 19. Jahrhunderts nach Kuba auswanderten, um dort Geld zu verdienen. Der Tag steht im Zeichen der *habanera*, eines Musikstils, der um 1830 in der kubanischen Hauptstadt Havanna aufkam. Die Einheimischen trinken während des Festes traditionell *cremat*: ein Gemisch aus Rum, Zimt, Zucker, Zitrone und einem Schuss Kaffee.

HAVANERESCALELLA.CAT

PALAMÓS

Die Bevölkerung von Palamós lebt von Fischerei und Tourismus. Die Gambas, die hier gefangen werden, sind die besten der Costa Brava. Interessant ist das Fischereimuseum auf dem Pier.

BARRACA D'EN DALÍ Verborgen in den Wäldern von Palamós besaß Salvador Dalí ein Häuschen. Dort soll er nicht nur gearbeitet haben, sondern auch seine sexuellen Wünsche ausgelebt haben. Es ist nicht mehr als eine Steinhütte, dennoch hat er dem Ganzen einen exzentrischen Touch verliehen, indem er die Eingangstür schief angebracht hat. Bei der örtlichen Touristeninformation gibt es eine Wegbeschreibung.

PASSEIG DEL MAR S/N, T 972 600550, GEÖFFNET: DI-SO 10.00-14.00 & 16.00-19.00

Angeblich hatte Dalí eine Abneigung gegen weibliche Geschlechtsteile. Einige Forscher behaupten sogar, dass er noch "Jungfrau" war, als er Gala kennenlernte, und dies auch sein Leben lang geblieben ist. Als Beweis dafür gilt seine Kinderlosigkeit. Anderen Gerüchten zufolge war Dalí homosexuell.

LLOTJA DE PALAMÓS In Palamós kann man nicht nur leckeren Fisch essen, sondern auch einkaufen. Während der täglichen Fischauktion auf dem Pier des Städtchens bieten einheimische Fischer ihren frischen Fang an. Selbst für den, der nichts kauft, ist diese Auktion ein Erlebnis.

MOLL S/N, GEÖFFNET: MO-FR 16.00-19.00

CAN BLAU ist ein typisch katalanisches Fischrestaurant, einfach, aber mit Blick auf den Hafen, und was man auch bestellt, es ist auf jeden Fall frisch. Das Restaurant ist inzwischen ein Klassiker in Palamós.

CARRER DEL VAPOR 3, WWW.CANBLAU.CAT, T 657 861329, PREIS: MENÜ 11-20 €

CALELLA DE PALAFRUGELL

CASINO LA CONSTANCIA

FISH An der roten Fassade ist das im typischen Fischerstil eingerichtete Restaurant gut zu erkennen. Die Wände innen sind weiß gestrichen und mit Laternen geschmückt. Wie der Name verrät, stehen Fisch-, aber auch Reisgerichte auf der Speisekarte.
PASSEIG DEL MAR 7, WWW.RESTAURANT-FISH.COM, T 972 601418, GEÖFFNET: DO-SO 13.00-15.45 & 20.00-22.30, PREIS: 19 €

SANT FELIU DE GUÍXOLS

Früher lebten die Einwohner von Sant Feliu de Guíxols von der Korkindustrie, heute verdienen sie ihr Brot mit dem Massentourismus. Trotzdem ist dieser Badeort einen Besuch wert, denn es gibt hier unter anderem mehrere modernistische Gebäude zu bewundern.

MONESTIR DE SANT FELIU DE GUÍXOLS Dieses ehemalige Benediktinerkloster stammt aus dem 10. Jahrhundert. Die Pforte Porta Ferrada ist der einzige Überrest dessen, was vermutlich einmal ein maurischer Palast war. Der romanische Haupteingang wurde restauriert, und es gibt eine gotische Kirche. Im Moment wird das Kloster renoviert. In Zukunft wird hier katalanische Kunst aus der Kollektion von Carmen Thyssen-Bornemisza zu sehen sein.
PLAÇA DEL MONESTIR S/N, WWW.MONESTIRS.CAT, T 972 820167, GEÖFFNET: DI-SA 10.00-13.00 & 17.00-20.00, SO 10.00-13.00, EINTRITT: FREI

ERMITATGE DE SANT ELM Die Kapelle bietet eine schöne Aussicht auf die Bucht von Sant Feliu de Guíxols sowie die Küste der Umgebung. Der Journalist Ferran Agulló stand an diesem Ort, als er 1908 die Küstenlinie auf den Namen "Costa Brava" taufte.

LA GAVINA ist eine Urlaubersiedlung in S'Agaró, etwas außerhalb von Sant Feliu de Guíxols. Vom Strand von Sant Pol aus nimmt man den Weg direkt am Meer entlang. Man kann hier ungefähr 45 Minuten an schönen Häusern vorbeischlendern, die reiche Katalanen in den 1920er-Jahren als Sommerresidenzen bauen ließen.

CASINO LA CONSTANCIA In Sant Feliu de Guíxols findet man verschiedene modernistische Gebäude. Das zur Bar umgebaute Kasino springt am meisten ins Auge. Es stammt aus dem Jahr 1888 und weist auch Elemente arabischer Architektur auf.
RAMBLA PORTALET 2, NOUCASINOLACONSTANCIA.COM, T 972 322321, GEÖFFNET: TÄGLICH 9.00-23.00

LA TAVERNA DEL MAR befindet sich direkt am Strand von Sant Pol, einer Bucht etwas außerhalb von Sant Feliu de Guíxols. Dieses Lokal ist ganz und gar mediterran eingerichtet, und bei schönem Wetter sitzt man auf der Terrasse. Auf der Speisekarte stehen natürlich viele Fischgerichte.
PLATJA DE S'ARAGÓ 140, WWW.LATAVERNADELMAR.COM, T 972 323800, GEÖFFNET: ENDE APR.-DEZ. TÄGLICH 9.30-23.00, MÄRZ-ANFANG APR. DO-MO 9.30-23.00, PREIS: 50 €

JUANITA BANANA ist eine beliebte Bar im Zentrum von Sant Feliu de Guíxols. Einer der Inhaber ist mit einer Kubanerin verheiratet, und das merkt man an der Atmosphäre. Das Lokal ist so altmodisch eingerichtet, dass es inzwischen wieder modern ist. Die Mojitos sind fantastisch.

CARRER DE LA PENITÈNCIA 24, GEÖFFNET: IM SOMMER TÄGLICH 20.00-3.00, ANSONSTEN MI-SO 20.00-3.00

CAMA & CAVA Das Bed & Breakfast Cama & Cava ist ein idealer Ort, um zur Ruhe zu kommen. Von einem Hügel aus hat man einen tollen Blick auf die Küste von S'Agaró. Wer Lust hat, kann hier auch die zahlreichen Weine aus der Umgebung probieren, kaufen und viel Wissenswertes darüber erfahren. Außerdem bereitet Inhaber Mark mit Hingabe eine spezielle Verkostung vor, bei der verschiedene Weine und Tapas genossen werden. Das B&B ist luxuriös und stilvoll eingerichtet, daher nicht unbedingt für Kinder geeignet.

CASTELL-PLATJA D'ARO S/N, WWW.CAMAYCAVASPAIN.COM, T 699 949751, PREIS: AB 105 €

WATAPANA ist ein B&B im Naturgebiet Les Gavarres. Die Inhaber Will und May hatten jahrelang ein Café in Belgien und vermieten gegenwärtig vier Doppelzimmer, auf Wunsch auch das gesamte Haus. Gäste können das behagliche Wohnzimmer und die Küche nutzen. Durch den großen Garten und das Schwimmbad eignet sich diese Unterkunft sehr gut für Familien mit Kindern.

URBANITZACIÓ DE VALL REPOS 214, SANTA CRISTINA D'ARO, WWW.WATAPANA.BE, T 972 833148, PREIS: 80 €

TOSSA DE MAR

Der Maler Marc Chagall nannte Tossa de Mar das "blaue Paradies". Paradiesisch ist vor allem der Blick vom mittelalterlichen Dorfkern auf das Kap von Tossa. Der Rest des Städtchens ist sehr touristisch.

VILA VELLA Familien und Paare, die den Tag an Tossas Stränden verbracht haben, können in den Abendstunden Richtung Altstadt (*vila vella*) schlendern, die malerisch auf dem Cap de Tossa liegt, umgeben von *muralles* aus dem 12. Jahrhundert.

VILA VELLA

CAMPINGPLATZ POLA Auf dem Weg von Sant Feliu de Guíxols nach Tossa de Mar liegt der Campingplatz Pola zwischen Felsen versteckt. Hier kann man im Naturschutzgebiet zelten und in einer schönen Bucht im Meer tauchen und schwimmen. Es werden auch Zeltbungalows vermietet. Nicht alle Standplätze sind gleich komfortabel, und die Ausstattung des Platzes ist etwas in die Jahre gekommen.

CARRETERA TOSSA-SANT FELIU KM 4, WWW.CAMPINGPOLA.ES, T 972 341050, GEÖFFNET: JUNI-SEPT., PREIS: ZELTPLATZ 17 €, PRO PERSON 4,30 €

TOSSA DE MAR

DALÍ-DREIECK REGION

TOP 10

EXZENTRISCHER SURREALIST

Salvador Dalí wird auch der "Surrealist der Costa Brava" genannt. Er wuchs im Hinterland auf und verbrachte einen großen Teil seines Lebens an der "wilden Küste". Dalí wohnte in Figueres, bis er 1921 zum Studium nach Madrid zog. Nach einigen Jahren kehrte er wieder nach Katalonien zurück und lebte ab 1930 in Portlligat.

In Cadaqués lernte der zehnjährige Salvador Dalí den impressionistischen Maler Ramón Pichet kennen. Von ihm bekam er den ersten Malunterricht. Bei seinen frühesten Werken ließ er sich deutlich von der Umgebung von Figueres und Cadaqués inspirieren. In den 1920er-Jahren begann er, mit Materialien zu experimentieren. Er verwendete beispielsweise Sand von den benachbarten Stränden. Während seines ersten Aufenthalts in Paris 1929 machte Dalí mit dem Surrealismus Bekanntschaft. Schon bald hatte er sich zu einem der wichtigsten Vertreter dieser Kunstrichtung entwickelt.

Die Russin Elena Ivanovna Diakonoff, besser bekannt als Gala, war Dalís große Liebe. Er lernte sie 1929 in Cadaqués kennen. Die standesamtliche Hochzeit folgte 1934 und 1958 die kirchliche Trauung. Die Zeremonie fand in Els Àngels, nicht weit von Girona, statt. Ganz in der Nähe kaufte Dalí später ein Schloss für seine Muse.

FIGUERES

Bevor Salvador Dalí das Image von Figueres deutlich prägte, war die Stadt bereits ein sehr wichtiger Ort im äußersten Nordosten Kataloniens.

Die erste Niederlassung datiert aus römischer Zeit. Von den Westgoten erhielt Figueres seinen Namen: Ficaris. Der Graf von Barcelona verlieh dem Ort im 13. Jahrhundert das Recht auf Selbstverwaltung. Von diesem Moment an entwickelte sich Figueres zu einem wirtschaftlichen Zentrum, und im 14. Jahrhundert mussten die Stadtmauern aufgrund des Wachstums der Stadt erweitert werden. Die Festung von Sant Ferran aus dem 18. Jahrhundert sollte die Einwohner vor französischen Angriffen schützen. Seit 1875 besitzt Figueres offiziell Stadtrechte. Besucher kommen vor allem wegen Spaniens bekanntestem Surrealisten hierher. Salvador Dalí wurde am 11. Mai 1904 in einem Haus in der Carrer Monturiol geboren. Heute ist Figueres als Hauptstadt des "Dalínismus" bekannt. Eines ist daher klar: Wer Figueres besucht, muss ins Dalí-Museum. Davon abgesehen, kann man hier auch antikes Spielzeug bewundern und die Burg besichtigen. In der Nähe des Teatre-Museu Dalí gibt es viele Restaurants und Lokale.

TEATRE-MUSEU DALÍ In den 1960er-Jahren fragte der Bürgermeister von Figueres Salvador Dalí, ob er dem Gemeindemuseum eines seiner Werke schenken würde. Daraufhin antwortete der Künstler, dass er der Stadt ein ganzes Museum schenken wolle.

Ein leer stehendes Theater schien der perfekte Ort dafür. 1918 hatte Dalí seine ersten beiden Werke in diesem Theater ausgestellt, und in der Kirche gegenüber war er als Baby getauft worden. Der Künstler verwandelte das Gebäude in das größte surrealistische Kunstwerk der Welt. Das Teatre-Museu Dalí wurde 1974 eröffnet.

Man erkennt das Museum sofort an den roten Mauern mit den goldenen, runden Vorsprüngen und den riesigen Eiern auf dem Dach. Der integrierte Turm wurde Torre Galatea getauft, nach Dalís Frau. Der Künstler verbrachte hier die letzten Jahre seines Lebens. Sein Sarg erhielt einen Platz unter der Kuppel auf dem Dach. Im Museum bekommt man einen guten Eindruck vom Allround-Künstler Dalí. Außer dem bizarren Bauwerk selbst kann man hier Zeichnungen, Malereien, Skulpturen, Radierungen, Hologramme, Fotos und Schmuck besichtigen. Und natürlich auch die Räumlichkeiten, die an sich schon Kunstwerke sind. Höhepunkte sind der Cadillac im Patio und der Raum Mae West. Hier steht ein rotes Sofa in Form eines Mundes: die Lippen von Mae West, die auch als Sexsymbol verehrt wurde. Dalí machte diese amerikanische Schauspielerin noch berühmter, als sie es ohnehin schon war. Die Objekte in dem Saal sind so aufgestellt, dass sie zusammen ein Gesicht bilden. In dem Cadillac auf dem Innenhof regnet es ständig, daher der Name *El taxi lluvioso* (Das regnerische Taxi). Das Auto war ein Geschenk Dalís an Gala, und zusammen tourten sie damit durch die USA. Auch ein großer Teil der Privatsammlung von Dalí und Gala ist im Museum untergebracht. In der obersten Etage hängen Werke von Künstlern wie dem griechischen Maler El Greco, von William-Adolphe Bouguereau und Marcel Duchamp.Heute ist das Teatre-Museu Dalí nach dem Prado in Madrid das am häufigsten besuchte Museum Spaniens.

PLAÇA GALA-SALVADOR DALÍ 5, WWW.SALVADOR-DALI.ORG, T 972 677500, GEÖFFNET: JULI-SEPT. DI-SO 9.00-20.00, OKT. & MÄRZ-JUNI DI-SO 9.30-18.00, NOV.-FEBR. DI-SO 10.30-18.00, EINTRITT: 12 €

CASTELL DE SANT FERRAN Angeblich ist die Burg von Sant Ferran die größte Festung Europas. Ob das stimmt, sei dahingestellt, auf jeden Fall ist das Bollwerk aus dem 18. Jahrhundert über 32 Hektar groß und bot einer Garnison von 6000 Männern mit 500 Pferden Platz. Die drei Kilometer langen Mauern sind von einem fünf Kilometer langen Graben umgeben. Tipp: Unternehmen Sie eine Bootsfahrt durch die unterirdischen Wasserreservoire, die über sechs Millionen Liter Wasser fassen können. Unbedingt im Voraus buchen!

CASTILLO DE SAN FERNANDO, WWW.CASTILLOSANFERNANDO.ORG, T 972 514585, GEÖFFNET: TÄGLICH MAI-SEPT. 10.30-20.00, OKT.-APR. 10.30-15.00, EINTRITT: 3 €, FÜHRUNG 15 €

TOP 10

MUSEU DEL JOGUET DE CATALUNYA Hierher muss man einfach kommen, wenn man mit Kindern unterwegs ist. Über 4000 Puppen, Autos, Züge und anderes Spielzeug sind zu bewundern, darunter auch viele schöne alte Dinge. Die Sammlung präsentiert auch Spielzeug, das Salvador Dalí, Joan Miró und anderen bekannten Katalanen gehörte.

CARRER SANT PÈRE 1, WWW.MJC.CAT, T 972 504585, GEÖFFNET: JUNI-SEPT. MO-SA 10.00-19.00, SO & FEIERTAGE 11.00-18.00, OKT.-MAI DI-SA 10.00-18.00, SO & FEIERTAGE 11.00-14.00, EINTRITT: 5 €

CASA-MUSEU DALÍ, PORTLLIGAT (L) CRÊPERIE BRETONNE (R)

CRÊPERIE BRETONNE befindet sich direkt hinter dem Teatre-Museu Dalí. In einem innen und außen bunt angestrichenen Bus aus den 1960er-Jahren werden Crêpes zubereitet. Gegessen wird an bunten Tischen mit Retro-Tischdecken und -Stühlen.

CARRER CAP DE CREUS, WWW.CREPERIEBRETONNE.COM, T 972 504765, GEÖFFNET: DI-SO 10.30-23.30, IM SOMMER TÄGLICH 10.30-23.30, PREIS: 7,50 €

LE RACH DINGUE ist eine "surrealistische" Diskothek. Niemand Geringeres als Dalí persönlich eröffnete 1968 den Club. Die Einrichtung dieses alten Landhauses ist von seinen Werken inspiriert. Wenn das Schwimmbad geöffnet ist, kann man auch im Wasser tanzen. Die DJs spielen Underground-Techno-Musik.

VILAJUÏGA S/N, WWW.RACHDINGUE.COM, T 972 530023, GEÖFFNET: APR.-SEPT. SA 0.00-6.00, EINTRITT: 5-15 €

PORTLLIGAT

Portlligat ist ein winzig kleines Fischerdorf an einer der Buchten der Halbinsel Cap de Creus. Als junger Künstler ließ sich Salvador Dalí hier inspirieren. Später wurde das Dorf zu seinem Wohnort.

TEATRE-MUSEU DALÍ, FIGUERES

CASA-MUSEU DALÍ 1930 bezog Salvador Dalí eine alte Fischerhütte in Portlligat. Die Hütte war nur 20 Quadratmeter groß. Im Laufe der Jahre vergrößerte er das Haus, indem er weitere Fischerhütten, Schuppen und Grundstücke kaufte. Das Ergebnis ist ein Kalksteinlabyrinth aus Mauern und Zimmern. Dalí betrachtete das Haus als eine sich ständig verändernde, organische Struktur. Er schuf einen Ort zum Leben, Arbeiten und Empfangen von Gästen. Das Haus ist in drei Teile unterteilt. Die Privaträume von Dalí und Gala umfassen Wohn- und Schlafzimmer sowie die Bibliothek. In den Ateliers schuf der Künstler einen großen Teil seiner Werke. Der Patio war für Feiern und Empfänge gedacht. Wie beim Teatre-Museu in Figueres befinden sich auch bei seinem Wohnhaus in Portlligat Eier auf dem Dach. Den bunten Eisbären beim Eingang brachte er aus Paris mit, und im Patio steht ein mundförmiges Sofa. Das ovale Zimmer war Galas Heiligtum. Von seinem Bett aus konnte Dalí den Sonnenaufgang in der Bucht von Portlligat bewundern. Der Künstler hat dort bis zum Tod seiner großen Liebe im Jahr 1982 gewohnt. Seit 1997 ist das Haus für die Öffentlichkeit zugänglich, man muss jedoch im Voraus reservieren.

PORTLLIGAT S/N, WWW.SALVADOR-DALI.ORG, T 972 251015, EINTRITT: 11 €

Dass sich Dalí in Portlligat niederließ, war das Ergebnis eines gewaltigen Streits mit seinem Vater, der der Kunst und dem Lebensstil seines Sohnes seit jeher skeptisch gegenüberstand. Als er hörte, dass Dalí in Paris ein Heilig Herz Jesu mit der Unterschrift "Manchmal spucke ich zum Vergnügen auf das Porträt meiner Mutter" ausgestellt hatte, war das für ihn des Guten zu viel. Er forderte von seinem Sohn eine Entschuldigung, und als dieser sich weigerte, warf er ihn aus der Wohnung der Familie in Cadaqués. Vater Dalí enterbte seinen Sohn und verbot ihm, jemals wieder nach Cadaqués zu kommen.

PÚBOL

Ende der 1960er-Jahre suchte Dalí ein geeignetes Haus für seine Muse Gala. In Púbol, das zwischen der Stadt Girona und der Küste liegt, wurden sie inmitten sanfter grüner Hügel und Weizenfelder fündig.

CASA-MUSEU CASTELL GALA DALÍ DE PÚBOL 1969 schenkte Dalí seiner Frau diese Burg, die aus dem 14. Jahrhundert stammt und neben der Kirche von Púbol steht. Als sie das Gebäude kauften, war es nicht mehr als eine Ruine, aber Dalí und Gala richteten es gemeinsam wieder her. Es entstand eine romantische Bleibe, der Dalí unverkennbar seinen Stempel aufgedrückt hatte. Gala verbrachte hier einige Sommer, der Künstler kam nur zu Besuch, wenn er eingeladen war.

Als Gala 1982 starb, wurde sie in ihrer Burg begraben. Dalí verließ noch im selben Jahr Portlligat und ließ sich in dem Haus nieder, das Gala so gemocht hatte. Doch er verlor zusehends seine Lebenslust. 1984 brach aus unbekannten Gründen in seinem Schlafzimmer ein Feuer aus. Ob Dalí nur leichtsinnig gewesen war oder ein Selbstmordversuch dahintersteckte, ist ungeklärt. Nach dem Vorfall zog er auf jeden Fall in den Turm Torre Galatea des Teatre-Museu Dalí in Figueres.

Außer dem Grab von Gala kann man in der Burg auch ihre Garderobe und ihren Thron bewundern. Die alte Küche hatte Dalí zu ihrem Badezimmer umfunktioniert. In den Garten stellte er Elefanten auf Giraffenbeinen. Der Springbrunnen am Teich ist von Skulpturen des Komponisten Richard Wagner umgeben.
PLAÇA GALA DALÍ, PÚBOL-LA PERA, WWW.SALVADOR-DALI.ORG, T 972 488655, GEÖFFNET: DI-SO MÄRZ-JUNI & SEPT.-NOV. 10.00-18.00, JULI-AUG. 10.00-20.00, DEZ.-FEBR. 10.00-17.00, EINTRITT: 8 €

Der spanische König Juan Carlos I. verlieh Salvador Dalí 1982 den Titel "Marquis von Púbol". Der Künstler schenkte dem Monarchen aus Dankbarkeit eine Zeichnung mit dem Namen Oberhaupt von Europa. *Es war seine letzte Zeichnung.*

RUND UM DAS DALÍ-DREIECK

In Figueres gibt es keine besonderen Hotels. Wer trotzdem in der Nähe des Dalí-Museums übernachten möchte, weicht am besten nach Cistella aus. Für Abenteurer empfiehlt es sich, Richtung Frankreich zu fahren und eine Burg zu erkunden.

CISTELLA

Die mittelalterliche Ortschaft Cistella ist nicht weit entfernt von Figueres. Schlendert man durch das Dorf, scheint es, als wäre die Zeit stehen geblieben.

BADÓ RESTAURANT ist ein beliebtes, rustikal eingerichtetes Lokal mit einem sehr gemütlichen Ambiente. Der Koch Badó verleiht der traditionellen katalanischen Küche eine moderne Note und zieht mit seinen Köstlichkeiten zahlreiche Gäste aus der ganzen Region an.

PLAÇA MAJOR 2, WWW.BADORESTAURANT.COM, T 972 547158, GEÖFFNET: MI-MO 13.00-16.00 & 20.30-23.00, PREIS: 25 €

CAN LLUÍS Dieser alte Bauernhof ist sehr ruhig, aber zentral gelegen. Gäste können zwischen einem renovierten Appartement, einem B&B-Zimmer oder einem Zigeunerwagen im Olivenhain wählen. Die Unterkünfte verfügen über eine Küche, gut ausgestattete Badezimmer und einen Kamin. Kinder können ungestört im Schwimmbad und in der Natur spielen. Man hat hier auch eine wunderschöne Aussicht auf das Mittelmeer und die Bergspitzen der Pyrenäen. Probieren Sie unbedingt Cariens selbst gemachte Feigenmarmelade und das pikante Chutney. Als Mitbringsel für zu Hause eignet sich wunderbar eine Flasche Olivenöl vom hauseigenen Terrain. Die freundlichen Eigentümer nehmen Gäste auf Wunsch gern mit zu einem Mittagessen bei einem Hirten in den Bergen.

MAS CAN LLUÍS S/N, WWW.CANLLUIS.ES, T 872 004040, PREIS: AB 250 €/WOCHE

CAN PATIRAS ist eine renovierte katalanische *masía*. Man übernachtet in eleganten Zimmern, von denen jedes sein eigenes Thema hat. Abends essen alle zusammen mit den belgischen Eigentümern Chrisje und Bart. Sie wissen genau, wie man es sich so richtig gemütlich macht und haben auch die nötigen kulinarischen Überraschungen in petto. Wenn im Dorf ein Fest ansteht, kann es durchaus sein, dass sie die Gäste dazu mitnehmen. Auch beim Frühstück sitzen alle zusammen an einem langen Tisch. Am Schwimmbad oder an einem ruhigen Plätzchen im Garten kann man wunderbar faulenzen; etwas zu trinken gibt es immer an der Bar.

CAN PATIRAS S/N, WWW.CANPATIRAS.COM, T 665 349035, PREIS: 99 €

CASA-MUSEU DALÍ, PORTLLIGAT

CANTALLOPS

In der Nähe des Dorfes Cantallops, im Norden Kataloniens, steht eine alte Burg, die nur darauf wartet, entdeckt zu werden.

CASTELL DE REQUESENS befindet sich nahe der französischen Grenze, etwas außerhalb von Cantallops, und ist ein Geheimtipp für Familien mit abenteuerlustigen Kindern. Man darf allerdings keine tadellos restaurierte Burg erwarten, stattdessen laden Gänge, Tunnel und verlassene Zimmer zum Herumstromern ein – Spannung garantiert. Im kleinen Ort Requesens, der außer der Burg auch noch ein paar Bauernhöfe umfasst, gibt es ein gutes Restaurant.

CASTELL DE REQUESENS, WWW.CASTELLDEREQUESENS.CAT, GEÖFFNET: 15. JUNI-15. SEPT. TÄGLICH 11.00-19.00, 16. SEPT.-14. JUNI FR-SO 11.00-17.00, EINTRITT: 2 €

LA GARROTXA REGION

VULKANE, WÄLDER UND BERGE

In der Region La Garrotxa tauchen einige Vulkankrater als reich bewachsene Berggipfel in der Landschaft auf: Genau 38 sind es. Allerdings liegt der letzte Ausbruch eines Vulkans hier schon über 11.000 Jahre zurück.

Der Lavaboden ist äußerst fruchtbar, davon zeugen die vielen Wälder in diesem Gebiet. Die meisten Besucher dieses einzigartigen Fleckens in Katalonien kommen als Aktiv-Urlauber. Man kann Vulkane erklimmen, durch Wälder wandern, Rad fahren oder auch reiten. Empfehlenswert ist ein Besuch der Vulkanstadt Olot sowie der mittelalterlichen Dörfer Besalu und Santa Pau. Der Norden der Region, Alta Garrotxa, grenzt an die nordöstlichen Pyrenäen. Dieses raue Gebiet ist bei Wanderern sehr beliebt.

Eine Radtour von Olot nach Girona finden Sie auf der herausnehmbaren Karte in der hinteren Buchklappe.

OLOT

Olot mitten im Naturpark La Zona Volcanica de la Garrotxa ist umgeben von Vulkankratern, und einige liegen sogar in der Stadt. Die Schönheit der Gegend inspirierte viele Künstler, und das führte zur Gründung der renommierten Akademie für Landschaftsmalerei. In den Kunstgalerien sind Werke lokaler Künstler ausgestellt.

1427 und 1428 zerstörte eine Reihe von Erdbeben die Stadt, die daraufhin neu aufgebaut wurde. Erst als Olot während der Industrialisierung im 18. und 19. Jahrhundert seinen Trumpf, den Anbau von Baumwolle, ausspielte, kam Geld in den Stadtsäckel. Außerdem brachten die *indianos* (siehe Seite 93) das nötige Kapital mit. Die Stadt entwickelte sich zum avantgardistischen Mittelpunkt von La Garrotxa.

SEHENSWÜRDIGKEITEN

Die bedeutendsten Sehenswürdigkeiten Olots haben alle etwas mit Vulkanen zu tun – nicht weiter verwunderlich bei der Lage.

PARC NATURAL DE LA ZONA VOLCÀNICA ist mit über 12.000 Hektar der größte Vulkanpark der Iberischen Halbinsel. Der zuletzt aktive Vulkan Croscat ist auch der höchste der Feuer speienden Berge. Die Buchen im Wald Fageda d'en Jorda gedeihen gut auf dem Lavaboden. Sehr sehenswert: das mittelalterliche Dorf Santa Pau im Park. TOP 10

PARC NATURAL DE LA ZONA VOLCÀNICA, WWW.PARCSDECATALUNYA.NET, T 972 266012

OLOT STADT

EIX PIRINENC
AUTVIA DEL EJE PIRENAICO
AVINGUDA D'EUROPA
CARRER D'ESTEVE MOLAS
RONDA DE LES MATES
CARRETERA DE LA CANYA
AVINGUDA ROSA ALBA
CARRER DEL MESTRE VIVES
C. D'HIPÒLIT LÁZARO
C. DEL MESTRE TURINA
CAMÍ DE LES BRUIXES
CARRETERA DE LES TRIES
AVINGUDA DE LES FEIXES
Cràter Volcà del Motsacopa
Jardin de Arturo Simón Vibet
CARRER DE FRANÇA
C. DE BESTRACA
CARRER DE LA GARRINADA
CARRER DEL PUIGSACALM
AV. DE JOAN DE CABIROL
CARRER DEL CANIGÓ
CARRER DE COMANEGRA
AVINGUDA DEL MORROT
C. DE SANT ANIOL D'AGUJES
CARRER DE LA MARE DE DÉU DEL MONT
CARRER DEL ROCACORBA
CARRER DEL ROCABRUNA
CARRER DE PORTUGAL
CARRER DE GRÈCIA
C. CONSELL DE CENT
CAMÍ DE MOTSACOPA
CARRETERA DE LES FEIXES
AVINGUDA DEL REI JAUME II
CARRER DE L'ABAT RACIMIR
AVINGUDA DE GIRONA
CARRER DE MIQUEL MARC
CARRER DEL NOTARI
C. DEL MOSSÈN GELABERT
CARRER DE ROSES
AVINGUDA DE SANT JORDI
CARRER DE MIQUEL DE CERVANTES
CARRER DEL BISBE SERRA
AV. DE SANT JOAN DE LES ABADESSES
AVINGUDA REIS CATÒLICS
CARRER DEL ROSER
CARRETERA DE RIUDAURA
CARRER DE CASIMIR PLANA
Casa Sola Morales
CARRER DE MARCANAU
C. DEL DOCTOR JOAQUIM MASMITJA
PLAÇA DE LES RODES
C. SANT BERNAT
RONDA DE SANT BERNAT
Convent de la Mare de Déu del Carme
C. DEL PONT NOU
CARRER DE TERRASSA
CARRER DEL VOLCÀ CROSCAT
CARRER DE CARME SALA
PLAÇA DEL MAS BERNAT
CARRER DE PORTBOU
C. DEL VOLCÀ DEL CLOT ROSAT
Parc de les Biseroques
C. DEL ESCULTOR MIQUEL BLAY
CARRER DELS SASTRES
ALT DE TURA
C. DE LA LLOSA
Sant Esteve
Santa Maria del Tura
Museu Comarcal de la Garrotxa
CARRER DEL BISBE LORENZANA
PASSEIG DEL BISBE GUILLAMET
C. DE SANT PERE MARTIR
C. DELS DOLORS
RONDA DE MONTOLIVET
CARRER DEL POU DEL GLAÇ
CARRER DEL PARE ROCA
CARRER DELS GERANIS
CARRER DELS GLADIOLS
PLAÇA DE CATALUNYA
PASSEIG DE BARCELONA
C. DE LES MULLERAS
PAS DEL MIG
CARRER DE MARIA VAYREDA
CARRER DE JOAQUIM VAYREDA
C. DEL FLUVIÀ
FLUVIÀ
CARRER DE SANT CRISTÒFOL
CAMÍ DE LA CREU
AVINGUDA DE SANT JORDI
CARRER DE PANYÓ
CARRER DEL BISBE VILANOVA
RONDA DEL
AVINGUDA DELS BATLLÓ
PLAÇA D'ESPANYA
AVINGUDA DE VALÈNCIA
AV. DE MÚRCIA
AVINGUDA DE CATALUNYA
AVINGUDA D'ARAGÓ
AVINGUDA DE NAVARRA
RONDA DE SOMETENT
CARRER DE MARIA JOLIS PELLICER
CARRER DE LA VERGE DE FÀTIMA
CAMÍ DELS DESEMPARATS
C. DE RAMÓN Y CAJAL
CARRER DE SABADELL
PASSEIG DE SANT ROC
AVINGUDA DE SANTA COLOMA DE FARNERS
AVINGUDA DE L'URUGUAI
AV. DE GALICIA
AV. D'ASTURIAS
AVINGUDA DE SANT JORDI
C. DE JOAN MARAGALL
C. DE LA VERGE DE MONTSERRAT
C. DEL VOLCÀ PUIG DEL MAR
CARRER DEL VOLCÀ PEDRAGUDA
C. DE LA ROSA DELS VENTS
CARRETERA VELLA DE BATET
C. DEL GREGAL
C. DEL GARBÍ
C. DEL XALOC
CARRER DEL MESTRAL
CARRETERA DE SANTA PAU
CARRETERA DEL TRIAY
CARRER D'HONDURES
AVINGUDA DE XILE
AVINGUDA DEL PERÚ
AVINGUDA DE MÈXIC
PLAÇA D'AMÈRICA
AVINGUDA D'EL SALVADOR
CARRER DE MADRID
AVINGUDA DE CUBA
Museu del Volcans
0 100 200 m
1:10.000
1 2 3 4 5 6 7 8 9 10 11 12 13

MUSEU DELS VOLCANS Wie entsteht ein Vulkan? Welche Folgen hat ein Ausbruch für die Landschaft? Im Vulkanmuseum von Olot werden diese Fragen beantwortet. In einem Simulator kann man sogar ein Erdbeben miterleben. Das Museum befindet sich in der imposanten Villa Torre Castany aus dem Jahr 1854.

PARC NOU, T 972 266762, GEÖFFNET: DI-FR 10.00-14.00 & 16.00-19.00, SO & FEIERTAGE 11.00-14.00, OKT.-MAI DI-FR 10.00-14.00 & 15.00-18.00, SA 11.00-14.00 & 16.00-19.00, SO & FEIERTAGE 11.00-14.00, PREIS: 3 €

VOLCÀ MONTSACOPA ist ein innerhalb der Stadtgrenzen von Olot gelegener Vulkan. Vom Zentrum aus braucht man zu Fuß ungefähr 45 Minuten bis zum Gipfel. Dann hat man eine schöne Aussicht auf die Stadt und den restlichen Vulkanpark.

VOLCÀ MONTSACOPA

ESSEN & TRINKEN

Die traditionelle Küche von La Garrotxa heißt seit 1994 *cuina volcanica* (vulkanische Küche). In einigen Restaurants kann man Gerichte in Form eines Vulkans bestellen, aber meistens bezieht sich dieser Begriff nur auf die Zutaten. Die kommen nämlich alle aus dem Gebiet, das durch den Lavaboden so fruchtbar ist. Esskastanien, Trüffel, Schnecken und Wildschweine sind nur einige Beispiele dafür.

LES COLS Diese alte *masía* wurde sensationell renoviert. Die auffallende Einrichtung mit goldfarbenem Stahl brachte dem Lokal diverse lokale Architekturpreise ein. Der längliche Esstisch in der Mitte ist der ganze Stolz des Restaurants. Chefköchin Fina Puigdevall wurde inzwischen mit zwei Michelin-Sternen ausgezeichnet.

TOP 10

CARRETERA DE LA CANYA S/N, WWW.LESCOLS.COM, T 972 269209, GEÖFFNET: DI-SO 13.00-15.30, MI-SA 20.30-22.30, PREIS: MENÜ 85 €

FONT MOIXINA In diesem Restaurant am Stadtrand mit seinem schönen Garten finden Sie Gerichte der typischen vulkanischen Küche auf der Speisekarte. Die Einrichtung ist ebenso traditionell: viel Holz und alte Möbel.

PARATGE DE LA MOIXINA S/N, T 972 261000, GEÖFFNET: MI-MO 13.00-16.00, FR-SO 21.00-22.30, PREIS: MENÜ 25 €

LA QUINTA JUSTA ist ein stilvolles Restaurant mit verschiedenen Räumen. Die Kombination von Alt und Neu sorgt für eine gemütliche Atmosphäre. Man kann aus Reis-, Fleisch- und Fischgerichten wählen. Abends ist die Terrasse von vielen Kerzen beleuchtet.

PASSEIG DE BARCELONA 7, WWW.LAQUINTAJUSTA.CAT, T 972 271209, GEÖFFNET: TÄGLICH 13.00-15.45 & 20.30-23.30, PREIS: 30 €

100% THERE

Vom Bio-Joghurthersteller bis zu modernistischen Bauwerken, von vulkanischer Landschaft bis zur modernen Leichtathletikanlage inmitten der Natur: Olot und Umgebung bieten genügend Möglichkeiten für Ausflüge und Aktivitäten.

MODERNISTISCHE ROUTE Auch in Olot haben die *indianos* einige modernistische Häuser bauen lassen. Die Casa Sola Morales ist das sehenswerteste Beispiel dafür. Der Architekt Lluís Domènech i Montaner gestaltete die Fassade. Die Routenbeschreibung erhalten Sie bei der Touristeninformation.

CARRER DE L'HOSPICI 8, WWW.OLOT.ORG/TURISME, T 972 260141, GEÖFFNET: OKT.-JUNI MO-SA 10.00-14.00 & 17.00-19.00, JULI-SEPT. MO-SA 10.00-20.00

LA FAGEDA D'EN JORDÀ Dieser Bauernhof, der unter anderem Joghurt herstellt, gewann mit seinen Molkereiprodukten bereits diverse Auszeichnungen. Während einer Führung kann man sich selbst von der Qualität überzeugen. Auch interessant für Kinder.

MAS ELS CASALS S/N, WWW.FAGEDA.COM, T 902 118150, GEÖFFNET: TÄGLICH NACH VORANMELDUNG, FÜHRUNG: KOSTENLOS

TOP 10

SANTA PAU TURISME VERD Am Parkplatz des Campingplatzes Ecològic Lava startet eine Bahn, die zu vier Vulkanen führt: dem Martinya, dem Pomareda, dem Torn und dem Croscat. Die Fahrt dauert eine Stunde. Beim selben Veranstalter kann man auch eine Fahrt mit einem Planwagen buchen: Dabei geht es durch den Buchenwald Fageda d'en Jorda ebenfalls zu einem Vulkan.

CARRETERA OLOT-SANTA PAU KM 7, WWW.I-SANTAPAU.COM, T 972 680358, PREIS: 6,70 €

PASSEJADES EN BURRO CATALÀ In Les Preses, etwas außerhalb von Olot, kann man eine Tour auf echten katalanischen Eseln durch den nahe gelegenen Naturpark Pedra Tosca buchen. Ein ganz besonderes Erlebnis gerade für Familien mit jungen Kindern.

CARRETERA OLOT-LES PRESES, CAN MASSOT, WWW.RUCSISOMERES.CAT, T 609 304994, PREIS: 10 €

CASTELLFOLLIT DE LA ROCA ist ein mittelalterliches Dorf mit einer spektakulären Lage. Es wurde direkt an eine Felskante gebaut, von der es 60 Meter in die Tiefe geht. Der Felsen ist natürlich einst durch vulkanische Aktivität entstanden. Menschen mit Höhenangst sollten diesen Ort besser meiden.

WWW.CASTELLFOLLITDELAROCA.ORG

ÜBERNACHTEN

Außerhalb Olots kann man mitten in der Natur im Vulkanpark übernachten. In der Stadt selbst findet man eine ganz besondere architektonische Meisterleistung.

CAMPING ECOLÒGIC LAVA liegt im Parc Natural de la Zona Volcanica. Wer auf diesem schattigen Campingplatz zeltet oder einen Bungalow mietet, ist schnell bei den Vulkanen oder auch im Buchenwald Fageda d'en Jordà.

CARRETERA OLOT-SANTA PAU KM 7, WWW.I-SANTAPAU.COM, T 972 680358, PREIS: ZELTPLATZ 5 €, PRO PERSON 5 €

LES COLS PAVELLONS Die Inhaber des Restaurants Les Cols eröffneten nebenan eines der merkwürdigsten Hotels in Katalonien. In den fünf Hotelzimmern, die hier Pavillons genannt werden, ist alles aus Glas: die Wände, die Decke und sogar das Badezimmer. Ein eiserner Sichtschutz und mattes Glas sorgen immerhin für ein Mindestmaß an Privatsphäre. Durch den Glasfußboden kann man den vulkanischen Boden betrachten und vom Bett aus den Sternenhimmel bewundern. Die Philosophie dahinter: eine Übernachtung zu einem wahren Erlebnis zu machen.

CARRETERA DE LA CANYA S/N, WWW.LESCOLSPAVELLONS.COM, T 699 813817, PREIS: 275 €

BESALÚ

Besalú wurde in den 1960er-Jahren zum Nationalen Kunsthistorischen Ensemble ernannt und steht unter Denkmalschutz. Das mittelalterliche Dorf zieht daher auch viele Tagestouristen an. Besonders sehenswert sind die romanische Brücke und das jüdische Ritualbad.

PONT VELL DE BESALÚ Früher gelangte man über diese Brücke über den Fluss Fluvià nach Besalú und musste dafür Zoll bezahlen. Das romanische Bauwerk aus dem 11. Jahrhundert ist wunderbar erhalten und weist sieben Bögen auf.

MIQWÉ Das einzige jüdische Ritualbad Spaniens befindet sich in einem Steinhaus aus dem 12. Jahrhundert. Das Wasser hierfür kam aus einem nahe gelegenen Brunnen. Wer das Bad besichtigen will, kann bei der Touristeninformation einen Termin vereinbaren. Etwas weiter stößt man auf Überreste einer Synagoge aus dem 13. Jahrhundert.

PLAÇA DE LA LLIBERTAT 1, T 972 59140, GEÖFFNET: MO-SA 10.00-14.00 & 16.00-19.00, SO 10.00-14.00, EINTRITT: 2,10 €

MUSEU DE MINIATURES ist ein winziges Museum mit winzigen Kunstwerken, die erstaunlich gut gemacht sind und aus der ganzen Welt stammen. Gegründet wurde das Museum auf Initiative des Sammlers und Dorfbewohners Lluis Carreras.
PLAÇA PRAT DE SANT PERE 15, WWW.MUSEUMINIATURESBESALU.COM, T 972 591842, GEÖFFNET: TÄGLICH MÄRZ-SEPT. 10.00-19.00, OKT.-FEBR. 10.30-18.30, EINTRITT: 3,90 €

TALLER DE CUIR ist ein Laden mit historischem Spielzeug sowie einer großen Kollektion handgefertigter Ledertaschen aus dem eigenen Atelier.
CARRER DEL PONT 12, WWW.TALLERDECUIR.COM, T 972 591044, GEÖFFNET: TÄGLICH 10.00-19.30

AQUESTA NIT BESALÚ Im Sommer können Besucher jeden Mittwochabend die mittelalterliche Atmosphäre Besalús schnuppern. In historischen Kostümen führen Schauspieler durch die Geschichte und den Ort. Startpunkt ist die romanische Brücke.
MEHR INFORMATIONEN: T 972 591240

REMIGIUS FLUVII In der letzten Septemberwoche feiert Besalú alljährlich das Dorffest. Höhepunkt ist die sogenannte Remigius Fluvii, eine Regatta, bei der die Einwohner in selbst gebauten Booten den Fluss Fluvià befahren. Das originellste Boot gewinnt einen Preis.

TOP 10

WANDERUNG VON SADERNES-SANT GRAU NACH SANT ANIOL Einst begann in Besalú eine Schmugglerroute, die quer durch die Garrotxa zur französischen Grenze führte. Ein Teil der Route ist noch immer intakt und zum Wandern bestens geeignet. Von Sadernes geht es über schmale Pfade und eine Hängebrücke an steilen Klippen, einem kleinen Stausee und Bächen entlang. Zur Belohnung können Sie in Sant Aniol unter einem Wasserfall etwas Abkühlung finden. Hin und zurück sind es etwa 14 Kilometer.

LA FUSTANA ist eine einfache, ökologische Unterkunft vor den Toren Besalús. Das neue Hotel ist aus Holz und recyceltem Material gebaut, Fotovoltaik sorgt für Energie. Das Frühstück ist im Preis inbegriffen, und jedes Zimmer hat eine Terrasse.
CARRER DE GIRONA 22-24, MAIÀ DE MONTCAL, WWW.LAFUSTANA.COM, T 972 590479, PREIS: 70 €

CAN TERRADES ist eine spektakulär umgebaute, alte katalanische *masía* mit stilvollen Zimmern und einem Pool. Die Inhaber verbanden typisch katalanische Elemente mit modernem Komfort. Tipp: den Weinkeller besuchen und Wein kaufen.
CAMÌ A CAN TERRADES, BEUDA, WWW.CANTERRADES.COM, T 651 399044, PREIS: AB 428 €/WOCHE

CUIR TALLER

RUND UM LA GARROTXA

Wer von La Garrotxa aus Richtung Norden blickt, kann die Pyrenäen bereits sehen. Hier finden Reisende viele schöne Bergdörfer, und die Umgebung bietet sportlichen Naturen zahlreiche Möglichkeiten.

CAMPRODON

Zu Beginn des 20. Jahrhunderts kam Camprodon wegen seiner sauberen Bergluft bei den Einwohnern Barcelonas in Mode. Das Tal von Camprodon eignet sich bestens für Wanderungen und andere Aktivitäten.

PONT NOU bedeutet wörtlich "neue Brücke". Dieses Bauwerk stammt jedoch aus dem 12. Jahrhundert, genau wie viele andere Gebäude des Dorfes. Die Brücke führt über den Fluss Ter.

CARRER DE PONT NOU

VALLTER 2000 ist eine Skistation im Tal von Camprodon. Im Winter warten 13 Kilometer Piste auf die Skifahrer. Im Sommer kann man wandern oder im Mountainbikepark Fahrrad fahren. An klaren Tagen ist die Sicht auf Cap de Creus und den Golf de Roses fantastisch.

PLA DE MORENS S/N, WWW.VALLTER2000.COM, T 972 136057, GEÖFFNET: TÄGLICH 9.00-17.00, PREIS: 33 €

In den katalanischen Pyrenäen gibt es verschiedene sogenannte refugis *(Zufluchtsorte). Diese sind als Unterkunft für Wanderer und Bergsteiger gedacht. Einige von ihnen dürfen kostenlos benutzt werden, bieten allerdings nur Betten und ein WC. Bei anderen muss man für die Übernachtung und das Essen bezahlen.*

REFUGI D'ULLDETER war eines der ersten *refugis* in Katalonien. Dieses Landhaus befindet sich in einer Höhe von 2200 Metern und ist der perfekte Ausgangspunkt für Wander- und Klettertouren in der Umgebung. Die dreistündige Tour von Ulldeter nach Vall de Núria ist einer der beliebtesten Wanderwege Kataloniens.

ULLDETER, WWW.ULLDETER.NET, T 972 192004, GEÖFFNET: JUNI-SEPT., PREIS: 40 €

PORT NOU, CAMPRODON

TRAVESSA DE LOS TRES REFUGIOS ist eine Wanderroute in den östlichen Pyrenäen. Geübte brauchen fünf bis sechs Tage für diese Tour, bei der 3000 Höhenmeter überwunden werden und in drei *refugis* übernachtet wird. Die Unterkünfte Ulldeter, Coma de Vaca und Ras de Carançà liegen so verteilt, dass man nach einer Rundtour wieder am Ausgangspunkt landet. Am besten beginnt man die Tour in Ulldeter oder Coma de Vaca, Ras de Carançà liegt schon auf französischer Seite. Die Inhaber der *refugis* sind bei den Vorbereitungen gern behilflich.

COMA DE VACA, WWW.COMADEVACA.COM, T 649 229012, PREIS: 15 €

BEGET

Zwischen den Gipfeln der Pyrenäen versteckt sich das mittelalterliche Beget, ein Juwel unter den katalanischen Bergdörfern. Erst ab Mitte der 1960er-Jahre konnte man den Ort mit motorisierten Fahrzeugen erreichen, das Dorf selbst blieb aber weiterhin autofrei. Viele der Steinhäuser mit den Holzbalkonen werden an Touristen vermietet.

ESGLÉSIA DE SANT CRISTÒFOL ist die romanische Kirche von Beget, in der eine große, hölzerne Christus-Statue steht. Sollte die Kirchentür abgeschlossen sein, können Sie den Schlüssel im Nachbarhaus abholen.

Früher stand die Christus-Statue in einem Nachbardorf. Bis zu dem Tag, an dem die Kirchgänger ihr kein Brot mehr mitbrachten. Die Statue blickte daraufhin enttäuscht in Richtung Beget, und die Einwohner brachten sie dorthin – so besagt es die Legende.

CAN JERONI ist ein traditionelles Lokal mit fünf verschiedenen Speisesälen, einer Terrasse und einem romantischen Kaminzimmer. Die modern eingerichtete *antigua bodega* (alte Bodega) wurde mit einem regionalen Architekturpreis ausgezeichnet.
CARRER BELLAIRE 17, WWW.CANJERONI.NET, T 972 741239, GEÖFFNET: MAI-OKT. TÄGLICH 9.00-22.30, NOV.-APR. SA-SO & FEIERTAGE 13.00-16.00 & 20.00-22.30, PREIS: 24 €

RIPOLL

Im Vergleich zu den Dörfern ringsum ist Ripoll ziemlich modern. Das Kloster ist der größte Touristenmagnet.

MONESTIR DE SANTA MARÍA DE RIPOLL Das im 9. Jahrhundert im Auftrag von Wilfried I., dem Grafen von Barcelona, erbaute Benediktinerkloster entwickelte sich zu einem bedeutenden Zentrum für religiöse Schriften. Im 13. Jahrhundert entstanden hier die *Gesta Comitum Barcinonensium*: eines der ersten Geschichtswerke Kataloniens.
PLAÇA DE L'ABAT OLIBA S/N, WWW.MONESTIRS.CAT, T 972 702351, GEÖFFNET: TÄGLICH APR.-OKT. 10.00-13.00 & 15.00-19.00, NOV.-MÄRZ 10.00-13.00 & 15.00-18.00, PREIS: 3 €

RUTA DEL FERRO I DEL CARBÓ Zwischen dem 16. und 18. Jahrhundert erlebte die Metallbearbeitung in Ripoll eine erste Blütezeit. Und als hier später außerdem Steinkohle entdeckt wurde, begann man um 1880 mit dem Bau einer Bahnlinie. Nach der Stilllegung der Bergwerke in den 1960er-Jahren war auch die Bahnstrecke überflüssig geworden. Heute sind die alten Bahntrassen zwischen Ripoll und Sant Joan de les Abadesses Wanderern und Radfahrern vorbehalten. Fahrräder können Sie in Ripoll bei Bicicletes Pirineu mieten, dort bekommen Sie auch eine Broschüre mit der Route.
CARRETERA DE RIBES 11B, T 972 703630, PREIS: 10 €

RIBES DE FRESER

Das Bergdorf Ribes de Freser liegt inmitten des Naturparks Reserva Natural de Freser i Setcases. Die Skistation Vall de Núria ist ganz in der Nähe.

TOP 10

CREMALLERA DE VALL DE NÚRIA Früher gab es in diesem Tal nur einen Pilgerpfad zum Wallfahrtsort Santuari de Núria. Bis 1931 die Bahnverbindung angelegt wurde, die von Ribes de Freser ins 1000 Meter höher gelegene Tal von Núria führt. Die Fahrt geht über Schluchten und durch Tunnel und bietet eine wunderschöne Aussicht. Der alte Zug ist noch auf dem Bahnhof von Ribes zu bewundern, gefahren wird heute jedoch mit einem modernen Exemplar. Man kann natürlich auch den *Camí Vell* (alter Weg) nehmen. Der Aufstieg dauert vier Stunden.

RIBES DE FRESER ESTACIÓ, WWW.VALLDENURIA.COM, T 972 732020, PREIS: 18,25 €, KINDER 11,40 €

CAN CODERCH Einige Kilometer von Ribes de Freser entfernt, vermietet die *masía* Can Coderch Appartements für vier bis acht Personen, die gemütlich mit klassischen Möbeln eingerichtet sind und über moderne Badezimmer verfügen. Das Gebäude stammt aus dem 19. Jahrhundert und steht am Fuße eines Berges. Vor dem Haus befindet sich eine Rasenfläche, auf der Kinder unbeschwert spielen dürfen.

RIBES ALTES S/N, WWW.ELREDALL.COM, T 972 727374, PREIS: 200 €/WOCHENENDE

RESGUARD DEL VENTS Wer luxuriös übernachten will, der sollte sich im Resguard del Vents einmieten. Dieses elegante Hotel in einem modernen Landhaus bietet eine herrliche Aussicht auf das Tal von Ribes, verfügt über ein Schwimmbad und ein gutes Restaurant.

CAMÍ DE VENTAIOLA S/N, WWW.HOTELRESGUARD.COM, T 972 728866, PREIS: 120 €

VALL DE NÚRIA

Ein paar Hotels, Restaurants und ein Heiligtum bilden zusammen das Bergdorf Núria. Im Winter kann man dort Ski fahren, im Sommer wandern oder ausreiten.

SANTUARI DE NÚRIA Die Kirche Santuari de Núria wurde Anfang des letzten Jahrhunderts geweiht. Für die Hirten ist die Jungfrau von Núria die Heilige der Fruchtbarkeit. Frauen mit Kinderwunsch stecken einer alten Tradition nach ihren Kopf in den geweihten Kessel auf der Chorgalerie. Wenn zur gleichen Zeit die Kirchenglocke läutet, muss man sich um die Fruchtbarkeit keine Sorgen mehr machen.

VALL DE NÚRIA, WWW.VALLDENURIA.COM, T 972 732020

Der Legende nach versteckte der griechische Heilige Ägidius um das Jahr 700 auf der Flucht vor den Mauren an diesem Ort eine Statue der heiligen Jungfrau Maria. Über drei Jahrhunderte später kam ein kroatischer Pilger, fand die Statue und baute die erste Kapelle.

RESGUARD DEL VENTS

SKI FAHREN Mit noch nicht einmal acht Kilometern Piste ist Vall de Núria kein großes Skiparadies. Weil es von Barcelona aus das nächstgelegene Skigebiet ist, ist es dennoch sehr beliebt. Die meisten Besucher finden allein schon die Fahrt mit der *cremallera* (Zahnradbahn) nach oben mehr als lohnenswert.

VALL DE NÚRIA, WWW.VALLDENURIA.COM, T 972 732020, GEÖFFNET: OKT.-APR., PREIS: 21,25 € (INKL. CREMALLERA)

AKTIVITÄTEN Reiten, Minigolf, Bogenschießen, Kanufahren, Wandern, Iglubauen: Vall de Núria ist mehr als nur eine winterliche Skistation. Für Kinder gibt es einen Themenpark, und es lässt sich hier auch herrlich picknicken.

VALL DE NÚRIA, WWW.VALLDENURIA.COM, T 972 732020

CASTELLAR DE N'HUG

Castellar de n'Hug ist das höchstgelegene Bergdorf Kataloniens. Die imposanten Felsen der unmittelbaren Umgebung heißen Els Balcons. Aus den Quellen, die hier entspringen, bildet sich der Fluss Llobregat.

PARC NATURAL DEL CADÍ-MOIXERÓ Castellar de n'Hug liegt im Naturpark Cadí-Moixeró. Hier befindet sich der nach dem Montserrat zweithöchste Berg Kataloniens: der Pedraforca. Der Maler Pablo Picasso ließ sich 1906 einige Monate im Dorf Gosól, am Fuße des Pedraforca, von der Umgebung inspirieren. Der Naturpark eignet sich ausgezeichnet für abenteuerliche Sportaktivitäten. Bei Cingles in Castellar de n'Hug hat man die Wahl zwischen Höhlentouren und Schneewanderungen. Auch toll: den Routen der Schmuggler und Hirten folgen.

CAL CRIDA S/N, WWW.CINGLES.ORG, T 938 257016, PREIS: AB 30 €

Der Pedraforca ist als "Hexenberg" bekannt. Wer seinen Kopf schief hält, kann in den zwei Bergspitzen das Gesicht einer Hexe erkennen. Laut einer Legende versammeln sich die Hexen aus der Umgebung am 31. Dezember auf dem Berggipfel, um zwischen den zwei Spitzen herumzutanzen.

BERGA

Der Stolz des Dorfes Berga ist das Fest La Patum, das hier seit dem 14. Jahrhundert jedes Jahr groß gefeiert wird.

CASA DE LA PATUM In diesem Museum erfärt man einiges über La Patum, ein Heiligendrama, das unter freiem Himmel aufgeführt wird und als Vorläufer des Volkstheaters gilt. Dabei kämpft zum Beispiel Erzengel Michael gegen Riesen, Teufel und bizarr aussehende Monster. Es werden auch feierliche Tänze zum Rhythmus der Trommeln aufgeführt, und es kommen Feuer und Pyrotechnik zum Einsatz.

PLAÇA DEL DOCTOR SALÓ S/N, WWW.LAPATUM.CAT, T 938 211384, GEÖFFNET: SA-SO 11.00-14.00 & 18.00-20.30

CASTELL DE CARDONA Im Jahr 886 wurde mit dem Bau der Burg von Cardona begonnen. Die Festung besteht aus einer mittelalterlichen Burg, einer romanischen Kirche sowie einem gotischen Kloster. Seit 1976 kann man dort inmitten antiker Wandteppiche und kostbarer Malereien übernachten. Der Preis dafür steht leider in keinem Verhältnis zur Leistung.

CASTELL DE CARDONA S/N IN CARDONA, WWW.PARADOR.ES/ES/PARADOR-DE-CARDONA, T 938 684169, GEÖFFNET: DI-SO 10.00-13.00 & 15.00-17.00, EINTRITT: 3 €, PREIS: ÜBERNACHTUNG 210 €

Der Graf und die Gräfin von Cardona zählten im 15. Jahrhundert zu den wichtigsten Persönlichkeiten im aragonischen Reich. Nur der König war noch einflussreicher. Sie besaßen nicht nur Land in Katalonien, sondern auch in Aragón, Valencia, Portugal und dem heutigen Italien. Darum wurden sie das "Königspaar ohne Krone" genannt.

PUIGCERDÀ

Puigcerdà liegt an der Grenze zwischen den spanischen und den französischen Pyrenäen. Die meisten Touristen kommen zwar wegen der nahe gelegenen Skigebiete hierher, ein Besuch des Bergdorfes lohnt jedoch unbedingt.

CENTRAL Dieses Café steht auf dem Platz mit dem Glockenturm Santa María, dem Wahrzeichen des Dorfes und dem einzigen Überrest der gotischen Kirche, die 1936 zerstört wurde. Nehmen Sie auf einem ausrangierten Friseurstuhl am Fenster Platz und genießen Sie Tapas oder ein leckeres Brötchen.

PLAÇA SANTA MARIA 7, T 972 882553, GEÖFFNET: TÄGLICH 9.00-2.00, PREIS: 10 €

RUTA ZAFÓN Mit dem Roman *Das Spiel des Engels* machte Bestsellerautor Carlos Ruiz Zafón das Dorf Puigcerdà international bekannt. Ein Teil der Geschichte spielt hier, und man kann während eines Rundgangs die im Roman beschriebenen Plätze besuchen. Die wichtigsten Orte sind die Bahnhofshalle, der See von Puigcerdà sowie die Villa San Antonio. Beim Fremdenverkehrsamt gibt es weitere Informationen.

CARRER QUEROL 1, T 972 880542, GEÖFFNET: MO-SA 10.00-13.00 & 16.00-19.00, SO 10.00-13.00

HOTEL DEL LAGO ist ein luxuriöses Hotel am See von Puigcerdà. Die Hauptperson aus *Das Spiel des Engels* übernachtete hier bei einem Besuch des Bergdorfes. Zum Hotel gehören ein Schwimmbad, eine Sauna und ein romantischer Garten.

AVINGUDA DOCTOR PIGUILLEM 7, WWW.HOTELLAGO.COM, T 972 881000, PREIS: 80 €

LLÍVIA

Wer von Puigcerdà die Grenze nach Frankreich überquert, befindet sich nach ein paar Kilometern wieder auf spanischem Boden. Llívia ist nämlich eine spanische Enklave, die dank einer ungenauen Formulierung im Pyrenäenfrieden 1659 der französischen Herrschaft entkam. Das historische Zentrum ist klein, aber fein und sehr sehenswert. Natursteinmauern und farbenfrohe Fassaden wechseln sich auf dem alten Dorfplatz ab.

REPÚBLICA DE LLÍVIA ist ein neues Restaurant in der Nähe von Europas ältester Apotheke Farmàcia Esteva. Das Lokal mit eigenem Wappen und Vintage-Einrichtung serviert kreative Varianten traditioneller Bergspeisen wie der Eintopfgerichte *trinxat* und *escudella de pàges*.

CARRER RAVAL 27, WWW.REPUBLICADELLIVIA.COM, T 972 146132, GEÖFFNET: TÄGLICH 13.00-16.30 & 20.30-23.30, PREIS: 25 €

VIC STADT

MARKT, WURSTWAREN UND LANDSCHAFT

Vic ist das Herz oder auch der Nabel Kataloniens. Im Zentrum stößt man auf Relikte aus römischer Zeit sowie aus dem Mittelalter, aber auch auf barocke und modernistische Fassaden. Wer die Stadt an einem Dienstag oder Samstag besucht, kann einige Zeit auf dem lebhaften Markt verbringen. Probieren Sie unbedingt Vics Spezialität: die Wurstwaren. Die *embotits* sind in ganz Katalonien bekannt. Doch nicht nur die Stadt ist reizvoll – die Umgebung von Vic ist zwar größtenteils noch unentdeckt, ein Besuch lohnt sich jedoch.

Um sich zu erholen, verbrachte der Architekt Antoni Gaudí 1910 in Begleitung eines Priesters ein paar Wochen in Vic. Absolut zur Ruhe kommen konnte er wohl nicht, und so entwarf er zwei Straßenlaternen zu Ehren des katalanischen Philosophen Jaume Balmes, die der Gemeinderat allerdings 1924 abreißen ließ.

SEHENSWÜRDIGKEITEN

Die meisten Sehenswürdigkeiten befinden sich im übersichtlichen Zentrum der Stadt. Man kann der vorgegebenen touristischen Route folgen oder bei der Touristeninformation einen Stadtplan kaufen und seine eigenen Wege gehen.

PLAÇA MAJOR/EL MERCADAL Der Rathausplatz, dessen Boden in der Mitte aus Sand besteht, ist der Stolz von Vic. Das ganze Jahr über sitzen die Leute hier draußen vor den Cafés. Die Einwohner nennen den Platz auch El Mercadal, der Ort, an dem – dienstags und samstags – der *mercat* (Markt) abgehalten wird.

CATEDRAL DE SANT PERE APÒSTOL Der Bau der romanischen Kathedrale von Vic begann im 11. Jahrhundert. Im Laufe der Zeit veränderte sich das Äußere der Kirche stark, gotische und barocke Elemente kamen hinzu. Erst im späten 18. Jahrhundert erhielt die Kirche ihr heutiges neoklassizistisches Aussehen.
PLAÇA DE LA CATEDRAL, T 938 864449, MO-FR 10.00-13.00 & 16.00-19.00, EINTRITT: 2 €

MONESTIR DE SANT PERE DE CASSERES ist ein romanisches Benediktinerkloster aus dem 6. Jahrhundert. Es liegt auf einer Landzunge zwischen dem Fluss Ter und dem Stausee von Santa Pau in der Nähe von Vic und ist nicht mit dem Auto erreichbar. Auf halbem Weg Richtung Kloster muss man das Auto stehen lassen und den Rest der schönen Route bergaufwärts zu Fuß zurücklegen. Kurz vor Sant Pere de Casseres kann man sich in einem Selbstbedienungsrestaurant mit großem Garten stärken.
LES MASIES DE RODA S/N, WWW.SANTPEREDECASSERRES.CAT, T 937 447118, GEÖFFNET: TÄGLICH JAN.-FEBR. & SEPT.-OKT. 11.00-17.30, MÄRZ-JUNI 10.00-17.30, JULI-AUG. 10.00-19.00, EINTRITT: 3 €

VIC STADT

SEHENSWÜRDIGKEITEN
> S. 199

1. CATEDRAL DE SANT PERE APÒSTOL
2. EL MERCADAL
3. MONESTIR DE SANT PERE DE CASSERES

ESSEN & TRINKEN
> S. 201

4. ÀGAPE
5. CASINO DE VIC
6. D.O. VIC

SHOPPEN > S. 201

7. CASA RIERA ORDEIX
8. LIMOBEBE

100% THERE > S. 202

9. EMBASSAMENT DE SAU
10. BALLONFAHRT

ÜBERNACHTEN
> S. 202

11. HOTEL TORRE MARTÍ
12. MAS ALBEREDA HOTEL
13. PARADOR DE VIC-SAU

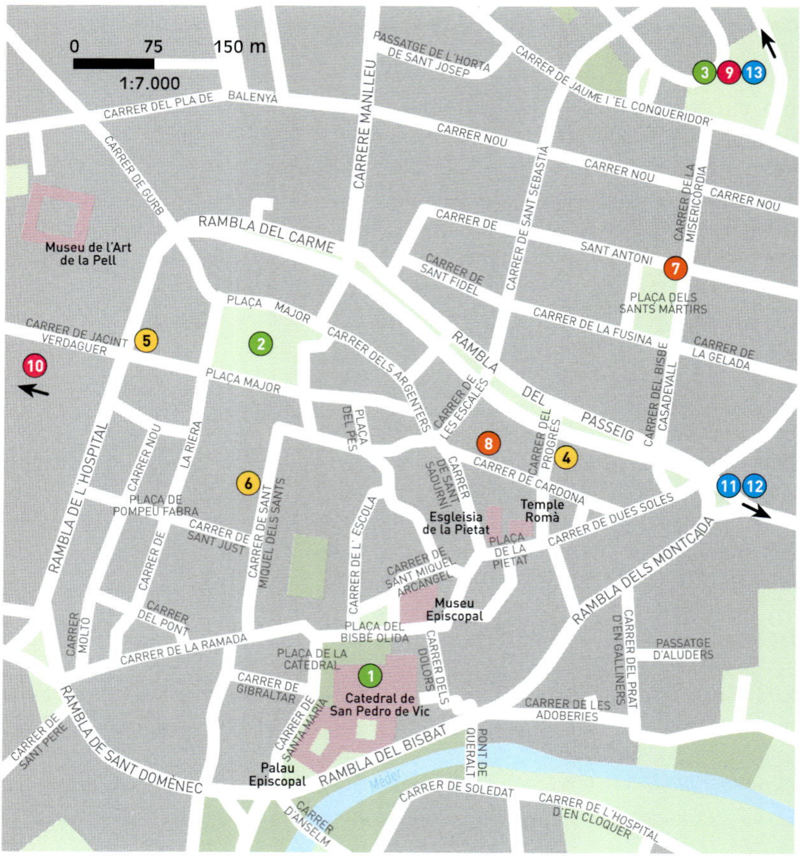

ESSEN & TRINKEN

Ein gutes Lokal ist in Vic schnell gefunden. Die meisten servieren traditionelle Gerichte zu passablen Preisen.

ÀGAPE ist ein kleines vegetarisches Restaurant im Zentrum der Stadt. Im Keller kann man dem Koch beim Zubereiten der Mahlzeiten zusehen. Vom Speisesaal im ersten Stock blickt man hinunter auf den Laden. Auf der Speisekarte stehen Pasta, Currygerichte, Quiches und Gemüsekroketten. Es gibt auch ein Tagesmenü.

CARRER DEL PROGRÉS 2, T 938 892646, GEÖFFNET: MO-SA 13.00-16.00, PREIS: MENÜ 12 €

CASINO DE VIC Casa Comella ist das ehemalige Kasino von Vic. Das modernistische Gebäude stammt aus dem Jahr 1896. Im alten Spielsaal kann man heute ausgedehnt tafeln, an der Bar gibt es belegte Brötchen und Kaffee.

CARRER DE JACINT VERDAGUER 5, WWW.CASINODEVIC.CAT, T 938 852462, GEÖFFNET: MO-SA 13.00-16.00, FR-SA 21.00-23.30, PREIS: 30 €

D.O. VIC ist ein Begriff in der Stadt. Der Name des Restaurants spielt auf die spanische Güteklasse Denominación de Origen an. Toni Cruells war, bevor er in Vic sein eigenes Restaurant eröffnete, Chefkoch in Tokio, Paris und Barcelona. Er versieht traditionelle katalanische Gerichte mit einem modernen Touch. Auch Weinliebhaber sind hier richtig: Auf der Karte stehen Hunderte verschiedene Weine.

CARRER DE SANT MIQUEL 16, WWW.RESTAURANTE-DO-VIC.COM, T 938 832396, GEÖFFNET: MO-SA 13.00-15.30, MI-SA 20.30-23.00, PREIS: 28 €

SHOPPEN

In den alten Straßen um die Plaça Major kann man wunderbar einkaufen. Wer Deftiges liebt, sollte sich die Wurstwaren aus Vic nicht entgehen lassen.

CASA RIERA ORDEIX produziert bereits seit 1852 Wurstwaren. Das Familienunternehmen hat sich auf sogenannte *llonganissa* spezialisiert, lange Würste aus gewürztem Schweinefleisch. Wie die kleinere Variante *fuet* erinnern *llonganissa* in etwa an Salami. Die Wurst kann man hier direkt in der Fabrik kaufen. TOP 10

PLAÇA DELS MÀRTIRS 14, WWW.CASARIERAORDEIX.COM, T 938 893034, GEÖFFNET: MO-FR 8.00-13.00 & 15.00-19.00

LIMOBEBE ist ein modernes Kindergeschäft mit einem großen Sortiment, in dem es auch alles Nötige für Neugeborene gibt. Verkauft werden Artikel des eigenen Labels Limobasics, aber auch anderer Modemarken.

CARRER DE CARDONA 5, WWW.LIMOBEBE.COM, T 938 861615, GEÖFFNET: MO-SA 10.00-20.00

100% THERE

Die Sehenswürdigkeiten im Zentrum von Vic hat man relativ schnell besichtigt, daher kann man den Besuch des Ortes auch wunderbar mit einer Aktivität in der Umgebung verbinden. Möglichkeiten gibt es hier viele.

BALLONFAHRT Das ganze Jahr über kann man bei Aircat eine Fahrt im Heißluftballon buchen. In über 1000 Metern Höhe kann man die Aussicht bei einem Glas Cava genießen. Es gibt wohl keine bessere Art, die katalanische Landschaft zu betrachten.
CARRER DE JACINT VERDAGUER 31, WWW.AIRCAT.CAT, T 938 893336, PREIS: 160 €

TOP 10 **EMBASSAMENT DE SAU** In der Nähe von Vic liegt der Stausee Embassament de Sau, auch Pantà de Sau genannt. Die Umgebung bietet sich für Wander- und Reitausflüge an. Beim Aquaterraclub im Dorf Vilanova de Sau kann man nicht nur ein Kajak oder einen Stehroller mieten, sondern auch klettern und Bogenschießen.
CARRER SANTA MARIA 5, WWW.AQUATERRACLUB.COM, T 938 847104, PREIS: AB 18 €

ÜBERNACHTEN

Dass Vic kein Touristenmagnet ist, erkennt man am Hotelangebot. Es gibt hier wenig Außergewöhnliches. Außerhalb der Stadt findet man bessere Übernachtungsmöglichkeiten. Die folgenden Hotels haben alle ein Restaurant.

MAS ALBEREDA HOTEL ist in einem alten Landhaus untergebracht, das modern eingerichtet wurde. Die Natursteinmauern und Holzdecken erzeugen eine rustikale Atmosphäre. Es gibt ein Schwimmbad und einen schönen Garten.
AVINGUDA SANT LLORENÇ 68, SANT JULIA DE VILATORTA, WWW.MASALBEREDA.COM, T 938 122852, PREIS: 150 €

HOTEL TORRE MARTÍ liegt im selben Dorf wie das Mas Albereda in einer vornehmen Villa aus dem Jahr 1945. Für den Entwurf ließ sich der Architekt von den Luxusvillen an der französischen Riviera inspirieren. Die Zimmer sind alle unterschiedlich eingerichtet – von romantisch-verspielt bis zu ländlich-schlicht. Das Hotel hat einen modernistischen Speisesaal.
CARRER RAMON LLULL 11, SANT JULIA DE VILATORTA, WWW.HOTELTORREMARTI.COM, T 938 888372, PREIS: 160 €

PARADOR DE VIC-SAU ist ein imposantes Herrenhaus außerhalb der Stadt. Von den geräumigen Hotelzimmern auf der Vorderseite aus hat man einen Blick auf den See von Sau. Die grünen Hügel im Hintergrund runden das herrliche Bild ab. Es gibt ein Schwimmbad und einen Tennisplatz.
PARAJE EL BAC DE SAU, WWW.PARADOR.ES/DE//PARADOR-DE-VIC-SAU, T 938 122323, PREIS: 90 €

MAS ALBEREDA HOTEL

RUND UM VIC

Die Gegend rund um Vic wird von ausländischen Touristen kaum besucht, die Landschaft ist jedoch äußerst spektakulär.

RUPIT

Rupit liegt versteckt auf dem Weg von Vic nach Olot. Der Name ist vom lateinischen Wort *rupes* für "Felsen" abgeleitet. Eine passende Bezeichnung, denn das ganze Dorf, sowohl die Straßen als auch die Häuser, bestehen aus groben Steinen. Am Rand von Rupit stößt man auf die Ruinen einer Burg aus dem 10. Jahrhundert.

Dass Rupit einen gewissen Bekanntheitsgrad erreicht hat, verdankt es auch dem Freilichtmuseum Poble Espanyol in Barcelona. Hier befinden sich Nachbauten der für diese Gegend typischen Steinhäuser aus dem 16. und 17. Jahrhundert, die mit den Felsen, auf denen sie stehen, zu verschmelzen scheinen.

CARRER DEL FOSSAR ist die meistfotografierte Straße in Rupit. Sie führt zum Friedhof und hat daher auch ihren Namen erhalten, denn *fossar* bedeutet "Friedhof". Am Beginn der Straße steht ein Steinkreuz aus dem 17. Jahrhundert. An vielen Häusern kann man das Jahr ablesen, in dem sie erbaut wurden.

WANDERN Rund um Rupit gibt es Schluchten, Felsen und Wasserfälle. Eine Karte mit sechs Touren und dazugehörigen Erklärungen ist bei der Touristeninformation in Rupit erhältlich. Die beliebteste Wanderung führt zum Aussichtspunkt Salt de Sallent.
TOURISTENINFORMATION PLAÇA DE L'ERA NOVA, T 938 522083, GEÖFFNET: SA-SO 9.00-14.00

CAMPINGPLATZ RUPIT liegt mitten im Wald auf dem Weg von Rupit nach Olot – ein guter Ausgangspunkt für sportliche Aktivitäten. Der Platz ist schattig, und es gibt ein Schwimmbad.
CARRETERA VIC-OLOT KM 31,5, WWW.RUPIT.COM, T 938 522153, GEÖFFNET: MÄRZ-DEZ., PREIS: ZELTPLATZ 6,50 €, PRO PERSON 6,50 €

TAVERTET

In den Bergen nahe Vic liegt die kleine Ortschaft Tavertet. Sie besteht nur aus 48 Häusern, die im 17. und 18. Jahrhundert gebaut wurden. Die Aussicht von dort oben ist spektakulär.

PARC NATURAL DEL MONTSENY

MIRADOR DE TAVERTET Von dem Bergort Tavertet aus hat man einen herrlichen Blick auf die Felslandschaft der Umgebung. Bei schönem Wetter kann man sogar den tiefer gelegenen Stausee von Sau gut erkennen.

MIRADOR DE TAVERTET

PARC NATURAL DEL MONTSENY

Wälder, Wild, Schluchten, Flüsse und Felsformationen: Der Parc Natural del Montseny ist beliebt bei Naturliebhabern aus Barcelona und Umgebung. Die UNESCO erklärte das Gebiet 1978 zum geschützten Biosphärenreservat. Es ist über 30.000 Hektar groß und lässt sich in drei Zonen unterteilen. Jede von ihnen hat, abhängig von der Luftfeuchtigkeit und der Temperatur, eine andere Vegetation. Tannen, Eichen und Buchen findet man in der nördlichen Zone, in der mittleren wachsen Kastanien, Steineichen und Kiefern und in der südlichen Korkeichen, Akazien und Eschen. In dem Gebiet leben unter anderem Wildschweine, Rebhühner, Salamander, Flusskrebse und Wildkatzen.

AKTIVITÄTEN Das Dorf Montseny liegt mitten in dem Park, der ihm seinen Namen gab. Von hier aus – und auch von den anderen Ortschaften im Park – lässt sich die Gegend zu Fuß, zu Pferd oder mit dem Stehroller gut erkunden. Übernachten kann man auf Campingplätzen, in Bungalows, Berghütten und ländlichen Pensionen in den Dörfern. Dort gibt es auch Restaurants und Geschäfte.

INFORMATIONSZENTRUM, CARRETERA DEL MONTSENY S/N, SANT ESTEVE DE PALAUTORDERA, WWW.TURISME-MONTSENY.COM, T 938 482008

PARC LA SELVA DE L'AVENTURA ist ein Abenteuerpark, in dem Erwachsene und Kinder über 60 verschiedene Outdoor-Aktivitäten ausprobieren können, zum Beispiel Klettern und Abseilen. Man folgt einer festen Route – und fühlt sich wie Tarzan. TOP 10

COLL DE REVELL S/N, ARBÚCIES, WWW.SELVAAVENTURA.COM, T 626 799335, GEÖFFNET: JULI-AUG. TÄGLICH 10.00-20.00, SEPT.-JUNI, EINTRITT: AB 15 €

CAN NATURA ist eine Luxus-Unterkunft inmitten der Natur für Gruppen und größere Familien. Das alte Gehöft wurde vollständig restauriert und stilvoll eingerichtet. Den Gästen stehen ein Pool, Saunen, ein Aufenthaltsraum mit Kamin und eine schöne Terrasse zur Verfügung.

CAN PERE CROUS S/N, ARBÚCIES, WWW.CAN-NATURA.COM, T 696 902996, PREIS: FÜR 10-12 PERS. 900 €/WOCHENENDE

CABANES ALS ARBRES sind wirklich originelle Übernachtungsmöglichkeiten für schwindelfreie Naturliebhaber. Die luxuriösen Baumhäuser verfügen sogar über eine Terrasse, und das Frühstück wird geliefert und dann in einem Weidenkorb nach oben gezogen.

CARRETERA DE VALLCLARA S/N, SANT HILARI SACALM, WWW.CABANESALSARBRES.COM, T 625 411409, PREIS: 107 €

LLEIDA, VORPYRENÄEN, PYRENÄEN

NORDWEST-KATALONIEN

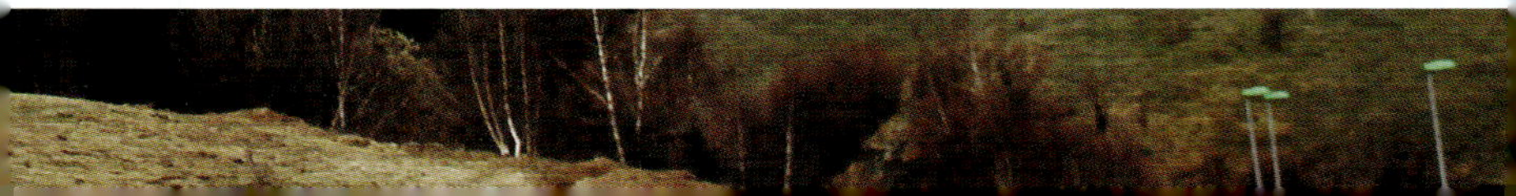

AUTOTOUR NORDWEST-KATALONIEN

So können Sie Nordwest-Katalonien in fünf Tagen erkunden. Die Route bringt Sie zu allen Orten, die Sie gesehen haben sollten, und birgt einige Überraschungen. Sie essen unter Einheimischen und wohnen ganz besonders.

TAG 1

LLEIDA > einen Stadtrundgang machen > in der Bar de la Sibil·La (S. 218) einen Kaffee trinken > die Seu Vella (S. 213) bewundern > bei Nou Casa José (S. 218) zu Mittag essen > im Centre d'Art la Panera (S. 217) moderne Kunst ansehen > das Museu de LLeida Diocesa i Comarcal (S. 215) besuchen > in der Carrer del Carme shoppen gehen > bei El Celler de la Rambla (S. 221) Wein kaufen > am Abend im Restaurant Genial (S. 218) speisen > im Cafè del Teatrè (S. 222) etwas trinken > im Hostal Mundial (S. 223) nächtigen >

TAG 2

LLEIDA UND BALAGUER > das Castell de Gardeny (S. 215) besichtigen > nach Balaguer fahren > bei Demon's etwas essen (S. 227) > das Gepäck in der Unterkunft, dem Kloster Bellmonte de les Avellanes (S. 227), abstellen > nach Àger fahren > im Parc Astronòmic Montsec (S. 228) Himmelskörper bewundern > nach Balaguer zurückkehren und bei Demon's Tapas genießen > bei den Mönchen die Nacht verbringen >

TAG 3

VIELHA > nach Vielha fahren > die Kirche von Sant Miquèu (S. 234) aufsuchen > einen Stadtrundgang machen > raften gehen (S. 239) oder eine Fahrt mit einem Hundeschlitten machen (Dez.-Apr., S. 237) > bei All i Oli etwas essen (S. 234) > bei Era Gripia Glühwein trinken (S. 237) > im Hotel Iori (S. 238) übernachten >

TAG 4

VALL DE BOÍ > nach Boí fahren > den Parc Nacional d'Aigüestortes i Estany de Sant Maurici (S. 242) besuchen > im Park picknicken > nach Taüll weiterfahren > die romanische Kirche Sant Climent de Taüll (S. 242) besichtigen > am Abend bei El Caliu (S. 242) speisen > sich bei El Xalet de Taüll (S. 242) einquartieren >

TAG 5

LES UND VIELHA > zum kleinen Dorf Les fahren > in den Termas de la Boronía (S. 241) eine wohltuende Kaviar-Massage genießen > bei Caviar Nacarii (S. 239) Kaviar kaufen > nach Salardú weiterfahren > bei Casa Irene zu Mittag essen (S. 241) > die Kirche Sant Andreu (S. 241) besuchen > nach Vielha fahren > bei De Vins (S. 234) Wein kosten > im Parador de Vielha (S. 238) übernachten und die tolle Aussicht bewundern >

Start
Ziel
1
2
3
4
5
0
10
20 km
1:700.000
FRANKREICH
ANDORRA
Andorra la Vella
Puigcerdà
BALAGUER
TÀRREGA
MANRESA
BERGA
Monzón
Vielha
Betren
Arties
Salardú
Vaquèira-Beret
Caldes de Boí
Boí
Taüll
Barruera
el Pont de Suert
Sarocca de Bellera
Senterada
la Pobla de Segur
Salàs de Pallars
Talarn
Tremp
Palau de Noguera
la Guardia de Tremp
Sant Estève de la Sarga
Àger
les Avellanes
Os de Balaguer
Parc Nacional d'Aigüestortes
Sort
La Seu d'Urgell

LLEIDA STADT

STADT DER SCHNECKEN UND BURGEN

Lleida ist die Hauptstadt der gleichnamigen Provinz. Die Stadt am Fluss Segre wird von Touristen oft übersehen. Zu Unrecht, denn es gibt genug zu erleben. Außerdem ist Lleida ein guter Ausgangspunkt, um den Rest Kataloniens zu besichtigen. Die Strände der Costa Daurada, das Wein- und Naturgebiet Priorat sowie die Skigebiete der Pyrenäen liegen nur eine Autostunde entfernt.

Die Burgen Seu Vella und Gardeny erfreuen sich wachsender Beliebtheit bei Historikern und Kulturliebhabern. Das jährliche Schneckenfestival Aplec del Caracol zieht viele Feinschmecker an die Ufer des Flusses.

Obwohl Lleida mit einer Einwohnerzahl von 138.000 eine größere Stadt ist, sind die Einwohner echte Naturmenschen. Sobald sich ihnen die Möglichkeit bietet, fahren sie aufs Land. Hier suchen sie Schnecken, grillen oder besuchen ein Familienmitglied auf dem Bauernhof. Sie werden auch "die Bauern Kataloniens" genannt. Ein Klischee, das sie selbst durch ihren ländlichen katalanischen Akzent, den *lleidatà*, fördern.

Einen Stadtspaziergang in Lleida finden Sie auf der herausnehmbaren Karte in der hinteren Buchklappe.

SEHENSWÜRDIGKEITEN

Bis auf die Burg von Gardeny befinden sich alle Sehenswürdigkeiten von Lleida im historischen Stadtzentrum. Wer will, kann sie an einem Tag besichtigen.

SEU VELLA liegt auf einem Hügel und ist Burg und Kathedrale in einem. Historikern zufolge waren die Hügel bereits in prähistorischer Zeit besiedelt, und später schlugen die Römer dort bei ihrer Ankunft ihr Zeltlager auf. Im 13. Jahrhundert wurde zu Ehren der Santa María l'Antiga die heutige Kathedrale im gotischen und romanischen Stil erbaut. Während der Kriege, in die Lleida verwickelt war, wurde die Domkirche sukzessive in eine mittelalterliche Festung verwandelt. Die Kathedrale wurde später mehrere Male bombardiert und danach als Militärlager genutzt. 1948 zogen die Soldaten ab und ließen sich in der nahe gelegenen Burg Gardeny nieder. Unter Franco wurde die Kathedrale wieder instand gesetzt. Die "Burg-Kathedrale" gilt als einzigartiges Bauwerk. Wer die 238 Treppenstufen zur Spitze des Glockenturms hochgeht, den erwartet eine (buchstäblich) atemberaubende Aussicht auf die Stadt. Links neben Seu Vella liegt La Suda, eine maurische Burg.

TURÓ DE LA SEU VELLA, CARRER SANT MARTÍ, WWW.TUROSEUVELLA.CAT, T 973 230653, GEÖFFNET: JUNI-SEPT. DI-SO 10.00-13.30 & 15.00-19.30, OKT.-MAI DI-SO 10.00-13.30 & 15.00-17.30, EINTRITT: 4 €

LLEIDA STADT

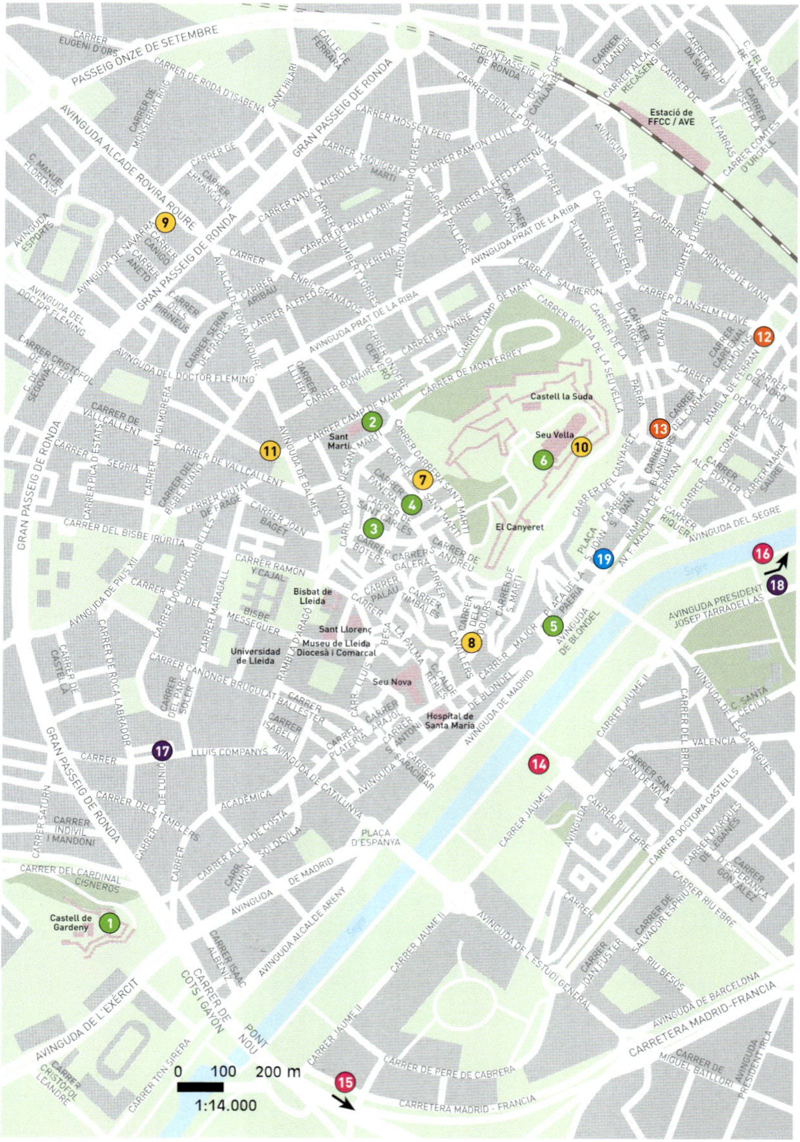

Um das Jahr 1130 liefen Hunderte Pilger, Arme, Waisen, Kranke und Studenten täglich den Hügel zur Seu Vella hinauf. Oben angekommen, erwartete sie eine einfache Mahlzeit aus Brot, Wein und Ziegenkäse, die ihnen von einer engagierten und großzügigen Gruppe Priester gereicht wurde.

CASTELL DE GARDENY gehörte wie die Burgen von Miravet (siehe Seite 300) dem katalanischen Templerorden, der das Kastell nach der Eroberung von Lleida einnahm. Schon bald entwickelte es sich zum wichtigsten Treffpunkt für Ritter aus Katalonien und der Nachbarregion Aragón. Heute befindet sich hier ein Museum, in dem anhand von Fundstücken erklärt wird, wie die Templer damals lebten.

CARRER CARDENAL CISNEROS, WWW.DOMUSTEMPLI.COM, T 902 250050, GEÖFFNET: MAI-SEPT. DI-SA 10.00-13.30 & 16.30-19.30, SO 10.00-14.00, OKT.-APR. DI-SA 10.00-13.30 & 15.30-18.00, SO 10.00-14.00, EINTRITT: 2,50 €

MUSEU DE LLEIDA DIOCESA I COMARCAL In diesem Museum wird die Geschichte Spaniens mittels historischer Karten und Gegenstände veranschaulicht. Die Zeitspanne reicht von den Neandertalern bis zum Spanien des 20. Jahrhunderts. Die römische Vorherrschaft wird ebenso behandelt wie das Zeitalter der Westgoten und der Mauren. Am Ende der Exkursion geht es um die Geschichte von Lleida. Im Museum dürfen keine Fotos gemacht werden, da ein paar wertvolle historische Gegenstände ausgestellt sind.

CARRER SANT CRIST 1, WWW.MUSEUDELLEIDA.CAT, T 973 273230, GEÖFFNET: JUNI-SEPT. DI-SA 10.00-14.00 & 16.00-20.00, SO 10.00-14.00, OKT.-MAI DI-SA 10.00-14.00 & 16.00-19.00, SO 10.00-14.00, EINTRITT: 4 €

DIPÒSIT DEL PLA DE L'AIGUA Unter dem Platz Plaça del Dipòsit kann man das ehemalige Wasserreservoir von Lleida besichtigen. Diese sogenannte Wasserkathedrale stammt aus dem Jahr 1784. Sie wurde wegen des Wassermangels in der Stadt

CENTRE D'ART LA PANERA

und der Zunahme an Epidemien infolge verschmutzter Straßen gebaut. Der beleuchtete Kellersaal steht jetzt leer, war früher jedoch mit neun Millionen Litern Wasser aus dem Fluss Segre gefüllt. In acht Metern Höhe kann man Löcher in der Mauer sehen. Dadurch strömte das Wasser zu fünf riesigen Springbrunnen, die in der Stadt stehen. Durch das Luftloch hinten im Dach scheint die Sonne herein, seine eigentliche Funktion war jedoch, Fäulnisprozessen vorzubeugen. Eine Besichtigung muss im Voraus vereinbart werden.

CARRER DE MÚRCIA 10 NAHE DER PLAÇA DEL DIPÒSIT, WWW.MUSEUDELAIGUADELLEIDA.CAT, T 973 211992, GEÖFFNET: SA & DO 11.00-14.00

Anders als in den meisten Städten kann man im historischen Stadtzentrum von Lleida – im Vergleich zu den Außenbezirken – am preisgünstigsten wohnen. In der Altstadt leben daher viele Immigranten, die auf den Obstplantagen außerhalb der Stadt arbeiten. Es gibt auch etliche Studenten, die hier Wohngemeinschaften bilden.

TOP 10

CENTRE D'ART LA PANERA In einem alten zu einer Ausstellungshalle umgebauten Getreidespeicher hängt, liegt und steht zeitgenössische Kunst von Künstlern aus ganz Spanien. Alle drei Monate gibt es eine neue Ausstellung. Die Besucher haben viel Platz, um die Werke und Installationen zu betrachten.

PLAÇA DE LA PANERA 2, WWW.LAPANERA.CAT, T 973 262185, GEÖFFNET: MO-FR 10.00-14.00 & 16.00-19.00, SA 11.00-14.00 & 17.00-20.00, EINTRITT: FREI

Als der Apostel Jaume (Jakob) in den Straßen von Lleida das Evangelium verkündigte, trat er in einen Dorn. Da es bereits dämmerte, war es zu dunkel, um den Dorn zu erkennen und herauszuziehen. Plötzlich erschien Jaume ein hell erleuchteter Engel und half ihm. An diesem Ort (heute Carrer Major) wurde später eine Wallfahrtskapelle errichtet: El Peu del Romeu (der Fuß des Wallfahrers). Die Kapelle ist der Ausgangspunkt des jährlichen Laternenumzuges für Kinder.

PALAU DE LA PAERIA ist ein bemerkenswerter Palast aus dem 13. Jahrhundert. Im Obergeschoss befindet sich das Rathaus. Im Keller kann man sich zwischen Überresten aus römischer Zeit ein ehemaliges Gefängnis ansehen. Hier wurden Männer und Frauen getrennt gefangen gehalten. Eines der Zimmer, La Morra, diente als letzter Aufenthaltsort für die zum Tode Verurteilten.

PLAÇA DE LA PAERIA 1, WWW.PAERIA.CAT, T 973 700300, GEÖFFNET: MO-SA 11.00-14.00 & 17.00-20.00, SO 10.00-14.00, EINTRITT: FREI

ESSEN & TRINKEN

Schnecken sind in Lleida eine Spezialität. Die *caracoles* werden auf dem Land gesammelt und dann zu Hause zubereitet oder an Händler und Restaurantinhaber verkauft. Die gängigste Zubereitungsweise ist *a la llauna*, also auf einem Holzkohlegrill gebraten, mit Olivenöl und Cognac beträufelt und gesalzen. Gegessen werden sie mit *allioli*. In vielen Restaurants stehen Schnecken auf der Speisekarte. Wer sich damit nicht anfreunden kann, der findet in einer der Straßen rund um die Plaça Ricard Vinyes ein breites Angebot an anderen Gerichten. Eine weitere regionale Spezialität ist eine warme Mahlzeit, in der Obst von den Feldern rund um Lleida verarbeitet ist.

TOP 10

CELLER DEL ROSER ist eines der vielen Schnecken-Restaurants, für manche sogar das beste der Stadt. Es gibt natürlich auch andere Gerichte wie Kabeljau und *cannelones* (mit Fleisch gefüllte Cannelloni mit Bechamelsoße). Ein paar Meter weiter kann man im Restaurant-Laden (Carrer Major 84) den Wein kaufen, den man soeben getrunken hat.
CARRER CAVALLERS 24, WWW.CELLERDELROSER.COM, T 973 239070, GEÖFFNET: MO-SA 13.00-16.00 & 20.30-23.00, SO 13.00-16.00, PREIS: 19 €

BAR BODEGA BLASI ist bei den Einheimischen sehr beliebt und eignet sich gut für eine Pause zwischendurch. Hier wird das traditionelle Wochenend-Getränk Wermut ausgeschenkt. Dazu gibt es Oliven, Herzmuscheln, Tintenfischstückchen oder Chips.
CARRER SANT MARTÍ 2, T 973 244083, GEÖFFNET: DI-FR 8.00-16.00, SA-SO 9.00-15.00, PREIS: WERMUT 1,10 €

NOU CASA JOSÉ ist die neue Filiale des Restaurants, das José Viladegut vor 50 Jahren eröffnet hat. Großvater José hatte bereits Erfolg, seine Enkel stehen ihm in nichts nach. Das *mariscada*-Menü ist der Renner. Es besteht aus einer großen Platte voller Gambas, verschiedener Muschelsorten und anderer Seefrüchte und Schalentiere. Am Wochenende muss man reservieren.
CARRER TORRES DE SANUI 34, T 973 237038, GEÖFFNET: DI-FR 13.00-16.00 & 21.00-23.00, SA SCHICHTEN 13.00, 16.00, 21.00 & 23.00, PREIS: 25 €

BAR DE LA SIBIL-LA ist eine stilvolle Bar auf einem Hügel vor den Mauern von Seu Vela, in der man mittags und abends essen kann. Die Terrasse bietet einen Rundumblick über die Stadt, nach Sonnenuntergang macht der Koch Platz für einen DJ.
TURÓ DE LA SEU VELLA S/N, T 973 229790, GEÖFFNET: MAI-OKT. TÄGLICH 10.00-3.00, NOV.-APR. DI-MI 10.00-18.00, DO-SA 10.00-0.00, SO 10.00-20.00, PREIS: GERICHT 15 €, MOJITO 8 €

GENIAL Ob Carpaccio von der Schweinshaxe mit Apfel oder Lachs mit Birne – der Koch von Genial kredenzt die ausgefallensten Rezepte mit Obst. Der Rest ist Fusionsküche und reicht von Schnecken, Risotto über Sushi bis Crêpes. Das Essen wird auf der Terrasse, im zeitgemäß eingerichteten Speisesaal oder im Weinkeller serviert.
AVINGUDA DE NAVARRA 1, WWW.GENIALRESTAURANT.COM, T 973 241471, GEÖFFNET: TÄGLICH 13.00-16.00 & 20.15-23.30, PREIS: 40 €

HOSTAL
MUNDIAL

PASTISSERIA MONRABÀ

SHOPPEN

Ein "Shopaholic" kommt in der 2,5 Kilometer langen Einkaufsstraße Carrer del Carme voll auf seine Kosten. Die Stadt zählt über 450 Geschäfte, von denen der größte Teil Bekleidungsgeschäfte sind, unter ihnen Filialen bekannter Ketten wie H&M, Mango oder Zara.

PASTISSERIA MONRABÀ ist ein Publikumsmagnet. Dieser Konditor zaubert nämlich solch kunstvolle Marzipanfiguren, dass sich die Kinder aus Lleida die Nase am Schaufenster platt drücken. Sie können dort auch eine Tasse frisch gemahlenen Kaffee mit etwas Süßem genießen.

CARRER DEL CARME 25, WWW.PASTISSERIAMONRABA.COM, T 973 236817, GEÖFFNET: DI-SA 8.30-14.00 & 17.00-20.30, SO 9.00-14.30

EL CELLER DE LA RAMBLA ist auf der einen Seite Geschäft, auf der anderen Bar. In der Bar, die sich bestens dazu eignet, einen Drink oder ein Gläschen Wein zu konsumieren, dienen Weinfässer als Tische. Auf der Geschäftsseite stehen Schränke voller Likör, Käse und Wurst, die in Lleida und Umgebung hergestellt werden.

RAMBLA DE FERRAN 53, T 973 220698, GEÖFFNET: MO-SA 10.00-14.00 & 17.00-21.00, SO 10.00-14.00, PREIS: GLAS WEIN 1,30 €

Marraco ist der Name des Drachens, der früher von den Einwohnern Lleidas als Gott der Freiheit verehrt wurde. Heute wird er bei religiösen Prozessionen feierlich durch die Straßen getragen, und man begegnet überall Abbildungen oder Figuren in Hotels, Geschäften und Souvenirläden.

100% THERE

Was sollte man unbedingt tun, wenn man in Lleida ist? Genau: Schnecken essen (wer mag) oder am Ufer des Segre und im Stadtpark spazieren gehen.

PICKNICK ODER SPAZIERGANG Das Ufer des Segre oder der Parc Municipal de la Mitjana bieten sich dafür an. Der Stadtpark umfasst 90 Hektar und wurde 1979 zum Naturschutzgebiet erklärt. Hier leben Reptilien, Frösche, Enten, Hühner und Möwen. Am Eingang des Parks steht ein Schild mit einer Wanderroute.

PARC MUNICIPAL DE LA MITJANA S/N

APLEC DE CARACOL ist das Schnecken-Festival, das jedes Jahr im Mai um die 200.000 Besucher anzieht. Entstanden ist dieses kulinarische Spektakel 1980, als eine Gruppe von Freunden, alle Liebhaber der *caracol*, am Ufer des Segre Schnecken kochte und aß. Das Fest hat sich inzwischen so ausgeweitet, dass jährlich mindestens 12.000 Kilogramm Schnecken in riesigen Töpfen zubereitet werden. Die Köche sind Mitglieder organisierter Schnecken-Clubs. Außer für das leibliche Wohl wird auch noch für das Vergnügen gesorgt: Es gibt Konzerte und Auftritte von den berühmten *castellers* (siehe Seite 21).

CAMPS ELISIS, WWW.APLEC.ORG, T 973 273977

OLIVENÖLMUSEUM BESUCHEN Der Parc Tematic de l'Oli ist ein Museum etwas außerhalb von Lleida, das sich in einem ehemaligen Templerhaus befindet. Man lernt hier viel über die Geschichte des Olivenöls, des "Goldes" der mediterranen Küche. Im Museumsgarten stehen einige sehr alte, hölzerne Ölpressen. Beeindruckend ist auch der 1000 Jahre alte Olivenbaum. Im Museum ist zudem die erste automatische Olivenölpresse ausgestellt, beim Ausgang gibt es eine Verkostung. Weil rund um das Dorf Les Borges Blanques viele Oliven- und Mandelbäume stehen, ist die Fahrt zum Museum an sich schon lohnenswert. Eine häufig vorkommende Olivensorte in Les Borges Blanques ist die Arbequina: eine kleine, braune Olive. Das hieraus gewonnene Olivenöl wird sehr geschätzt.

MASIA SALAT, CARRETERA N-240 KM 71, LES BORGES BLANQUES, WWW.GRUPSALAT.CAT, T 973 140018, GEÖFFNET: DI-SO 10.00-14.00 & 15.00-18.00, EINTRITT: 5 €

AUSGEHEN

Rund um die Plaça Ricard Vinyes gibt es einige schöne Cafés. In den Diskotheken Larida, River und Cotton Club kann man sich die Nacht um die Ohren schlagen.

CAFÈ DEL TEATRE ist ein ehemaliger Schlachthof. Inzwischen gehört das Café zum modernistischen Stadttheater Escorxador. Studenten, Intellektuelle und Künstler treffen sich hier, und des Öfteren finden Konzerte oder ein kultureller Abend statt. Ein Stückchen weiter, in einer schmalen Gasse im historischen Zentrum, liegt der Pub Antares (Carrer Balester 15), der für Live-Auftritte von Jazzmusikern bekannt ist.

CARRER ROCA LABRADOR 4 BIS, WWW.CAFEDELTEATRE.COM, T 973 279356, GEÖFFNET: SO-DO 19.15-2.00, FR-SA 19.15-3.00

TEATRE DE LA LLOTJA Dieses Natursteingebäude sieht aus, als wäre es der katalanischen Erde entwachsen. Der ungewöhnliche Theatersaal wirkt wie ein Garten mit Obstbäumen, denn die Wände bestehen aus dunklem Holz, in das helle Bäume hineingeschnitzt wurden. Tausende kleiner beleuchteter Blätter an der Decke erhellen den Saal, in dem Konzerte, Musicals und Theatervorstellungen gegeben werden.

AVINGUDA DE TORTOSA 6-8, WWW.TEATREDELALLOTJA.CAT, T 973 239698, KARTENVERKAUF MO-SA 17.00-21.00, EINTRITT: 25 €

BAR DE LA SIBIL-LA

ÜBERNACHTEN

Die meisten Hotels in Lleida gehören zu Hotelketten. Eine preisgünstigere Option ist es, in einem Hostel zu übernachten.

HOSTAL MUNDIAL Das Schild an der Fassade ist vielleicht nicht gerade einladend, wer das Hostal jedoch erst einmal betreten hat, wird nicht enttäuscht. Das Mundial, das einen kostenlosen Internetanschluss bietet, liegt sehr zentral, und das Preis-Leistungs-Verhältnis ist gut. Die meisten Zimmer verfügen über einen Balkon oder eine Glasveranda mit einer fantastischen Aussicht auf die Kathedrale Sant Joan und den gleichnamigen Rathausplatz sowie auf die Seu Vella und den Fluss Segre.
PLAÇA SANT JOAN 4, WWW.HOSTALRESIDENCIAMUNDIAL.COM, T 973 242700, PREIS: 32 €

VORPYRENÄEN REGION

UNBEKANNT UND UNBERÜHRT

In den Pyrenäen gibt es viele gekennzeichnete Wanderwege durch die Natur. In den Vorpyrenäen ist dies jedoch nicht der Fall, es gibt daher noch viele nahezu unberührte Flecken zu entdecken. Dass die Wanderwege zum Teil nicht ausgebaut sind, macht den Einwohnern zufolge gerade den Charme des Gebietes aus. Diese Region bietet nicht so viele kulturelle Sehenswürdigkeiten, dafür aber umso mehr Natur.

Das von Touristen noch kaum entdeckte Gebiet der Vorpyrenäen bietet Wanderfreunden Natur pur. Diese Region erstreckt sich nördlich von Lleida vom Dorf Balaguer über Àger und Tremp bis Pont de Suert. Die über 2000 Meter hohen Bergspitzen, die man von dort sieht, gehören zu den Pyrenäen von Lleida. Der Fluss Noguera Ribagorcana, der durch die Vorpyrenäen fließt, ist bei Wassersportlern beliebt. Paraglider treffen sich gern am Berg in Àger, dort ist die Thermik oft ideal und die Aussicht einzigartig. Der klare Sternenhimmel über dem kleinen Dorf Àger zieht Astrologen an. 2008 wurde dort ein astronomisches Zentrum eröffnet. Hier gibt es nur wenige Touristen, denn die fahren meist direkt über die Autobahn N230 ins nördliche Skigebiet in den Pyrenäen. Diese Autobahn führt über die Region Aragón direkt nach Pont de Suert. Über die C13, eine Autobahn, die durch die Vorpyrenäen führt, dauert die Fahrt etwas länger. Ein Umweg, der sich lohnt.

Ein Lesetipp für Besucher der Vorpyrenäen ist das Buch Wie ein Stein im Geröll *der katalanischen Schriftstellerin Maria Barbal (Diana Verlag). Barbal wurde in Tremp in den Vorpyrenäen geboren und kennt die Natur dort und das Leben auf dem Land genau. In diesem Buch erzählt sie die fesselnde Geschichte der Frauen auf dem Land, die das schwierige Leben während des Spanischen Bürgerkrieges bewältigten.*

BALAGUER

Balaguer liegt am Ufer des Segre und war im 12. Jahrhundert die Hauptstadt der Grafschaft Urgell. Einige Bauten aus dieser Zeit sind heute noch zu bewundern. Die hier genannten Adressen befinden sich außerhalb des Dorfes.

COVA DELS VILARS ist eine Höhle, die in prähistorischer Zeit bewohnt war. Dieser natürliche Unterschlupf wurde erst 1973 entdeckt und genießt nun den Schutz der UNESCO. An den Wänden befinden sich 28 alte Zeichnungen von Menschen und Tieren. Zu dieser Zeit gehörte die Darstellung von Tieren möglicherweise zu dem gängigen Jagdritual.

ABFAHRT BEIM KLOSTER MONASTERIO DE BELLMONTE DE LES AVELLANES, WWW.LLEIDATUR.COM, T 973 438232, FÜHRUNG AUF ANFRAGE, PREIS: 4,50 €

PYRENÄEN REGION

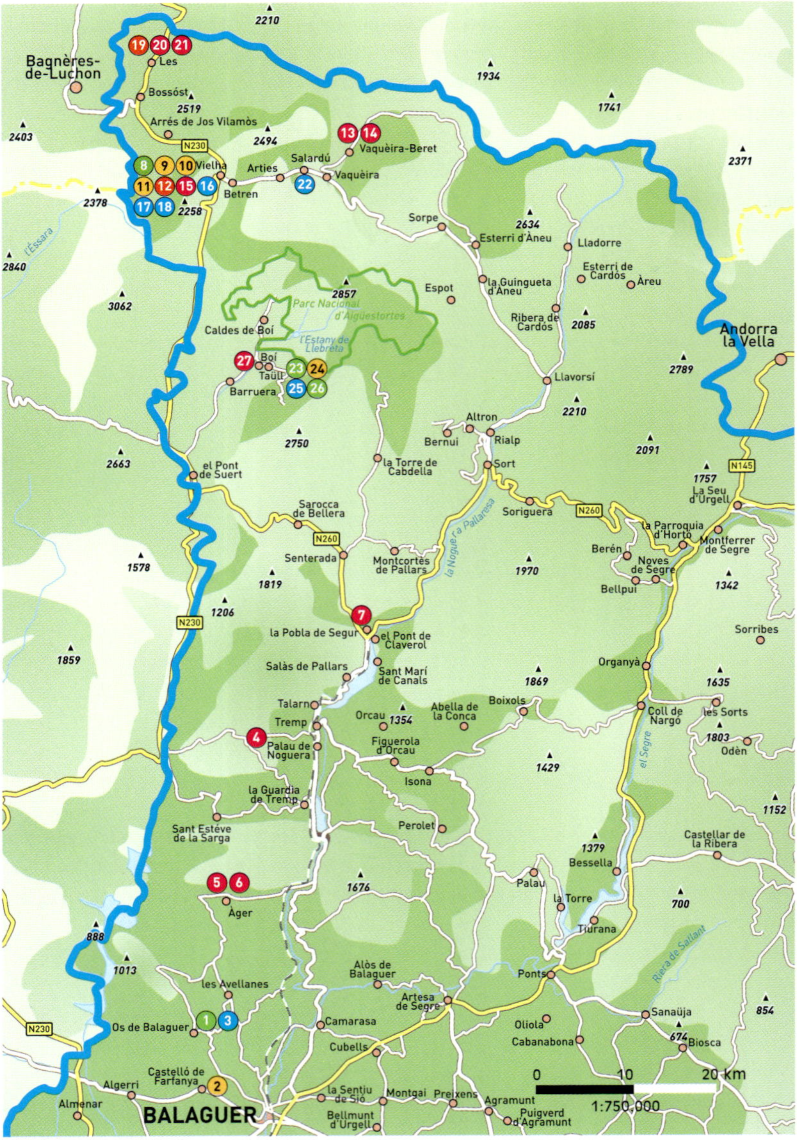

VORPYRENÄEN

BALAGUER > S. 225

1. COVA DELS VILARS
2. DEMON'S
3. MONESTIR DE LES AVELLANES

MONT-REBEI > S. 228

4. CONGOST DE MONT-REBEI

ÀGER > S. 228

5. PARAPENTING ALBATROS
6. PARC ASTRONÒMIC MONTSEC

BOUMORT > S. 231

7. RUTA DE BOUMORT

PYRENÄEN

VALL D'ARAN/VIELHA E MIJARAN > S. 233

SEHENSWÜRDIGKEITEN > S. 234

8. ESGLÉSIA PARROQUIAL DE SANT MIQUÈU

ESSEN & TRINKEN > S. 234–237

9. ALL I OLI
10. DE VINS
11. ERA GRIPIA

SHOPPEN > S. 238

12. ETH GALIN REIAU

100% THERE > S. 237

13. BAQUEIRA-BERET
14. FAHRT MIT EINEM HUNDESCHLITTEN
15. EISLAUFEN ODER SCHWIMMEN

ÜBERNACHTEN > S. 238

16. EL CIERVO
17. HOTEL IORI
18. PARADOR DE VIELHA

LES > S. 238–241

19. CAVIAR NACARII
20. RAFTEN
21. TERMAS DE LA BORONÍA

SALARDÚ > S. 241

22. CASA IRENE
23. ESGLÉSIA DE SANT ANDREU

VALL DE BOÍ/TAÜLL > S. 241–242

24. EL CALIU
25. EL XALET DE TAÜLL
26. SANT CLIMENT DE TAÜLL

BOÍ > S. 242–243

27. PARC NACICNAL D'AIGÜESTORTES I ESTANY DE SANT MAURICI

DEMON'S Inhaber Lluís wollte für etwas Abwechslung zu den meist rustikalen Restaurants in Lleida sorgen. Sein rot gestrichenes Restaurant ist modern und stilvoll eingerichtet und durchgehend geöffnet. Es gibt dort Tapas und Gerichte, die auf einem Holzkohlegrill zubereitet werden. Tipp für den Abend: auf den Loungesofas im Garten einen Cocktail trinken.

CARRER SANT LLUÍS 51, T 973 451591, GEÖFFNET: DI-SO 8.30-13.00 & 17.00-23.00, SO 8.30-13.00, PREIS: TAGESGERICHT 9,90 €

MONESTIR DE LES AVELLANES ist eine einzigartige Klosteranlage in einer herrlichen Umgebung etwas außerhalb von Balaguer. Katholische Maristenbrüder ließen sich 1195 an diesem von Olivenbäumen umgebenen Ort nieder. An der Abtei im Klosterkomplex wurde 700 Jahre lang gebaut. Pilger und Reisende konnten hier übernachten. Als die Zahl der Mönche immer weiter abnahm, beschlossen die Übriggebliebenen, einen Teil der Anlage in ein Hotel umzuwandeln. Die 20 Mönche, die heute noch im Kloster wohnen, arbeiten im Gemüsegarten, in den Weinbergen oder als Imker. Gäste können sie zu den Bienenstöcken begleiten oder bei der Traubenernte helfen. Honig und Wein werden dann in dem kleinen Laden beim Hotel verkauft. Die einfachen Zimmer tragen die Namen ehemaliger Klosterbewohner. In einem Buch an der Rezeption erfährt man mehr über das Leben der Mönche. Das Kloster ist ein wunderbarer Ort, um sich zurückzuziehen, Kraft zu tanken oder in der alten Bibliothek in lateinischen Büchern zu schmökern. Sportliche Besucher können an den Aktivitäten teilnehmen, die vom Kloster organisiert werden.

CARRETERA C-12 DE BALAGUER-ÀGER KM 181, WWW.MONESTIRDELESAVELLANES.COM, T 973 438006, PREIS: 90 €

MONT-REBEI

Das Gebiet um die Schlucht Mont-Rebei wurde 1999 von der Bank Caixa Catalunya mit dem Ziel gekauft, rund 600 Hektar Natur zu schützen. Seit 2005 steht der Bereich offiziell unter Naturschutz. Otter und Aasgeier haben dort ein sicheres Zuhause.

TOP 10

CONGOST DE MONT-REBEI ist ein Gebirgspass für Abenteurer. Man läuft in etwa 500 Metern Höhe durch die Schlucht, die der Fluss Noguera Ribagorça geschaffen hat. Lange Zeit wurde dieser Pfad auch genutzt, um Waren auf dem Rücken von Mauleseln zu transportieren. Wo der Weg sehr schmal wird, bietet ein Geländer Sicherheit. Die Tour dauert hin und zurück vier Stunden. Beginnen sollte man am Informationspunkt La Masieta bei der Kapelle Mare de Déu de la Pertusa, bei der es auch einen Parkplatz gibt. Vergessen Sie nicht, ausreichend Wasser mitzunehmen. Bei zu großer Hitze und für nicht Schwindelfreie ist die Wanderung nicht zu empfehlen. Achtung: Sie haben hier keinen Handy-Empfang.

MARE DE DÉU DE LA PERTUSA S/N, T 902 40073

In einem der Seen bei Mont-Rebei ist das Dorf Blancafort versunken. Es war früher Teil einer reichen Weingegend, in der selbst Franzosen Wein einkauften. Die Reblauskatastrophe von 1870 bereitete dem Erfolg jedoch ein jähes Ende. Ganze Großfamilien zogen daraufhin nach Argentinien, um sich ein neues Leben aufzubauen. So auch die Großeltern des argentinischen Fußballers Lionel Messi, des Stars des FC Barcelona.

ÀGER

Das Dorf Àger ist winzig – ein paar Häuser rund um eine kleine Kirche, und das war es auch schon. Die Umgebung jedoch lädt zu "großen" Aktivitäten ein.

TOP 10

PARC ASTRONÒMIC MONTSEC ist ein astronomisches Zentrum und ein Geheimtipp für alle, die mehr über das Weltall und die Himmelskörper erfahren möchten. In

DE VINS, VIELHA, PYRENÄEN

den zwei Kuppeln des Gebäudes können Besucher tagsüber die Sonne und abends den Mond, die Sterne und andere Himmelskörper betrachten. Das Planetarium, das auch "das Auge von Montsec" genannt wird, ist wirklich spektakulär. Zurückgelehnt in einem Sessel verfolgt man erst einen Dokumentarfilm über das Weltall und den Sternenhimmel über Àger, dann öffnet sich die Kuppel und man sieht den echten Sternenhimmel. Mit den Teleskopen lassen sich die Sterne eingehend betrachten. Im Keller des Gebäudes befindet sich eine Dauerausstellung über das Entstehen der Erde, des Weltalls und der Milchstraße.

CAMÍ DEL COLL D'ARES S/N, WWW.PARCASTRONOMIC.CAT, T 973 455246, GEÖFFNET: SEPT.-APR. FR 18.00-0.00, SA-SO 10.30-14.00 & 16.00-22.00, MAI-AUG. MO 18.00-2.00, DI-FR 11.00-14.00 & 18.00-2.00, SA-SO 11.00-14.00 & 17.00-2.00, EINTRITT: TAGSÜBER 6,50 €, ABENDS 9 €

PARAPENTING ALBATROS Wer bei einem Tandemflug über die Vorpyrenäen schwebt, blickt weit über die Bergketten Aragóns und Kataloniens. Bei gutem Wetter ist sogar die Costa Daurada zu sehen. Sie können aus 400 oder 1000 Metern springen. Unbedingt daran denken, einige Tage im Voraus zu reservieren.

CARRER DE LA FONT S/N, WWW.ALBATROS.ES, T 973 455222, GEÖFFNET: TÄGLICH 9.00-13.00 & 16.00-20.00, PREIS: 50 €

BOUMORT

Seit 1991 ist das Gebiet von Boumort ein geschütztes Jagdrevier. Der Cap de Boumort ist mit 2077 Metern Höhe der höchste Berggipfel der Region.

RUTA DE BOUMORT Im Naturschutzgebiet von Boumort ist Jagen bedingt erlaubt. Die prächtige Tierwelt lässt sich aber wunderbar während einer Geländewagentour durch den Park betrachten. Ende September, Anfang Oktober sind früh am Morgen die röhrenden Hirsche zu hören. In dieser Periode beginnt die Paarungszeit, und die Männchen locken dann mit ihrem unüberhörbaren Gebrüll die Weibchen an, mit denen sie sich am liebsten noch vor den kalten Wintermonaten paaren wollen. Während die hügelige Landschaft am Morgen erwacht, kämpfen die Hirsche dann auch miteinander um die Hirschkühe. In diesen Monaten, aber auch zu den anderen Jahreszeiten, führt Reiseführer Ignasi die Touristen mit seinem Geländewagen zu den schönsten Orten. Morgens sieht man vor allem Hirsche, nachmittags eine Menge Vögel wie zum Beispiel Aasgeier. Laut Ignasi kann man an einem klaren Tag vom höchsten Punkt im Park den Tibidabo in Barcelona sehen. Die Tour beginnt im Städtchen Pobla de Segur, vorherige Reservierung ist Pflicht. TOP 10

POBLA DE SEGUR, WWW.RUTAS4X4IGNASI.COM, T 973 652105, GEÖFFNET: TÄGLICH 6.00-14.00 & 15.00-22.00, PREIS: 4X4 TOUR 120 € (GESAMTPREIS FÜR MAX. 6 PERS.)

PYRENÄEN REGION

FRISCHE BERGLUFT

Die Pyrenäen der Provinz Lleida eignen sich das ganze Jahr über für alle möglichen Aktivitäten. Im Winter kann man in den verschneiten Bergen Ski fahren, mit einem Hundeschlitten die Gegend erkunden oder in einem Spa im warmen Thermalwasser entspannen. Für das Après-Ski bietet Vielha, nahe der Skistation Baqueira-Beret, gemütliche Kneipen. Wer im Sommer kommt, kann auf dem Noguera Ribagorçana raften, im Naturpark Aigüestortes i Estany de Sant Maurici ausgiebig wandern oder sich interessante romanische Kunst und Architektur ansehen. Auch viele Katalanen verbringen ihren Urlaub gern hier.

Das Dorf Sort ist an sich nichts Besonderes, zieht jedoch zahlreiche Katalanen an, die hier Lotterielose kaufen. Der Grund: Der Name des Dorfes bedeutet "Glück". Kein Wunder also, dass die hier verkauften Lose verhältnismäßig viele Gewinne bringen.

VALL D'ARAN

TOP 10

Das Arantal ist ein schmales, kleines Tal in den Pyrenäen, das man am besten von Vielha aus erkundet. In einer halben Autostunde ist man von dort an den schönsten Orten. Im Mai und Oktober sind viele Hotels und Gaststätten geschlossen.

Im Vall d'Aran herrscht ein atlantisches Klima. Der Vielha-Tunnel ist eine Art Wetterscheide zwischen dem warmen Mittelmeerklima und dem kalten, regnerischen atlantischen Klima. Wenn man bei Regen und dunklen Wolken aus Richtung Vielha in den Tunnel hineinfährt, ist die Wahrscheinlichkeit groß, dass man beim Herausfahren auf der anderen Seite des Berges die Sonnenbrille aufsetzen muss.

VIELHA E MIJARAN

Diese Stadt mit aranesischem Namen wird im katalanischen Volksmund auch oft als "Vielha" (Aussprache: bjè-ja) abgekürzt. Das Städtchen mit seinen 5600 Einwohnern ist ein gutes Beispiel dafür, wie die Dörfer im Tal aussehen: Steinhäuser mit Schieferdächern. Vielha mutet an einigen Stellen fast ein bisschen schweizerisch an – ein Eindruck, der in der kalten Jahreszeit noch durch die vielen Wintersportler verstärkt wird. Die meisten von ihnen nutzen die schönen Pisten von Baqueira-Beret. Während der Hochsaison sind all die Restaurants und Gaststätten in der hübschen historischen Altstadt, die vom ruhig dahinplätschernden Fluss Nere durchquert wird, sehr gut besucht.

Die Einwohner des Arantals, etwa 5000 an der Zahl, sprechen Aranesisch. Es ist mit dem Lateinischen verwandt und gilt als eine Variante des Okzitanischen. Seit 1984 wird an den Schulen teilweise auch in Aranesisch unterrichtet, und 2010 wurde die Sprache neben Spanisch und Katalanisch zur dritten offiziellen Amtssprache Kataloniens erklärt.

SEHENSWÜRDIGKEITEN

Das charmante Vielha ist an sich schon eine Sehenswürdigkeit. Die romanische Kirche steht im Stadtzentrum.

ESGLÉSIA PARROQUIAL DE SANT MIQUÈU ist eine romanische Kirche aus dem 12. Jahrhundert. Hier befindet sich die Holzskulptur *Crist de Mijaran*. Sie war Teil einer großen Darstellung der Kreuzabnahme Jesu, doch die Franzosen raubten 1472 das gesamte Kunstwerk. Nach dem Spanischen Bürgerkrieg tauchte die Christus-Statue in der Schweiz wieder auf.

PLAÇA DE LA IGLESIA, GEÖFFNET: MO-SA 10.00-20.00, SO 11.00-19.30

ESSEN & TRINKEN

Die lokalen Restaurantinhaber wissen, wie man Hungrige verführt. Der Geruch von gegrilltem Fleisch und Gemüse ist schon von Weitem zu riechen. Überall gibt es *pintxos* sowie die örtliche Spezialität, aranesisches Paté.

DE VINS Diese Kombination aus Ladengeschäft und Bar ist ein Juwel in dem großen Gastronomieangebot von Vielha. Man kann sich hier auf Holzkisten niederlassen und mit Blick auf den Fluss Nere zu Mittag oder Abend essen. Richtig rund geht es erst gegen Mitternacht, wenn Bilder eines Livekonzerts auf die Mauern des Restaurants El Molí (Sarriulèra 26) projiziert werden, das auf der anderen Seite des Flusses in einer Mühle aus dem Jahr 1860 untergebracht ist.

CARRER MAJOR 23, T 973 641950, GEÖFFNET: TÄGLICH 17.00-2.00, PREIS: 20 €

ALL I OLI Wer einen Platz im vordersten Speisesaal dieses gemütlichen Restaurants wählt, kann den Köchen beim Zubereiten von Fleisch, *escalivada*, Artischocken oder *calcots* auf einem Holzkohlegrill zusehen. Es ist dort oft voll, im Voraus zu reservieren ist deshalb ratsam.

CARRER MAJOR 7, WWW.RESTAURANTEALLIOLI.COM, T 973 641757, GEÖFFNET: TÄGLICH 12.30-15.00 & 20.00-22.30, PREIS: 24 €

ESGLÉSIA PARROQUIAL DE SANT MIQUÈU

ETH GALIN REIAU

ERA GRIPIA ist angeblich die älteste Bar von Vielha. Ganz sicher ist sie aber ein beliebter Treffpunkt für Skifahrer, die beim Après-Ski an den braunen Bartischen lautstark ihren Tag Revue passieren lassen. *Pintxos* und Austern werden häufig bestellt, sind aber auch wirklich sehr lecker.

CARRER MAJOR S/N, T 973 642340, GEÖFFNET: TÄGLICH AUG.-SEPT. & DEZ.-MAI 17.30-23.00, PREIS: PINTXO 1,40 €

SHOPPEN

In der Hauptstraße von Vielha, der Avinguda Pas d'Arro, finden Sie Skiverleihstationen und Sportbekleidungsgeschäfte. Die Straßen rund um die romanische Kirche warten eher mit traditionellen Läden auf.

TOP 10

ETH GALIN REIAU ist ein hübsch eingerichtetes Delikatessengeschäft gegenüber der Kirche. Beim Anblick der typischen Produkte aus dem Vall d'Aran und der Umgebung läuft einem das Wasser im Mund zusammen. Wollen Sie etwas nach Hause mitnehmen? Wie wäre es mit Himbeermarmelade, Hirschpaté oder Johannisbeerlikör?

PLAÇA DE LA IGLESIA 2, WWW.TIENDAGALINREIAU.COM, T 973 641941, GEÖFFNET: MO-SA 10.00-13.00 & 17.00-20.30

100% THERE

Je nach Saison kann man in Vielha und Umgebung unterschiedlichen Aktivitäten frönen. Im Winter locken die verschneiten Berge, im Sommer kommen die Touristen wegen der Flüsse und des Naturparks.

EISLAUFEN ODER SCHWIMMEN Großen Spaß für Jung und Alt gibt es bei Palai de Geu, einem überdachten Sportzentrum etwas außerhalb von Vielha. Sie können dort auf einer Eisbahn Schlittschuh laufen oder an bunten Kletterwänden Ihre Muskeln testen. Schwimmbad, Fitnessstudio, Sauna oder Solarium stehen außerdem zur Verfügung. In diesem vielfältigen Vergnügungspark kommt man in jeder Jahreszeit voll auf seine Kosten.

AVINGUDA GARONA 33, WWW.PALAIDEGEU.COM, T 973 642864, EISBAHN GEÖFFNET: DI-FR 18.30-20.30, SA 12.00-14.00 & 16.30-21.00, SO 12.00-14.00, TAGESKARTE 14 €, KINDER 11 €

FAHRT MIT EINEM HUNDESCHLITTEN Wer ein Abenteuer im Schnee sucht, der kann die abgelegenen Berggipfel mit einem Hundeschlitten erkunden. Die Fahrt beginnt beim Skiparadies Baqueira-Beret und führt danach in die "Wildnis". Buchen können Sie die Tour bei Montgarri Outdoor in Vielha, sie wird allerdings nur von Dezember bis April angeboten. Von Mai bis November eignet sich das Gebiet eher zum Wandern.

CARRER METDIA 2, WWW.MONTGARRI.COM, T 973 643303, GEÖFFNET: TÄGLICH 17.00-21.00, PREIS: 40 €, LEIHGEBÜHR SCHNEESCHUHE 10 €

TOP 10

BAQUEIRA-BERET ist mit über 100 Kilometern Skipiste das zweitgrößte Wintersportgebiet Spaniens. Der höchste Berg ist 2510 Meter hoch. Das spanische Königspaar absolvierte hier bereits zahlreiche Abfahrten und trug so zur Popularität von Baqueira-Beret bei. Kein Wunder, dass sich auch der spanische Jetset gern blicken lässt.

BAQUEIRA-BERET, WWW.BAQUEIRA.ES, T 973 639010, GEÖFFNET: NOV.-APR., PREIS: SKIPASS 1 TAG 46 €

ÜBERNACHTEN

Angenehme Übernachtungsmöglichkeiten gibt es in Vielha in Hülle und Fülle, hier folgen die drei besten.

TOP 10

HOTEL IORI Die Atmosphäre ist so behaglich, dass man beinahe im Schlafanzug zum Frühstück gehen möchte. *Iori* ist ein altes japanisches Wort und bedeutet "kleines und gemütliches Haus". Die japanische Inhaberin Yoko hat aus jedem Zimmer eine Miniwohnung gemacht, inklusive Sitzecke. In der Kaffee-Ecke gibt es gratis Kaffee und Tee, und natürlich werden auch Sushis gereicht. Im Hotel sind Hunde willkommen.

CARRER FREDÈRIC MISTRAL 1, WWW.IORIHOTEL.COM, T 973 643304, PREIS: 101 €

EL CIERVO Das Hotel ist so gemütlich wie ein Chalet in den Bergen und bezaubernd eingerichtet. Auffallend ist auch der angenehme Duft, der durch die Räume weht. Im Winter lädt die Gastfamilie am späten Nachmittag zu Glühwein und heißer Schokolade ein.

PLAÇA SANT ORENÇ 3, WWW.HOTELELCIERVO.NET, T 973 640165, PREIS: NEBENSAISON 35 €, HOCHSAISON 60 €

PARADOR DE VIELHA Dieses herrlich gelegene Hotel aus den 1960er-Jahren bietet eine fantastische Aussicht auf die Stadt und die umliegenden Berge. Da der *parador* sehr beliebt ist, empfiehlt es sich, frühzeitig zu reservieren.

CARRETERA DE TÚNEL S/N, WWW.PARADORES.ES/ES/PARADOR-DE-VIELHA, T 973 640100, PREIS: 147 €

LES

Elf Kilometer von Vielha entfernt liegt Les. Die Römer entdeckten als Erste das Thermalwasser, das hier aus den Bergen strömt.

Franzosen und aranesische Katalanen haben viel gemeinsam. Vor dem Pyrenäenfrieden (1659) befand sich das Tal noch auf französischem Boden. Heute liegt Les nahe der französischen Grenze und wird von Franzosen überflutet, die sich hier günstig mit Tabak und Alkohol eindecken. Das erklärt die lange Schlange vor dem Tabakladen.

HOTEL IORI

RAFTEN Wenn im Sommer der Schnee auf den Berggipfeln schmilzt, steigt der Wasserstand in den Flüssen – ideal zum Raften. Einen Tag im Voraus kann man bei dem Veranstalter Horizontes Aventura ein solches Abenteuer buchen. Auch toll: *cañones* (Canyoning). Dabei wandert man in einem Neoprenanzug durch das Wasser und am Fluss entlang.

CAMPING CAUARCA (TREFFPUNKT), PAISAS S/N, WWW.HORIZONTESAVENTURA.COM, T 973 642967, ABFAHRT JUNI-SEPT. MO-SA 11.30, PREIS: RAFTING 34 €, CAÑONES 42 €

TOP 10

CAVIAR NACARII ist ein Kaviarproduzent mit einem Fischteich, in dem etwa 20 Störe herumschwimmen, die diese Delikatesse hervorbringen. Erst nach acht Jahren produzieren diese Fische Eier, die aus dem Bauch der Fische herausoperiert werden. Das Fleisch der Fische wird verkauft, die Eier landen in der Dose. Für eine Führung müssen Sie sich vorher anmelden, Kaviar kaufen können Sie jederzeit. Das Industriegebiet, in dem sich der Betrieb befindet, ist natürlich nicht schön, ein Besuch ist aber auf jeden Fall interessant.

CENTRAL DE CLEDES, CARRETERA N230 KM 181, WWW.CAVIARNACARII.ES, T 973 648708, GEÖFFNET: MO-FR 10.30-13.00 & 15.00-18.00, PREIS: KAVIAR 70 € (30 GRAMM)

PINCHOS
BARRA

TERMAS DE LA BORONÍA ist ein Spa, in dem das heilkräftige, schwefelhaltige Wasser aus den Bergen genutzt wird, um bei Rheuma, Arthritis und Hautkrankheiten Beschwerden zu lindern. Den ganzen Tag über werden verschiedene Behandlungen angeboten. Der Kaviar für die Kaviar-Massage stammt von Caviar Nacarii (siehe Seite 239). Fragen Sie auch nach den Partyabenden, bei denen man zu DJ-Musik mit einem Glas Cava in der Hand im Whirlpool entspannen kann.

CAMÍ DE LA LANA S/N, WWW.TERMASBARONIADELES.COM, T 973 648717, GEÖFFNET: TÄGLICH 11.00-14.00 & 17.00-21.00, PREIS: 30 €

TOP 10

SALARDÚ

Salardú liegt in den Bergen von Vall d'Aran in der Nähe der französischen Grenze. Wo früher eine Festung stand, kann man heute eine der schönsten Kirchen der Region bewundern.

ESGLÉSIA DE SANT ANDREU Für eine Ortschaft mit nur ein paar Hundert Einwohnern hat Salardú eine ziemlich beeindruckende romanische Kirche. Der markante Glockenturm des Bauwerks aus dem 13. Jahrhundert ist das Wahrzeichen des Dorfes. Auf dem Hauptaltar steht *Crist de Salardú*. Diese Christus-Statue ist ein wichtiges Beispiel romanisch-aranesischer Kunst.

PLAÇA DE LA PICA S/N, T 973 644455, GEÖFFNET: TÄGLICH 9.00-19.00

CASA IRENE ist eine stilvolle Unterkunft in den Bergen in der Nähe von Salardú und nur ein paar Kilometer von der Skistation Baqueira-Beret entfernt. Zum Hotel gehört auch ein Spa. Das Restaurant ist bei spanischen Politikern und Stars beliebt.

CARRER MAJOR 3 IN ARTIES, WWW.HOTELCASAIRENE.COM, T 973 644364, GEÖFFNET: TÄGLICH 13.00-15.00 & 20.00-22.30, PREIS: 125 €

VALL DE BOÍ

TOP 10

In dem engen Tal Vall de Boí liegen die Orte Boí und Taüll. Das Tal ist wegen seiner neun romanischen Kirchen bekannt, denn in ganz Europa gibt es sonst keine vergleichbare Ansammlung romanischer Architektur. Deshalb wurden die Kirchen im Jahr 2000 von der UNESCO auch zum Weltkulturerbe ernannt. In Boí-Taüll befindet sich die höchste Skistation der Pyrenäen. Das Tal ist außerdem ein guter Ausgangspunkt für einen Besuch des schönen Nationalparks Aigüestortes i Estany de Sant Maurici.

Eine Wanderung finden Sie auf der herausnehmbaren Karte in der hinteren Buchklappe.

TAÜLL

Dieses kleine Dorf beherbergt ein romanisches Meisterwerk. Wer will, kann in dem Ort mit dem wunderschönen Blick auf die Pyrenäen auch übernachten.

SANT CLIMENT DE TAÜLL ist eine romanische Kirche aus dem Jahr 1123. Dieses Gotteshaus hat sich zu einem Symbol für die romanische Architektur in Katalonien entwickelt. Der schmale Glockenturm ist ein beliebtes Fotomotiv und kann auch bestiegen werden. Das gemalte Fantasie-Tier in der linken Apsis ist noch original, der Rest des romanischen Wandgemäldes ist eine Kopie. Das Original wird im Museu Nacional d'Art de Catalunya (MNAC) in Barcelona aufbewahrt. Auf dem nahe gelegenen Dorfplatz befindet sich die ebenfalls romanische Kirche Santa María.

CENTRE DEL ROMÀNIC, T 973 696715, GEÖFFNET: TÄGLICH 10.00-14.00 & 16.00-19.00, EINTRITT: 3 €

Romanische Kunst und Architektur florierten in der Zeit um das Jahr 1000 und wurden etwa 1200 vom gotischen Stil abgelöst. Charakteristisch für den romanischen Stil sind die kleinen Rundbogenfenster, die Fresken und farbenfrohe Malereien, die auf Innen- und Außenwänden angebracht wurden. Diese überschwängliche Farbenvielfalt ist in der gotischen Architektur nicht mehr zu finden.

EL CALIU Der Name dieses Restaurants bedeutet im Katalanischen "Gemütlichkeit". Vor allem im Sommer lässt es sich auf der Terrasse mit Aussicht auf die Berge gut aushalten. Es gibt hier Spezialitäten aus dem Tal, zum Beispiel *vianda*, ein Gericht aus Fleisch und Kartoffeln.

CARRER FEIXANES 11, WWW.ELCALIUTAULL.COM, T 973 696212, GEÖFFNET: MI-MO 13.30-15.30 & 20.30-22.30, MAI & NOV. GESCHLOSSEN, PREIS: 25 €

EL XALET DE TAÜLL ist ein typisches, in 1500 Metern Höhe gelegenes Pyrenäen-Chalet mit einem überhängenden Dach und Balkonen voller Blumen. In diesem Hotel gibt es nur fünf Zimmer, die alle einen wunderschönen Blick auf das Vall de Boí und die romanische Kirche gewähren.

CARRER EL COMO 5, WWW.ELXALETDETAULL.COM, T 973 696095, PREIS: 100 €

BOÍ

Das Tal Vall de Boí wurde nach dem Dorf benannt, das direkt am Eingang des Tals liegt. Bekannt ist der Ort vor allem als Tor zum Naturpark Aigüestortes i Estany de Sant Maurici.

SANT CLIMENT DE TAÜLL

TOP 10

PARC NACIONAL D'AIGÜESTORTES I ESTANY DE SANT MAURICI ist ein etwa 41.000 Hektar großer Nationalpark, der bei Naturliebhabern und Wanderern sehr beliebt ist. Hier kann man auf Wanderwegen die rauen Bergketten, waldreichen Gebiete und verschneiten Berggipfel erkunden. Die Aussicht über die Täler ist fantastisch. Der höchste Berg, Besiberri Sud, ist 3023 Meter hoch und das Habitat von Murmeltieren und Königsadlern. Es gibt mehrere Eingänge zum Park: An der Ostseite kommt man über den Ort Espot hinein. Von dort gelangt man zum herrlichen See Estany de Sant Maurici, in dessen klarem Wasser sich der nächstgelegene Berg spiegelt, der Els Encantats. An der Westseite empfiehlt sich der Zugang bei Boí. Der Wanderweg, der auf der Karte hinten in diesem Reiseführer angegeben ist, beginnt hier. Im Park gibt es zehn Berghütten zum Übernachten, die von Juni bis September geöffnet sind.

CARRER DE LES GRAIERES 2, T 973 696189, INFORMATIONSZENTRUM GEÖFFNET: MO-SA 9.00-14.00 & 15.30-17.45, SO 9.00-14.00, HÜTTENRESERVIERUNG UNTER WWW.LACENTRALDEREFUGIS.COM, T 973 641681, PREIS: 30 €

Aigües bedeutet "mäanderndes Gewässer" und verweist auf die 200 Seen, Wasserfälle und Bäche, die das Gebiet umfasst.

TARRAGONA, REUS, COSTA DAURADA,
PRIORAT, TERRES DE L'EBRE

SÜDWEST-KATALONIEN

AUTOTOUR SÜDWEST-KATALONIEN

So können Sie Südwest-Katalonien in fünf Tagen erkunden. Die Route bringt Sie zu allen Orten, die Sie gesehen haben sollten, und birgt einige Überraschungen. Sie essen unter Einheimischen und wohnen ganz besonders.

TAG 1

TARRAGONA > das Aqüeducte de les Ferreres (S. 254) bestaunen > das Amfiteatre Romà oder El Circ Romà (S. 251–252) besuchen > in der guten Cerveseria La Nau (S. 256) zu Mittag essen > im Camp de Mart (S. 260) relaxen > sich bei Sha (S. 256) einen Drink gönnen > bei Diosas (S. 259) ein Party-Outfit kaufen > am Abend bei Les Voltes (S. 259) essen > im Sala El Cau (S. 261) tanzen gehen > im Mas La Boella (S. 263) übernachten >

TAG 2

TERRES DE L'EBRE > nach Deltebre fahren > bei Arròs Molí de Rafelet (S. 292) Reis kaufen > eine Bootsfahrt mit der "Santa Susanna" unternehmen und an Bord etwas essen (S. 292) > mit einem Ornithologen von Audouin Birding Tour Vögel beobachten (S. 292) > zum Hafen von L'Ametlla de Mar (S. 294) fahren > bei La LLotja (S. 294) ein köstliches Abendessen genießen > im Barraca de Sant Salvador (S. 292) nächtigen >

TAG 3

HÖHLEN, WEIN UND EINE FÄHRE > nach Benifallet fahren > die Coves Meravelles (S. 299) besuchen > nach Pinell de Brai fahren > die Weinkathedrale (S. 288) bewundern > nach Miravet weiterfahren > bei Molí de Xim (S. 300) ein Mittagessen zu sich nehmen > Castell de Miravet (S. 300) besichtigen > mit der kleinen Fähre "Pas de Barca" den Ebro überqueren (S. 300) > nach Siurana weiterfahren > im Hotel Siuranella (S. 287) übernachten >

TAG 4

POBLET UND REUS > nach Poblet fahren > das Kloster (S. 300) bewundern > nach Montblanc fahren > einen Stadtrundgang machen > bei Fonda del Castlà (S. 304) mittags etwas essen > nach Reus weiterfahren > das Gaudí Centre (S. 265) besuchen > im Restaurant Gaudír (S. 269) in der obersten Etage des Zentrums zu Abend essen > nach Vimbodí fahren > sich im Castell de Riudabella (S. 307) einquartieren >

TAG 5

CALÇOTADA, SPANISCHE HÄUSER UND STRAND > nach L'Espluga de Francolí fahren > die Höhle Cova de la Font Major (S. 306) besuchen > nach Valls weiterfahren > bei Cal Ganxo (Jan.–Apr., S. 304) oder Masía Bou (Mai-Dez., S. 304) etwas essen > nach Altafulla weiterfahren > in einem der Straßencafés von Botigues de Mar (S. 279) einen Drink bestellen > nach El Vendrell fahren > in L'Estany i El Riuet am Strand Coma-Ruga (S. 276) relaxen > nach Calafell weiterfahren > bei Giorgio zu Abend essen (S. 275) >

VILAFRANCA DEL PENEDÈS
VILANOVA I LA GELTRÚ
EL VENDRELL
TARRAGONA
REUS
TORTOSA
DELTEBRE
Start
Ziel
MAR MEDITERRÁNEO (MITTELMEER)
GOLFO DE SANT JORDI
0 10 20 km
1:1.100.000
Sitges
Sante Pere de Ribes
Castelldefels
Gavà
Viladecans
Sant Climent de Llobregat
Olesa de Bonesvalls
Begues
St. Pere Molanta
St. Miquel d'Olèrdola
les Roquetes
Cunit
Calafell
Creixell
Torredembarra
Altafulla
Bonavista
Salou
Cambrils
la Platja de Miami
l'Hospitalet de l'Infant
Calafat
Sant Jordi d'Alfama
l'Ametlla de Mar
el Perelló
Camerles
Riumar
l'Aldea
Amposta
Sant Jaume d'Enveja
Sant Carles de la Ràpita
Freginals
Masdenverge
Santa Bàrbara
la Galera del Pla
Ulldecona
Mas de Barberans
el Raval de Crist
Roquetes
els Reguers
el Raval de Jesús
Aldover
Xerta
Benifallet
el Pinell de Brai
Miravet
Rasquera
Ginestar
Tivissa
Horta de Sant Joan
Prat de Comte
Gandesa
Caseres
Batea
Corbera d'Ebre
Móra d'Ebre
Móra la Nova
Darmós
Garcia
Vilalba dels Arcs
la Fatarella
la Pobla de Massaluca
Riba-roja d'Ebre
Flix
Ascó
Vinebre
la Torre de l'Espanyol
El Cirerer
Maials
Llardecans
els Torms
Juncosa
la Granadella
Bellaguarda
Bovera
la Palma d'Ebre
la Bisbal de Falset
Cabacés
Margalef
Cornudella de Montsant
Albarca
Ulldemolins
Prades
Capafonts
la Febró
Siurana
Arbolí
Escaladei
la Figuera
el Lloar
Gratallops
Torroja de Priorat
Porrera
Bellmunt del Priorat
el Molar
el Masroig
els Guiamets
Marçà
Capçanes
Falset
Colldejou
Pratdip
Mont-roig del Camp
Montbrió del Camp
Vilanova d'Escornalbou
Pradell de la Teixeta
les Borges del Camp
Alforja
l'Aleixar
Almoster
Castellvell del Camp
Vilaplana
la Mussara
Riudoms
Botarell
Vinyols
Vila-seca
Canonja
Constantí
el Morell
la Selva del Camp
Alcover
Vallmoll
el Rourell
Villalonga del Camp
Nulles
Valls
la Sinja
Puigpelat
Alió
Vilaverd
la Riba
Montblanc
Poblet
Vallclara
el Pla de Santa Maria
Madronet
Santes Creus
Aiguamúrcia
Vila-rodona
Aiguaviva
la Juncosa del Montmell
Sant Jaume dels Domenys
la Múnia
Banyeres del Penedès
l'Arboç
Santa Oliva
Llorenç del Penedès
Rodonyà
Bràfim
Masllorenç
Montferri
Vilabella
Salomó
Renau
la Pobla de Mafumet
el Catllar de Gaià
la Riera de Gaià
la Nou de Gaià
Roda de Barà
Bonastre
Albinyana
l'Ebre
Riu d'Algars
N420
N340
N240
E15
E90
AP7
C32
T11

TARRAGONA STADT

DAS RÖMISCHE TARRACO

Ein johlendes Publikum feuert die kämpfenden Gladiatoren von der Tribüne des Amphitheaters aus an. Römische Soldaten marschieren in Sandalen zielstrebig durch die Straßen. Und überall stehen Menschen Schlange für ein *jentaculum*, ein römisches Frühstück aus Brot, Käse, Oliven und mit Wasser verdünntem Wein. Es ist Festtag in Tarragona. Mit Tarraco Viva gedenken die Einwohner jedes Jahr im Mai der ruhmreichen Geschichte ihrer Stadt. Tarraco wurde 218 v. Chr. als erster römischer Legionsstandort außerhalb Italiens gegründet. Die Siedlung entwickelte sich in der Folge zur politischen, militärischen und administrativen Hauptstadt Spaniens. Selbst Kaiser Augustus hielt sich hier zwischen 26 und 25 v. Chr. auf, um seinen Heeresführern vor Ort Anweisungen zu erteilen.

Inzwischen, über 2000 Jahre später, heißt Tarraco Tarragona und die römischen Prachtbauten sind nur noch Ruinen. Die übrig gebliebenen 14 römischen Bauwerke sind von großem historischen Wert und stehen seit einigen Jahren auf der Liste des Weltkulturerbes der UNESCO.

Am Ende der Rambla Nova befindet sich der "Balkon des Mittelmeers". Von diesem Uferabschnitt aus hat man eine herrliche Aussicht auf das Mittelmeer und die Strände der Costa Daurada. Tarragona bietet auch heute noch das milde Klima und die schöne Umgebung, die schon die Römer so schätzten. Trotz der Lage am Meer ist der Massentourismus – im Gegensatz zum benachbarten Badeort Salou – hier ausgeblieben. So konnte die Stadt ihren Charakter bewahren.

Tarragona ist in einen höher und einen niedriger gelegenen Bereich unterteilt, die durch Treppen und steile, enge Straßen verbunden sind. Die meisten Gassen sind autofrei und abends stimmungsvoll beleuchtet. Man kann fast alles zu Fuß erledigen.

Einen Stadtspaziergang in Taragona finden Sie auf der herausnehmbaren Karte in der hinteren Buchklappe.

TARRAGONA STADT

SEHENSWÜRDIGKEITEN

> S. 251–256

1. AMFITEATRE ROMÀ
2. AQÜEDUCTE DE LES FERRERES
3. CATEDRAL DE SANTA MARÍA
4. CIRC ROMÀ
5. FÒRUM LOCAL
6. MAQUETA TARRACO ROMANA
7. MONUMENT ALS CASTELLS
8. MURALLES ROMANES
9. MUSEU CASA CASTELLARNAU
10. MUSEU NACIONAL ARQUEOLÒGIC

ESSEN & TRINKEN

> S. 256–259

11. CERVESERIA LA NAU
12. GRAN PENYA BARCELONISTA DE TARRAGONA
13. LES VOLTES
14. MIRALL D'ESTIU
15. PALAU DE BARÓ
16. PIZZERIA PULVINAR
17. SHA

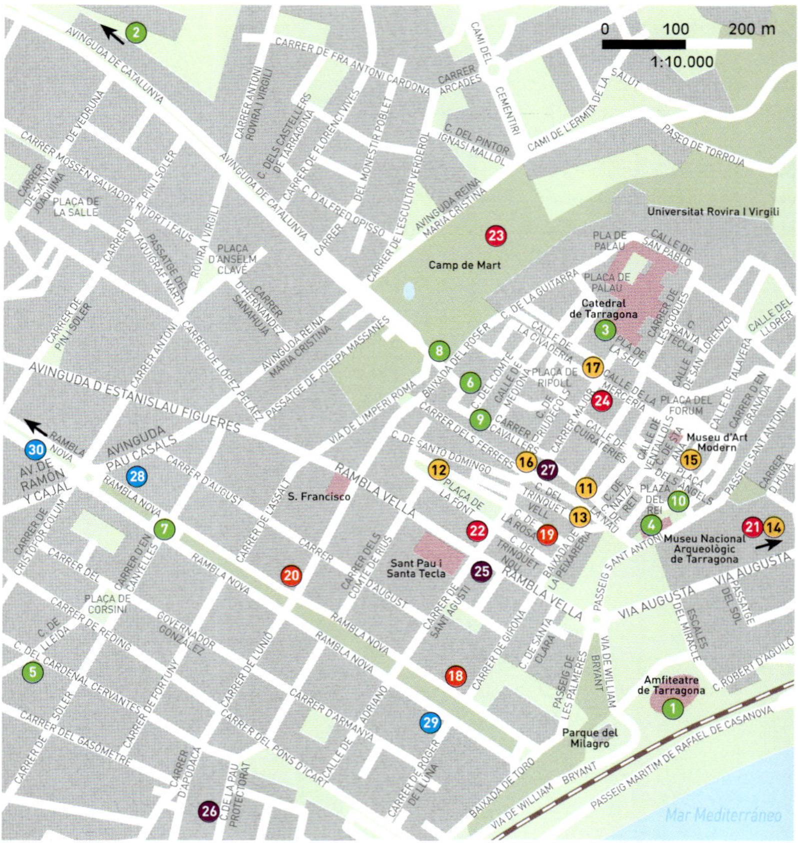

SHOPPEN > S. 259–260

18. DIOSAS
19. SHIVA MUSIC
20. XARCUTERIA CUADRAS

100% THERE > S. 260

21. ZUM STRAND
22. GELD ABHEBEN BEI CAIXA DE PENSIONS DE BARCELONA
23. RELAXEN IM CAMP DE MART
24. SPAZIERGANG ZU RÖMISCHEN RUINEN

AUSGEHEN > S. 261–263

25. HIGHLAND
26. LES GOLFES CLUB
27. SALA EL CAU

ÜBERNACHTEN > S. 263

28. HOSTAL AL-HAMBRA
29. HOTEL LAURIA
30. HOTEL MAS LA BOELLA

SEHENSWÜRDIGKEITEN

Das historische Zentrum der Stadt ist von der römischen Geschichte geprägt, die Ruinen sieht man zum Teil schon von Weitem.

MAQUETA TARRACO ROMANA Das Miniaturmodell der römischen Siedlung Tarraco vermittelt ein gutes Bild vom Aussehen der Stadt vor 2000 Jahren. Auf Knopfdruck kennzeichnen Lämpchen das Forum Romanum, den Zirkus und das Legionärslager. Wenn man erst dieses Modell studiert, kann man sich beim Rundgang durch die Stadt das Erscheinungsbild zu römischer Zeit besser vorstellen.

PLAÇA DEL PALLOL S/N, T 977 253759, GEÖFFNET: APR.-SEPT. DI-SA 9.00-21.00, SO 9.00-15.00, OKT.-MÄRZ DI-SA 9.00-19.00, SO 10.00-15.00, EINTRITT: FREI

Wer gleich mehrere römische Monumente besuchen will, kann eine Kombikarte kaufen, die es beim Amfiteatre Romà gibt und 10,55 Euro kostet.

Das **AMFITEATRE ROMÀ** war wie auch der Zirkus ein Ort, der der Volksbelustigung diente. Ein solches Amphitheater gehörte zu einer römischen Stadt unbedingt dazu. In Tarragona ist es fast vollständig erhalten und liegt an einem strategisch günstigen Platz am Meer. So konnten die Gefangenen und Tiere direkt von Schiffen angeliefert werden, zudem ließ sich das Amphitheater mit Meerwasser füllen, um erfolgreiche Seeschlachten nachzuspielen. Die Gefangenen übernahmen die Rolle der Verlierer und kamen während der Vorstellung auch meistens ums Leben. In der Mitte des Theaters befinden sich die Überreste einer Basilika aus dem 6. Jahrhundert, die zu Ehren der Christen errichtet wurde, die hier bei lebendigem Leib verbrannt wurden.

PARC DEL MIRACLE, T 977 242579, GEÖFFNET: APR.-SEPT. DI-SA 9.00-21.00, SO 9.00-15.00, OKT.-MÄRZ DI-SA 9.00-19.00, SO 10.00-15.00, EINTRITT: 3,15 €

Die Aufführungen in den Amphitheatern waren meistens von Gewalt und Tod geprägt. Gladiatorenkämpfe und öffentliche Hinrichtungen galten in jener Zeit als Unterhaltung. Der gesellschaftliche Stand bestimmte die Art des Todesurteils. Ein reicher Mann wurde mit einem Schwert getötet, ein Sklave oder Gefangener eines niedrigen Standes wurde auf eine grausamere Art umgebracht.

CIRC ROMÀ Zwischen der Rambla Vella und den Straßen Ferrers und Enrajolat befand sich der römische Zirkus. "Gebt dem Volk Brot und Spiele", lautete die Devise der römischen Kaiser, um Aufstände zu verhindern. Die atemberaubenden Vorstellungen zogen Horden neugieriger Zuschauer an. Dort, wo heute das Rathaus auf der Plaça de la Font steht, galoppierten früher die Pferde über die Rennbahn. Heutzutage drängen sich hier Gaststätten und Cafés. Am beeindruckendsten sind die unterirdischen Gänge, in denen auch die Zirkustiere untergebracht waren. Während des Spanischen Bürgerkriegs diente dieser Ort als Gefängnis.

PLAÇA DEL REI, T 977 230171, GEÖFFNET: APR.-SEPT. DI-SA 9.00-21.00, SO 9.00-15.00, OKT.-APR. DI-SA 9.00-19.00, SO 10.00-15.00, EINTRITT: 3,15 €

Die Römer mussten vor einer Vorstellung im Amphitheater oder im Zirkus ein vomitorio *kaufen. Das Ticket für ein Fußballspiel wird in Spanien offiziell noch immer so genannt.*

MURALLES ROMANES Das Erste, was die Römer nach der Eroberung einer neuen Stadt in Angriff nahmen, war der Bau einer Schutzmauer. Das geschah auch in Tarragona in der Zeit von 218 bis 197 v. Chr. Die Steine hierfür kamen aus *la cantera del medol*, einem Steinbruch etwas außerhalb der Stadt. Nur für die oberste Mauerschicht verwendeten die Römer den Vorläufer des heutigen Betons. Alles, was sich darunter befindet, hält ohne Zement. An einigen Stellen an der alten Stadtmauer kann man Kreuze sehen. Diese wurden von römischen Steinhauern angebracht, die dadurch berechnen konnten, wie viele Steine sie beigetragen und wie viel Geld sie damit verdient hatten. Im Zuge eines archäologischen Spaziergangs entlang der römischen Stadtmauer steigt man auch auf die Mauern hinauf.

PASSEIG ARQUEOLÒGIC, AVINGUDA DE CATALUNYA S/N, T 977 245796, GEÖFFNET: APR.-SEPT. DI-SA 9.00-21.00, SO 9.00-15.00, OKT.-MÄRZ DI-SA 9.00-19.00, SO 10.00-15.00, EINTRITT: 3,15 €

MUSEU NACIONAL ARQUEOLÒGIC ist ein beliebtes Museum, in dessen elf Sälen viele Darstellungen, Überreste, Skulpturen und Mosaike aus dem alten Tarraco ausgestellt sind. Die Eintrittskarte gilt auch für das Museu i Necrópolis Paleocristiana, in dem eine Dauerausstellung zum Thema "Die Römer und der Tod" gezeigt wird.

PLAÇA DEL REI 5, WWW.MNAT.ES, T 977 236209, GEÖFFNET: JUNI-SEPT. DI-SA 9.30-20.30, SO 10.00-14.00, OKT.-MAI DI-SA 9.30-18.00, SO 10.00-14.00, EINTRITT: 2,40 €

CATEDRAL DE SANTA MARÍA

AQÜEDUCTE DE LES FERRERES

AQÜEDUCTE DE LES FERRERES Über dieses römische Aquädukt strömte das Trinkwasser aus dem Fluss Tulcis nach Tarraco. Der Bau dieser gigantischen überirdischen Wasserleitung war in jener Zeit eine gewaltige technische Leistung. Das imposante Bauwerk steht vier Kilometer von Tarragona entfernt in einem Wald. Es war ursprünglich 15 Kilometer lang, heute sind jedoch nur mehr 217 Meter davon übrig geblieben, dennoch zählt es zu den besterhaltenen und größten Aqädukten Kataloniens. Wer links den Hügel hinaufsteigt, kann das Aquädukt von oben betrachten. Seit 2000 gehört es zum UNESCO-Welterbe.

CARRETERA AP-7, AUSFAHRT 33

Das Aquädukt wird auch "Pont del Diable" genannt, Teufelsbrücke. Der Legende nach wurde der Bau nämlich zum Großteil vom Teufel errichtet. Im Gegenzug dafür wollte er die Seele desjenigen haben, der den ersten Schluck aus dem Aquädukt trinken würde. Nachdem der Teufel den letzten Stein gesetzt hatte, schickten die Einwohner Tarracos einen Esel. Und der nahm den ersten Schluck Wasser.

MUSEU CASA CASTELLARNAU befindet sich in einem stattlichen Haus aus dem 15. Jahrhundert, das jahrhundertelang Eigentum der einflussreichsten Familie Tarragonas war, der Familie Castellarnau. Die erste Etage beherbergt eine archäologische und eine ethnografische Sammlung. Im Museum werden auch die luxuriösen Wohnräume der wohlhabenden Familie gezeigt.

CARRER CAVALLERS 14, WWW.MUSEUTGN.COM, T 977 242752, GEÖFFNET: APR.-SEPT. DI-SA 9.00-21.00, SO 9.00-15.00, OKT.-APR. DI-SA 9.00-19.00, SO 10.00-15.00, EINTRITT: 3,15 €

1542 hielt sich der spanische König Carlos I. eine Zeit lang in der Casa Castellarnau auf. Als er am Meer entlanglief, rief er: "Das ist der schönste Balkon mit Meeresblick, den ich jemals gesehen habe!" Die Promenade heißt seitdem Balcón Mediterraneo und befindet sich am Ende der Rambla Nova.

CATEDRAL DE SANTA MARÍA wurde 1331 auf den Überresten eines römischen Tempels und einer arabischen Moschee errichtet. Über den Kreuzgang gelangt man ins Diözesan-Museum der Kathedrale, in dem jüdische, römische, arabische, gotische sowie mittelalterliche Kunst ausgestellt ist. Unbedingt ansehen sollte man sich die Holzschnitzereien oben an den Säulen. Auf einer von ihnen ist eine Ratte dargestellt, die dem Begräbnis einer Katze beiwohnt.

CARRER MARE DE DÉU DEL CLAUSTRE, WWW.CATEDRALDETARRAGONA.COM, T 977 226935, GEÖFFNET: 16. MÄRZ-30. MAI MO-SA 10.00-13.00 & 16.00-19.00, 1 JUNI-15 OKT. MO-SA 10.00-19.00, 16 OKT.-15 NOV. MO-SA 10.00-17.00, 16. NOV.-15. MÄRZ MO-SA 10.00-14.00, EINTRITT: 3,80 €

FÒRUM LOCAL ist ein Forum, das 30 v. Chr. als sozialer und religiöser Treffpunkt gebaut wurde. Von den vielen Gotteshäusern, die sich auf diesem Platz befanden, sind heute nur noch die Reste einer römischen Basilika übrig geblieben. Auf dem Forum findet – wie zu römischen Zeiten – wöchentlich ein Markt statt. Auf die Überreste des Fòrum Provincial stößt man im tiefer gelegenen Teil der Stadt. Hier wurden Beschlüsse gefasst, die Auswirkungen auf die ganze Provinz Tarraconensis hatten.

FÒRUM PROVINCIAL, PLAÇA DEL FÒRUM, EINTRITT: FREI. FÒRUM LOCAL, CARRER DE LLEIDA, WWW.MUSEUTGN.COM, T 977 242579, GEÖFFNET: APR.-SEPT. DI-SA 9.00-21.00, SO 9.00-15.00, OKT.-MÄRZ DI-SA 9.00-19.00, SO 10.00-15.00, EINTRITT: 3,15 €

MONUMENT ALS CASTELLS ist ein eindrucksvolles Monument zu Ehren der *casteller* in Tarragona. Während des Stadtfestes von Santa Tecla im September findet der spektakulärste Auftritt der *castellers* statt. Dabei geht es nicht darum, einen möglichst hohen menschlichen Turm zu bauen, sondern sich mit vier Lagen *castellers* auf einer bestimmten Route fortzubewegen. Gestartet wird an der Santa-María-Kirche. Die unteren *castellers* müssen von nun an ganz vorsichtig vorwärtsgehen und Treppen auf und ab laufen. Bei der Straße Baixada Misercordio geht es hinunter, dann führt der Weg zum Rathaus auf der Plaça de la Font. Der Bürgermeister wirft vom Balkon einen speziellen Gurt hinunter, der dem obersten *casteller* (meistens einem Kind mit Helm) angelegt wird. Unter dem Applaus der Zuschauer wird die Person dann auf den Balkon gezogen. Alles in allem eine spannende Vorführung, bei der nicht alle Teilnehmer die Ziellinie erreichen.

RAMBLA NOVA (NAHE DER PLAÇA IMPERIAL TARRACO)

ESSEN & TRINKEN

Ein englisches Frühstück oder spezielle Touristenmenüs sind in Tarragona eine Seltenheit. Lecker essen kann man jedoch, umgeben von römischen Überresten, in der Altstadt oder in einem *chiringuito* (Strandlokal).

GRAN PENYA BARCELONISTA DE TARRAGONA Diese Kneipe des offiziellen Fanclubs vom FC Barcelona liegt direkt neben dem Rathaus und ist ein beliebter Ort, um *el vermut* zu trinken. Hier kann man Brautpaare auf dem Weg zur Trauung beobachten, außerdem verpasst man garantiert kein einziges Fußballspiel der Primera División.

PLAÇA DE LA FONT 4, T 977 238819, GEÖFFNET: TÄGLICH 12.00-1.00, PREIS: WERMUT 2 €

In ganz Katalonien, vor allem aber in Tarragona, ist es üblich, sich am Samstag- oder Sonntagvormittag mit Freunden oder der Familie zu el vermut *zu treffen. Man trinkt einen Wermut, isst dazu Chips und Oliven und stößt auf ein schönes Wochenende an.*

SHA bei der Kathedrale Santa María ist eine Bar in einem Secondhandladen oder ein Secondhandladen in einer Bar. Die Inhaber, der Brasilianer Sotero und die Katalanin Judith, machen sich darüber keine Gedanken. Hier gibt es Pfefferminztee, Bier oder ein Brötchen mit Hummus und gegrilltem Gemüse.

PLÀ DE LA SEU 9, GEÖFFNET: MO-FR 10.30-13.30 & 17.30-20.30, SA 11.00-13.30 & 18.00-20.30, PREIS: 10 €

TOP 10

PIZZERIA PULVINAR serviert *pizza romana* und andere italienische Gerichte. Wo sich die römischen Kaiser früher von ihrem *pulvinar* (königlicher Balkon) aus eine Zirkusvorstellung ansahen, können Gäste heute schön essen. Draußen auf der Terrasse fallen zusätzliche Servicekosten an.

CARRER FERRERS 20, T 977 235631, GEÖFFNET: MI-MO 13.00-15.45 & 20.00-23.30, PREIS: 20 €

CERVESERIA LA NAU Wer etwas echten spanischen *jamón* probieren möchte, auf den wartet der Räucherschinken schon auf der Bar. Andere Tapas gibt es natürlich auch und dazu alle möglichen Biersorten, die für den großen Durst auch in einem fünf Meter langen Rohr serviert werden. Die Spezialität des Hauses ist *montadito*, ein kräckerartiges Brötchen.

CARRER LA NAU 12, T 977 228719, GEÖFFNET: DI-SA 13.00-16.00 & 20.00-0.00, SO 13.00-16.00, PREIS: 15 €

SHA

CERVESERIA LA NAU

LES VOLTES ist für Einheimische ein Restaurant für ganz besondere Anlässe. Zwar isst man dort nicht gerade günstig, dafür aber an einem historischen Ort. Die Bögen über den Tischen waren Teil des römischen Zirkus und sind über 1000 Jahre alt. Achtung: Hier wird auf die Kleidung geachtet, also keine kurzen Hosen anziehen.

CARRER TRINQUET VELL 12, WWW.RESTAURANTLESVOLTES.CAT, T 977 230651, GEÖFFNET: MI-SA 13.00-19.00 & 20.30-0.00, SO 13.00-19.00, PREIS: 35 €

MIRALL D'ESTIU ist ein typisches Strandrestaurant, das sich den gemütlichen Charakter eines *chiringuito* erhalten konnte. Auf der Speisekarte stehen Fisch- und Reisgerichte wie gegrillte Sardinen und Paella mit schwarzem Reis. Es ist nur am Wochenende geöffnet und immer gut besucht.

APARTAMENTS PLATJA LLARGA S/N, WWW.MIRALLDESTIU.ES, T 977 208420, GEÖFFNET: FR-SO 13.00-16.00 & 19.00-23.00, PREIS: 20 €

PALAU DE BARÓ Die Mauern dieses Restaurants, das sich in einem Palast aus dem Jahr 1867 befindet, sind vom katalanischen Maler Marià Fortuny bemalt worden. Foie gras mit Feigenmarmelade ist die Spezialität des Hauses. Tipp am Wochenende: das Menü mit Tapas und einer Paella als Hauptgericht.

CARRER DE SANTA ANA 3, WWW.PALAUDELBARO.COM, T 977 241464, GEÖFFNET: DI-SA 13.00-16.00 & 20.30-23.00, SO 13.00-16-00, PREIS: 18 €

SHOPPEN

Zum Shopping empfehlen sich die Rambla Vella und die Rambla Nova, die alte und die neue Promenade. Hier gibt es viel Markenkleidung, ausgefallene Läden liegen eher in den kleineren Einkaufsstraßen im Zentrum. Beinahe jeden Tag findet ein Markt statt, mittwochs und samstags auf der Plaça del Fòrum und dienstags und donnerstags auf der Rambla Nova.

XARCUTERIA CUADRAS Hier gibt es *coca*, die katalanische Schwester der Pizza, als süße und als herzhafte Variante. Ein Geheimtipp ist die *coca amb espinacs i piñones* (mit Spinat und Pinienkernen).

RAMBLA NOVA 65, WWW.CUADRASXARCUTERIA.COM, T 977 242822, GEÖFFNET: MO 17.00-20.45, DI-SA 9.00-13.45 & 17.00-20.45

DIOSAS ist der ideale Ort, um ein schönes Outfit für einen Partyabend zu erstehen. Da die Inhaberin ein großer Fan von Filmen mit Marilyn Monroe und Audrey Hepburn ist, hat sie persönliche Sammelstücke geschmackvoll in den Laden integriert. Die Kleidung ist sexy, originell, romantisch und oft rosafarben. In den stilvollen Umkleidekabinen fühlt man sich wie ein echter Star, eine *diosa* (Göttin). Aus den Lautsprechern schallen alte Hits aus bekannten Musicals.

RAMBLA NOVA 27, T 977 253929, GEÖFFNET: MO-SA 10.00-14.00 & 17.00-20.30

SHIVA MUSIC Wer Musik aus den 1960er- und 1970er-Jahren mag, sollte in diesen etwas psychedelisch anmutenden Plattenladen gehen. Die Chance ist groß, dass Sie zwischen all den CDs und Vinylplatten auf ein ganz besonders außergewöhnliches Exemplar stoßen.

CARRER DE COS DEL BOU 13-15, WWW.SHIVAMUSIC.ES, T 977 240819, GEÖFFNET: MO-FR 10.30-13.30 & 17.30-20.30, SA 11.00-13.30 & 18.00-20.30

100% THERE

Die Einwohner Tarragonas klagen manchmal über ihr "Leben auf dem Dorf" und das Phänomen des "Jeder kennt jeden". Nicht so die Besucher – für sie gibt es mehr als genug zu tun und Neues zu entdecken.

SPAZIERGANG ZU RÖMISCHEN RUINEN Eine gute Art, die Überreste aus römischer Zeit zu besichtigen, ist ein geführter Stadtrundgang. In zwei Stunden kommen Sie zu allen wichtigen Highlights – auch den unterirdischen Gängen des Zirkus. Im Juli und August werden englischsprachige Führungen angeboten. Erkundigen Sie sich rechtzeitig, wann diese stattfinden.

RUTA ROMANA, OFICINA DE TURISME TARRAGONA, CARRER MAJOR 39, WWW.TARRAGONATURISME.CAT, T 977 250795, PREIS: 4,20 €

RELAXEN IM CAMP DE MART In diesem Stadtpark werden im Sommer Konzerte gegeben, und Senioren spielen hier täglich Boule. Außerdem ist dies der ideale Ort für ein Picknick. Ein reizvolles Extra gibt es kostenlos dazu: die Aussicht auf die römischen *muralles*.

CARRER D'ALFRED OPISSO 3

GELD ABHEBEN BEI CAIXA DE PENSIONS DE BARCELONA ist ein besonderes Erlebnis. Durch das Fenster hinter dem Geldautomaten sieht man riesige Treppenstufen, die zu einer Steintribüne gehörten, auf der früher das Zirkuspublikum saß. Um diese Überreste zu erhalten, beschloss die Bank La Caixa, die Treppen in ihre Filiale zu integrieren.

PLAÇA DE LA FONT 45

STRANDTAG Tarragona ist eine Küstenstadt und hat drei schöne Sandstrände. La Platja del Miracle ist der eigentliche Stadtstrand hinter dem Amphitheater. An einem sonnigen Tag ist er meist gut besucht und das Meerwasser nicht immer sauber. Angenehmer ist der Strand Platja Arrabassada, ein paar Kilometer von der Stadt entfernt. Noch schöner (und noch weiter weg) ist Platja Llarga, ein langer Strand mit verschiedenen Lokalen.

SHIVA MUSIC Ⓛ

AUSGEHEN

Natürlich gibt es in Tarragona nicht so ein großes Angebot wie in Barcelona, aber wer will, findet genug Lokale zum Ausgehen und Tanzen. Die besten Adressen befinden sich in der Innenstadt.

SALA EL CAU ist eine zeitgenössische Diskothek in einer unterirdischen Höhle. Junge DJs lassen die Besucher bis tief in die Nacht *rumba catalana*, Techno und Indie-Rock tanzen. Man kann ruhig seine bequemsten Tanzschuhe anziehen, denn es wird nicht darauf geachtet, was man trägt.

TRINQUET VELL 2, WWW.ELCAU.NET, T 977 239812, GEÖFFNET: TÄGLICH 22.00-4.00

HIGHLAND ist ein ehemaliges Kino, das zur Bar und Diskothek umgestaltet wurde. Hier wird jedes Fußballspiel übertragen. Am Wochenende ist auch der frühere Kinosaal geöffnet, dann können hier Gäste ab 25 Jahren zu aktuellen Hits und Klassikern aus den 1980er-Jahren tanzen.

RAMBLA VELLA 9, WWW.HIGHLANDTARRAGONA.COM, T 977 228335, GEÖFFNET: MO-MI 19.00-2.00, DO 19.00-3.00, FR-SA 17.00-5.00, SO 17.00-1.00

RELAXEN IM CAMP DE MART

LES GOLFES CLUB ist der ideale Ort, um vor dem Nachhausegehen noch ein letztes Gläschen zu genießen. Erst weit nach Mitternacht wird es so richtig voll. Aus den Lautsprechern schallt Pop- und Electro-Musik. Am Wochenende geben Rock-, Pop- und Folk-Gruppen Livekonzerte. Das Publikum ist bunt gemischt und zwischen 25 und 50 Jahre alt.
PAU DEL PROTECTORAT 5, T 667 525976, GEÖFFNET: DO-SA 23.30-6.00

ÜBERNACHTEN

In den 1970er-Jahren wurden in Tarragona Dutzende Hotels aus dem Boden gestampft. Was damals modern war, ist inzwischen etwas überholt. Es gibt jedoch einige schöne Hotels, in denen man übernachten kann.

HOSTAL AL-HAMBRA bietet mit seinen einfachen Zimmern eine preiswerte Übernachtungsmöglichkeit für all die, die wenig Wert auf Luxus legen. In der Bar im Erdgeschoss werden diverse Biere und *mulsum*, eine römische Weinsorte, ausgeschenkt.
CARRER ESTANISLAO FIGUERAS 51, WWW.HOSTALALHAMBRATARRAGONA.COM, T 977 248933, PREIS: 18 €

HOTEL LAURIA ist in einem beeindruckenden Herrenhaus auf der Rambla Nova untergebracht, nur ein paar Schritte vom Aussichtspunkt auf das Meer entfernt. Es gibt Zimmer mit Balkon und ein Schwimmbad im Freien.
RAMBLA NOVA 20, WWW.HOTEL-LAURIA.COM, T 977 236712, PREIS: HOCHSAISON 79 €, NEBENSAISON 69 €

HOTEL MAS LA BOELLA ist eine romantische Unterkunft mit schlicht eingerichteten Zimmern in der waldreichen Umgebung vor den Toren Tarragonas. Die Inhaber produzieren ihr eigenes Olivenöl und ihren eigenen Wein. Verkauft wird beides in der ehemaligen Ölmühle auf dem Gelände. Es gibt dort auch ein Restaurant.
AUTOVIA TARRAGONA-REUS KM 12, LA CANONJA, WWW.LABOELLA.COM, T 977 771515, PREIS: 150 €

REUS STADT

MODERNISTISCHE UNTERNEHMERSTADT

Der Bau einer Burg im 12. Jahrhundert war auch der Anlass für die Entstehung von Reus. Von dieser Festung sind inzwischen nur noch ein paar Mauerreste übrig, die man auf der Plaça del Castell neben der Església Prioral de Sant Pere anschauen kann. Im 19. Jahrhundert florierte die Stadt aufgrund des Exports von Branntwein. In Europa wurde Reus damals sogar in einem Atemzug mit großen Städten wie London und Paris genannt.

Viele Menschen aus den umliegenden Dörfern kamen früher nach Reus, um dort ihre Waren zu verkaufen. Die Einwohner der Stadt sind noch heute Unternehmer mit Leib und Seele, was die Vielzahl der Geschäfte in der Innenstadt beweist.

Am 25. Juni 1852 wurde der weltberühmte katalanische Architekt Antoni Gaudí in Reus geboren. Die Kirche, in der er getauft wurde, sowie die Stadtteile, in denen er mit seinen Freunden spielte, kann man noch heute aufsuchen. Aufgrund der guten wirtschaftlichen Lage konnte sich in Reus auch der katalanische Modernismus bestens entwickeln. Der Architekt Lluís Domènech i Montaner hat mit verschiedenen modernistischen Häusern das Stadtbild geprägt. In der Einkaufsstraße, die die Plaça de Prim mit der Plaça del Mercandal verbindet, stehen die meisten modernistischen Häuser.

Über die Bedeutung des Namens Reus (Aussprache: Ree-us) sind sich die Einwohner uneins. Manche behaupten, dass dies der lateinische Name für ein römisches Gefängnis war, denn die Römer brachten ihre Gefangenen aus Tarraco hierher. Andere halten dagegen, dass der Name auf das keltische Wort für "Wegkreuzung" zurückgeht.

SEHENSWÜRDIGKEITEN

Gaudí-Liebhaber kommen in Reus voll auf ihre Kosten. Die Erinnerung an den weltberühmten Sohn Kataloniens ist hier noch sehr lebendig.

GAUDÍ CENTRE ist ein interaktives Museum über den bekanntesten Sohn der Stadt. Man erhält mittels Fotos, Filmen und Nachbildungen zum "Anfassen" einen guten Einblick in die genialen Denkstrukturen des innovativen Architekten. Wie war seine Jugend? War er gut in der Schule? Wie sah sein Arbeitszimmer aus? Es ist ein inspirierender Ort für diejenigen, die Antoni Gaudí kennenlernen möchten oder etwas mehr über ihn erfahren wollen.

PLAÇA DEL MERCADAL 3, WWW.GAUDICENTRE.COM, T 977 010670, GEÖFFNET: TÄGLICH JULI-SEPT. 10.00-20.00, OKT.-JUNI 10.00-14.00 & 16.00-19.00, EINTRITT: 7 €

REUS STADT

SEHENSWÜRDIGKEITEN
> S. 265–267

1. BARRI GAUDÍ
2. ESGLESIA PRIORAL DE SANT PERE
3. GAUDÍ CENTRE
4. SCULPTURE GAUDÍ NEN

ESSEN & TRINKEN
> S. 267–269

5. CAFÉ DE REUS
6. CRÊPERIE BRETONNE KENAVO
7. GAUDÍR RESTAURANT
8. PEIXATERIES 8

SHOPPEN
> S. 269–270

9. COTÉ SUD
10. MERKART

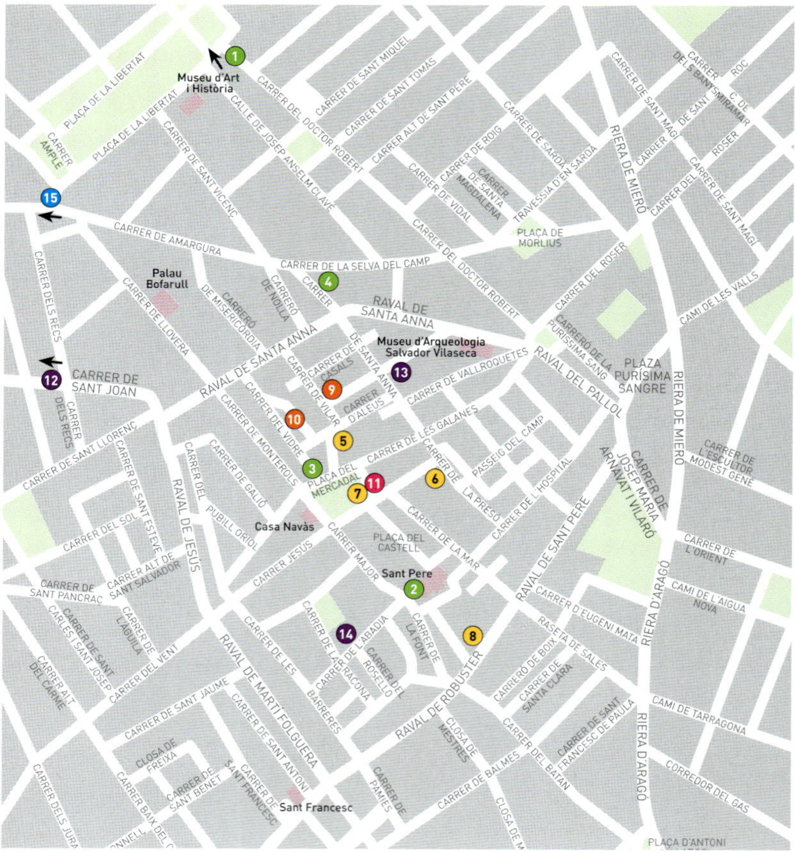

100% THERE
> S. 270
11. MODERNISTISCHER ROUTE FOLGEN

AUSGEHEN
> S. 273
12. KEYBOARD JAZZ LOUNGE
13. LA FERRETERIA
14. TEATRE BARTRINA

ÜBERNACHTEN
> S. 273
15. MAS DE SERRA

SCULPTURE GAUDÍ NEN ist eine Skulptur auf der Carrer de la Selva del Camp. Sie stellt Gaudí als spielenden Jugendlichen dar und wurde 2002 zu seinen Ehren angefertigt. Das Haus, in dem Gaudí geboren wurde, kann man nicht von innen besichtigen, man kann jedoch in der Carrer de l'Amargura die vom Künstler signierte Fassade bewundern. Gaudís Grundschule war die Schulgemeinschaft Pías in der Carrer de Misericòrdia, das heutige Institut Salvador Vilaseca.
CARRER DE LA SELVA DEL CAMP

Die Einwohner des nahe gelegenen Dorfes Ruidoms behaupten, dass Gaudí nicht in Reus, sondern in Ruidoms geboren wurde. Hier wohnten nämlich seine Großeltern. Da es zu dieser Zeit üblich war, dass eine Mutter ihr Kind in ihrem Elternhaus zur Welt brachte, könnte dies tatsächlich stimmen. Das Haus wurde auf jeden Fall zu einem wenig spektakulären Museum umgebaut.

ESGLESIA PRIORAL DE SANT PERE ist eine Kirche aus dem 16. Jahrhundert, die ihren Namen dem Schutzpatron von Reus, Sant Pere, verdankt und während des Spanischen Bürgerkriegs zum Teil zerstört wurde. Der Altar, der heute in der Kirche steht, wurde damals aus den Trümmern gerettet. In dieser Kirche wurde der kleine Gaudí getauft.
CARRER MAJOR NAHE DER PLAÇA DE LES PEIXATERIES VELLES, GEÖFFNET: TÄGLICH 10.30-12.30 & 17.00-19.00

BARRI GAUDÍ ist ein nach dem Künstler benannter Stadtteil, der 1967 vom Architekten Ricardo Bofill aus Barcelona geplant wurde. Bofill entwarf 2006 auch das Terminal 1 des Flughafens Barcelona. Leider wird das Viertel nicht besonders gut gepflegt, die Formen und Farben der Häuser erinnern jedoch auf jeden Fall an Gaudí.
DIE GEGEND UM DIE CARRER DE LA MAGDA FOLCH SOLÉ

BARRI GAUDÍ

ESSEN & TRINKEN

Haben Sie schon einmal ein Kunstwerk von Gaudí gegessen? In Reus ist das tatsächlich möglich.

GAUDÍR RESTAURANT Der mit einem Michelin-Stern ausgezeichnete Koch Diego Cambos serviert seine köstlichen Kreationen auf dem Dach des Gaudí Centre. Die Präsentation der Gerichte überrascht: Einige ähneln nämlich den Kunstwerken Gaudís. Auf den weißen Loungesofas kann man mit Aussicht auf die Innenstadt auch nur etwas trinken.

PLAÇA DEL MERCANDAL 3, WWW.GAUDIRESTAURANT.COM, T 977 127702, GEÖFFNET: MO-SA 13.30-15.30 & 20.30-23.00, SO 13.30-15.00, PREIS: 25 €

CAFÉ DE REUS wirkt wie ein gemütliches, rosa gestrichenes Wohnzimmer. Hier kann man den Tag wunderbar mit einem Tee oder Kaffee und einem Croissant oder mit *churros* (süße, frittierte Teigstangen) beginnen. Brunch gibt es auch.

CARRER DE METGE FORTUNY 3, WWW.CAFEDEREUS.COM, T 977 126266, GEÖFFNET: TÄGLICH 8.00-1.00, PREIS: CROISSANT 2 €

CRÊPERIE BRETONNE KENAVO ist ein einfaches Lokal, in dem leckere französische Crêpes zubereitet werden. Auch die herzhafte Variante aus der Bretagne, die *galletes*, sind eine echte Versuchung.

CARRER DE LES CARNISSERIES VELLES 7, T 977 343415, GEÖFFNET: TÄGLICH 13.00-15.45 & 20.00-0.00, PREIS: 13 €

PEIXATERIES 8 bietet Fischgerichte und Tapas, wie die Katalanen es schätzen: große Portion, kleiner Preis. Die Cocktailspieße der Tapas muss man aufheben, denn danach erstellt der Ober die Rechnung. Als Dessert sollte man die örtliche Spezialität probieren: *menjar blanc*, eine Haselnusscreme.

PLAÇA DE LES PEIXATERIES VELLES 8, WWW.PEIXATERIES8.COM, T 977 340752, GEÖFFNET: DI-SO 20.00-0.00, PREIS: 15 €

SHOPPEN

Reus hat das größte Einkaufszentrum der Provinz Tarragona. Marken wie Zara, Mango und Pull & Bear sind hier vertreten. Die kleineren Geschäfte befinden sich in dem Gebiet, das die Einheimischen Tomb de Ravals nennen, also in den Straßen zwischen den Plätzen Plaça del Prim und Plaça del Mercandal.

Im 13. Jahrhundert begannen Händler aus Reus damit, in Barcelona Haselnüsse zu verkaufen. Inzwischen kommen 90 Prozent aller in Spanien verkauften Haselnüsse aus Reus. 1997 erhielt diese Haselnuss das D.O.-Prädikat.

COTÉ SUD verkauft einen fröhlichen Mix aus Vintage-Wohnaccessoires, romantischen Stoffen und Tapeten. Die Inhaberin ist immer auf der Suche nach Entwürfen junger Designer, die ihre Kollektion gut ergänzen.

CARRER D'UND VILAR 1, WWW.COTESUDREUS.BLOGSPOT.COM, T 977 343794, GEÖFFNET: MO 10.30-13.30, DI-SA 10.30-13.30 & 17.00-20.30

MERKART ist ein einladendes Kunstgeschäft, das von der Tochter des Galeristen Antoni Pinyol gegründet wurde. Sie hat ein großes Angebot an bezahlbaren Werken von zeitgenössischen Künstlern aus der Region.

CARRER DE VIDRE 11, WWW.MERKART.COM, T 977 341041, GEÖFFNET: DI-SA 11.00-14.00 & 18.00-20.30

100% THERE

Die Besonderheiten in Reus haben meist mit Gaudí und dem *Modernisme* zu tun. Sehenswert sind die Fassaden der in diesem Stil gestalteten Häuser: Sie weisen Blumenelemente , fröhliche Farben und originelle Muster als Dekor auf.

Reiche Leute gaben auch früher schon gern mit ihren Häusern an, dabei spielte die Größe jedoch weniger eine Rolle als die Ausprägung der Fassade: Je origineller die Verzierungen, desto besser für das Renommee.

TOP 10

MODERNISTISCHE ROUTE Einige der besonders eindrucksvollen modernistischen Häuser kann man auch von innen besichtigen. Am beeindruckendsten ist die Casa Navàs, die heute jedoch in Privatbesitz und daher nur teilweise zugänglich ist. Sie wurde vom Architekten Lluís Domènech i Montaner entworfen, der auch verantwortlich war für das Hospital de Sant Pau in Barcelona und die psychiatrische Einrichtung Pere Mata etwas außerhalb des Zentrums. Obwohl dort immer noch Patienten behandelt werden, kann man es besuchen. Die schöne Fassade kann man natürlich sowieso jederzeit ausführlich betrachten. Die Stationen eines lohnenden modernistischen Spaziergangs sind in einer Informationsbroschüre beschrieben.

RUTA DEL MODERNISME, GAUDÍ CENTRE, PLAÇA DEL MERCADAL 3, WWW.REUSTURISME.CAT, T 977 010670, ENGL. FÜHRUNG: 15. JULI-15. SEPT., PREIS: 7 €

CASA NAVÀS, PLAÇA DEL MERCADAL 5, GEÖFFNET: SA 11.00-13.00, EINTRITT: 10 €, INSTITUT PERE MATA CARRETERA INSTITUT PERE MATA S/N, T 977 338565, GEÖFFNET: SA 16.30, EINTRITT: 5 €

GAUDIR RESTAURANT

LA FERRETERIA

AUSGEHEN

In Reus gibt es viele gute Bars und gemütliche Lokale, man muss den Abend also ganz bestimmt nicht in seinem Hotelzimmer verbringen.

TEATRE BARTRINA ist neben dem Liceu in Barcelona eines der schönsten Theater Kataloniens und wurde 1905 gebaut. In dem prächtigen Theatersaal sitzt man auf roten Plüschsesseln im Parkett oder oben auf einem goldfarbenen Balkon.

PLAÇA DEL TEATRE 1, WWW.CAER.CAT, T 977 010658, KARTENVERKAUF TÄGLICH 18.00-20.00, EINTRITT: 12 €

LA FERRETERIA ist die bekannteste Bar in Reus. Sie befindet sich in einem alten Eisenwarengeschäft aus dem Jahr 1850. Man fühlt sich wie in einem vollen Lager, so viele Gegenstände aus Eisen stehen überall herum. Wer lieber etwas in einer Bar isst oder trinkt, die an ein Gefängnis erinnert, der ist in der Bar Presó genau richtig. Sie befindet sich in derselben Straße in Hausnummer 7.

PLAÇA DE LA FARINERA 10, WWW.LAFERRETERIADEREUS.COM, T 977 340326, GEÖFFNET: SO-DO 10.00-0.00, FR-SA 10.00-1.00

KEYBOARD JAZZ LOUNGE ist eine schöne Cocktailbar, die zum Entspannen bei (Live-)Jazzmusik einlädt. Die Atmosphäre ist sehr angenehm, an den Wänden hängen zahlreiche Fotos von Künstlern.

CARRER ROGER DE BELFORT 46, T 977 311519, GEÖFFNET: MO-DO 18.00-2.30, FR-SO 18.00-3.00

ÜBERNACHTEN

MAS DE SERRA ist ein ruhig gelegenes, renoviertes *masía* aus dem 12. Jahrhundert außerhalb von Reus. In den Wintermonaten gibt es hier *calcots* und am Morgen ein typisch katalanisches Frühstück. Es herrscht eine sehr lockere Atmosphäre. Pferdefreunde können den Reitstall in der Nähe aufsuchen.

CARRETERA DE VILALLONGA S/N, VILLALONGA DEL CAMP, WWW.MASDESERRA.COM, T 977 269065, PREIS: 30 €

COSTA DAURADA REGION

GOLDENE KÜSTE MIT GESCHICHTE

Die Costa Daurada ist ein typisches Urlaubsziel für den Massentourismus. Die Strände sind nach wie vor herrlich, aber die Boulevards vieler Küstenorte sind mittlerweile mit riesigen Hotelanlagen zugebaut. Und doch haben die meisten Orte eine interessante Geschichte und unterschiedliche Freizeitaktivitäten zu bieten. Das Strandleben steht an der "Goldküste" an erster Stelle, daneben gibt es viele Sportangebote und Attraktionen für Kinder – vom Freizeitpark bis hin zur Safari.

Die schönsten Strände der Costa Daurada befinden sich in Calafell, El Vendrell (Coma-Ruga), Cambrils, Altafulla, Salou en Tarragona (Platja Llarga). Zwischen L'Hospitalet de l'Infant und Calafat liegt ein ewig langer Sandstrand. Eine etwas unschöne Begleiterscheinung des Strandes von L'Almadrava sind die zwei Kernkraftwerke auf der linken Seite.

Früher hieß die Costa Daurada wegen der sechs Balearischen Inseln, die ihr gegenüberliegen, Mar Balear. Costa Daurada ist der Name, den ihr die Touristen gaben.

CALAFELL

Calafell ist ein ehemaliges Fischerdorf und inzwischen ein Touristenziel erster Klasse.

CIUTADELLA IBÈRICA DE CALAFELL Im Stadtteil Segur de Calafell liegen die Überreste einer ehemaligen iberischen Siedlung aus dem Jahr 200 v. Chr. Ein Teil der Stadt wurde rekonstruiert, man kann so gut erkennen, wie die Häuser und Straßen früher aussahen.

CARRETERA DE SANTA CREU DE CALAFELL C-31 KM 141, WWW.CIUTADELLAIBERICA.COM, T 977 694683, GEÖFFNET: DI-SO 10.00-14.00, SA 16.00-18.00, EINTRITT: 4 €

RISTORANTE GIORGIO Chefkoch Giorgio Serafini serviert inzwischen seit über 40 Jahren italienische Gerichte und wurde dafür zum Ritter der Italienischen Republik ernannt. Die Zutaten bekommt er aus Italien und sie enthalten weder Farbstoffe noch Geschmacksverstärker. Das Gemüse stammt aus dem hauseigenen biologischen Garten. Das Restaurant wurde bereits von Berühmtheiten wie Pep Guardiola, Gabriel García Márquez und Mario Vargas Llosa besucht.

CARRER D'ÀNGEL GUIMERÀ 4, WWW.RISTORANTEGIORGIO.COM, T 977 691159, GEÖFFNET: JULI-AUG. TÄGLICH 13.30-16.30 & 20.30-23.30, OKT.-JUNI FR-SO 13.30-16.30 & 20.30-23.30, PREIS: MITTAGESSEN 26 €, ABENDESSEN 36 €

NORDIC WALKING An den Stränden in der Umgebung von Calafell kann man auch wunderbar sportlich wandern. An Wochenenden werden Nordic-Walking-Touren von eineinhalb Stunden angeboten. Nicht vergessen: Sie brauchen einen Pass als Pfand und sollten ausreichend Wasser dabeihaben.

PATRONAT DE TURISME ACTIU CALAFELL, PLAÇA DELS PAÏSOS CATALANS, WWW.TURISME.CALAFELL.CAT, T 977 699141, START TOUR SA-SO 9.00, TEILNAHME KOSTENLOS

EL VENDRELL

Das Zentrum von El Vendrell liegt nicht am Strand, der Stadtteil Coma-Ruga jedoch schon. Hier wurde 1919 die Heilkraft einer natürlichen Quelle festgestellt.

THERMALWASSER In l'Estany i el Riuet, einem kleinen See an der Platja Coma-Ruga, kann man in Thermalwasser baden, das von einer Quelle im Bonastre-Bergmassiv hierherfließt. Es soll bei Gelenkschmerzen und Hautkrankheiten helfen und sich beruhigend auf das Nervensystem auswirken.

SAFARI- UND WASSERPARK AQUALEON Etwas außerhalb von El Vendrell kann man aus dem eigenen Auto oder vom Safaribus aus Zebras, Nashörner, Elefanten und Löwen betrachten. Danach gibt es Abkühlung im Aqualeon, einem Wasserparadies mit kurvigen Rutschen. In den Wintermonaten ist der Safaripark nur für Gruppen von mindestens 30 Personen zugänglich, und das Wasserparadies ist geschlossen.

FINCA LES BASSES S/N, ALBINYANA, WWW.AQUALEON.ES, T 977 687656, GEÖFFNET: 15. JUNI-15. SEPT. TÄGLICH 10.00-18.00, EINTRITT: 21 €, KINDER 16 €

IM MEER SCHNORCHELN An der Küste von Coma-Ruga erwartet die Besucher eine fantastische Unterwasserwelt. Das Fremdenverkehrsamt organisiert von Juni bis September dreistündige Schnorchelkurse – Voranmeldung nötig.

OFICINA DE TURISME, AVINGUDA BRISAMAR 1, WWW.ELVENDRELLTURISTIC.COM, T 977 680010, PREIS: KURS 20 €

LE MERIDIEN RA BEACH HOTEL & SPA ist ein großer Spa-Komplex, der das heilkräftige Wasser aus der Quelle beim Strand von Coma-Ruga nutzt. 1929 war das Haus als Heim für kranke Kinder von König Alfons XIII. eröffnet worden. Heute ist das Spa bei den Fußballspielern von Barca beliebt. Auch Penélope Cruz hat sich hier mit ihrem ehemaligen Freund Matthew McConaughey entspannt.

AVINGUDA SANATORI 1, WWW.LEMERIDIENRA.ES, T 977 694200, GEÖFFNET: TÄGLICH 9.00-21.00, PREIS: SPA 30 €

RODA DE BARÀ

Zur Römerzeit führte die Vía Augusta quer durch diesen Küstenort. Das berühmte Viertel Roc de Sant Gaietá sollte man unbedingt gesehen haben.

CIUTADELLA IBÈRICA DE CALAFELL, CALAFELL

VILA CLOSA

ARC DE BERÀ Für den Besuch von Kaiser Augustus in Tarraco wurde eigens eine Straße angelegt, die Vía Augusta. Diese führte von Rom über Tarragona zum heutigen Cadíz. Teile sind noch erhalten geblieben, so etwa der Arc de Berà, ein römischer Triumphbogen an der N-340 zwischen Roda de Barà und Creixell. Er wurde als Teil des archäologischen Ensembles von Tarraco 2000 zum UNESCO-Welterbe erklärt.
CARRETERA N-340, ZWISCHEN RODA DE BERÀ UND CREIXELL

ROC DE SANT GAIETÁ ist die Bezeichnung für ein am Meer liegendes Wohnviertel, in dem verschiedene Baustile verwendet wurden. Es stehen dort Häuser, die in den 1960er-Jahren von reichen *indianos* in Auftrag gegeben wurden. Sie investierten ihr in Übersee verdientes Geld auch in Fischerhütten auf Ibiza oder in Patios in Granada.
RODA DE BARÀ

ALTAFULLA

Das mittelalterliche Zentrum des Ortes steht unter Denkmalschutz. Badefreunde können sich am schönen Strand sonnen.

VILA CLOSA ist der mittelalterliche Stadtkern, der von einer Stadtmauer umgeben ist und den touristischen Höhepunkt Altafullas darstellt. Hier liegen zahlreiche Landhäuser reicher Katalanen, die zwischen dem 16. und 18. Jahrhundert errichtet wurden. Auf einem Felsen thront die Burg von Altafulla, die sich in Privateigentum befindet.

VIL·LA ROMANA DELS MUNTS war einmal ein luxuriöser Palast, der einem einflussreichen Statthalter der Provinz Tarraconensis gehörte. Allein schon die erhalten gebliebenen Ruinen, die Mosaike und Teile einer Sauna machen deutlich, in welchem Überfluss und Reichtum der Statthalter und seine Familie lebten.
PASSEIG DEL FORTÍ S/N, T 977 236209, GEÖFFNET: DI-SO 10.00-13.30 & 16.00-20.00, EINTRITT: 1,80 €

BOTIGUES DE MAR ist Altafullas Strandboulevard, an dem kleine Lagerhäuser stehen, in denen Händler und Fischer im 18. Jahrhundert Wein und Cognac aufbewahrten, um beides nach Amerika zu verschiffen und im Gegenzug Kakao und Indigo aus der Neuen Welt zu holen. Im vorigen Jahrhundert wurden viele Lagerhäuser zu Wohnhäusern umgebaut. Heute gibt es dort Geschäfte und Restaurants.
BOTIGUES DE MAR

GRAN CLAUSTRE ist ein Viersternehotel, das sich in einem Haus aus dem Jahr 1746 in der Nähe der Burg von Altafulla befindet. Der Charme vergangener Zeiten wurde mit den Annehmlichkeiten des 20. Jahrhunderts wie Schwimmbad, Spa und Whirlpool kombiniert. Essen kann man im Hotel-Restaurant Les Bruixes de Burriac.
CARRER DEL CUP 2, WWW.GRANCLAUSTRE.COM, T 977 651557, GEÖFFNET: RESTAURANT DI-SA 13.30-15.30 & 20.30-22.30, SO 13.30-15.30, PREIS: 45 €, ZIMMER 169 €

SALOU

Salou bedeutet wörtlich Salz (sal) und Ei (ou).

TOP 10

PORT AVENTURA ist der größte katalanische Freizeitpark und bietet riesige Achterbahnen, Wasserrutschen und jede Menge weitere spektakuläre Attraktionen. Der Park ist so groß, dass ein Tag nicht reicht, um alle Angebote zu nutzen. Baden kann man hier übrigens auch gut, und zwar im Caribe Aquatic Park.

AVINGUDA DE L'ALCALDE PERE MOLAS S/N, WWW.PORTAVENTURA.ES, T 902 202220, GEÖFFNET: TÄGLICH 10.00-19.00, EINTRITT: 44 €, KINDER 38 €

CAMBRILS

Die Küstenstadt Cambrils gilt als "kulinarische Hauptstadt" der Costa Daurada. Die Restaurants sind vor allem auf Fisch und Meeresfrüchte spezialisiert.

BRESCA ist ein kleines Restaurant mit nur sieben schwach beleuchteten Tischen. Xavi Ferraré zählt zur neuen Generation katalanischer Spitzenköche und ist häufig in Kochsendungen im spanischen Fernsehen zu sehen. Seine Gerichte sind ein Traum.

TRAVESSIA ÀNCORA 21, WWW.BRESCARESTAURANT.COM, T 977 369512, GEÖFFNET: DI-SA 13.00-15.30 & 20.30-22.30, SO 13.00-15.30, PREIS: 45 €

EL RINCÓN DE DIEGO ist das Restaurant von Koch Diego, der Menüs aus fünf Gängen zubereitet. Alle Gerichte auf der Speisekarte, auf der viel Fisch steht, wurden während der jährlichen Verkostung von Testessern für gut befunden. Das Restaurant wurde mit einem Michelin-Stern ausgezeichnet.

CARRER DRASSANES 19, WWW.RINCONDEDIEGO.COM, T 977 361307, GEÖFFNET: DI-SA 13.00-16.00 & 20.30-23.00, SO 10.30-16.00, PREIS: 45 €

Aufgrund von Proteinmangel war die Kindersterblichkeit an der Küste im Mittelalter hoch. Das änderte sich 1500 mit der Ankunft der niederländischen Handelsflotte. Die Holländer tauschten ihren Kabeljau und Hering gegen Wein aus Katalonien. Der Kabeljau ist inzwischen aus der katalanischen Küche nicht mehr wegzudenken.

HOTEL TERMES MONTBRIÓ wurde vor einigen Jahren zum besten Resort & Spa Europas gekürt. Der Komplex ist sechs Kilometer von Cambrils entfernt. Eine abwechselnd warme und kalte Aquatonic-Behandlung dauert drei Stunden. Es werden auch entspannende Anwendungen mit Schokolade und Wein angeboten.

CARRER NOU 38, MONTBRIÓ DEL CAMP, WWW.AQUATONIC.ES, T 977 814000, GEÖFFNET: MO-FR 10.00-14.00 & 16.00-20.00, SA 10.00-23.00, SO 10.00-20.00, PREIS: 33 €

GRAN CLAUSTRE, ALTAFULLA

PRIORAT STADT

BERGDÖRFER UND ROTWEIN

Die Kartäusermönche gründeten 1163 am Fuße des Berges Montsant ein Priorat (kleines Kloster). Sie wählten diesen spektakulären Ort aufgrund einer Vision eines Hirten, der hier eine Leiter aus dem Himmel kommen sah. Engel mit Weinkelchen in der Hand klommen die Leiter hinauf und hinunter. Die Mönche tauften den Ort darum Priorat de Scala Dei (Priorat von Gottes Treppe).

Die Mönche pflanzten Rebstöcke an und machten aus den Trauben Wein. Dieser kam so gut an, dass sie innerhalb kürzester Zeit das ganze Gebiet für den Weinanbau umpflügten (heute 1820 Hektar). Sieben Jahrhunderte später übernahm die Stadt das florierende Priorat. Nach der Vernichtung der Weinstöcke durch eine Reblausplage verließen viele Einwohner, die ihre Lebensgrundlage verloren hatten, die Region. Erst Mitte des 20. Jahrhunderts wurden hier erneut Weinstöcke gepflanzt mit dem Ziel, wieder den alten Qualitätswein zu erzeugen. Seit ungefähr 20 Jahren ist der kräftige und tiefrote, fast schwarze Wein wieder sehr populär.

Die zum Teil unwirtliche, von Bergen und Tälern geprägte Region hat jedoch noch mehr zu bieten als nur Wein. So kann man einige sehr schöne Dörfer besuchen, und das bizarr geformte Montsant-Gebirge hat sich zu einem Treffpunkt für Kletterer entwickelt. Die gut begehbaren Wanderpfade sind ebenfalls sehr beliebt und führen über grüne Hügel, die mit Eichen, Pappeln, Eukalyptus- und Westlichen Erdbeerbäumen bewachsen sind.

Der Tourismusverband Priorat hat eine interessante Audiotour zusammengestellt, die man während einer Autofahrt durch das Weingebiet abspielen kann. Die netten und lehrreichen Gespräche zwischen Marcel und Pep können Sie auf Spanisch, Katalanisch, Französisch oder Englisch hören. Schilder an den jeweiligen Touristenattraktionen besagen, welcher Titel gerade dazugehört. Weitere nützliche Informationen finden Sie unter www.paisatgesdelvi.com.

ESCALADEI

In diesem Dorf, einem spektakulären Stück Natur, hat die Geschichte des Priorats ihren Anfang genommen.

CARTOIXA DE SANTA MARÍA D'ESCALADEI ist das Kloster, in dem die Kartäuser früher lebten. Als der Staat das Gebiet beschlagnahmte und die Mönche fortgingen, stand es lange Zeit leer und wurde von Bauern größtenteils zerstört. Einige rekonstruierte Zimmer kann man heute besichtigen, genauso wie die unterirdischen Weinkeller, die als Weinlager dienen.

CAMÍ DE LA CARTOIXA S/N, WWW.MONESTIRS.CAT, T 977 827006, GEÖFFNET: TÄGLICH OKT.-MAI 10.00-13.00 & 15.00-17.00, JUNI-SEPT. 10.00-13.30 & 16.00-19.30, EINTRITT: 3 €

CORNUDELLA DE MONTSANT

Nach einem serpentinenreichen Bergpass führt die Schnellstraße C-242 zum Stausee Pantà de Siurana. Die 20 Kilometer lange Bergkette Montsant erhebt sich als ein riesiger Brocken aus der umliegenden Hügellandschaft. Im Tal befindet sich das kleine Dorf Cornudella de Montsant, in dem es reichlich Wein gibt.

Der Legende nach vermisste der Graf von Prades eines Tages seine Tochter. Sie hatte sich verlaufen und rief um Hilfe, indem sie Horn spielte. Der Graf fand sie an einem Ort im Tal wieder. Das Dorf, das dort gegründet wurde, heißt seitdem Cornu (Horn) d'ella (von ihr).

TOP 10

HISTORISCHE WANDERUNG Früher war die einzige Möglichkeit, ein anderes Dorf zu erreichen, ein Fußmarsch durch die Berge. Auch nach dem Ausbau des Straßennetzes sind diese Routen noch immer eine Wanderung wert, so etwa der Aufstieg von Cornudella de Montsant zum atemberaubenden Bergdorf Siurana. Eine Wanderkarte ist bei der Touristeninformation erhältlich.

COMTE DE RIUS S/N, T 977 821000, GEÖFFNET: DI-SA 9.00-14.00 & 16.00-19.00, SO 10.00-14.00

CANOA KAYAK Diese Kajak-Vermietstation sieht man gleich, wenn man zum Stausee fährt. Außer einer Kajaktour auf dem Pantà de Siurana kann man auch ein Kletterabenteuer an den steilen Wänden des Montsant-Gebirges buchen. Wer nicht klettern möchte, dem bleiben noch Bogenschießen, Mountainbikefahren und Wandern.

CARRETERA DE PANTÀ DE SIURANA, T 606 414223, GEÖFFNET: APR.-MAI & OKT.-NOV. SA-SO 10.00-19.00, JUNI-SEPT. TÄGLICH 10.00-19.00, PREIS: KANU 11 €/STD., KLETTERN 35 €

CARTOIXA DE SANTA MARÍA D'ESCALADEI

SIURANA

SIURANA

Siurana ist zweifelsfrei das schönste Bergdorf der Provinz Tarragona. Man fährt über den sensationellen Bergpass nach oben und sieht links und rechts Kletterer an den senkrechten Wänden hängen. Im Dorf stehen Dutzende von Steinhäusern, und man hat von dort eine wunderschöne Aussicht auf das Montsant-Gebirge und den Fluss Siurana.

TOP 10

HOTEL SIURANELLA ist ein ruhiges Hotel, das nur eine Gehminute vom Panorama-Aussichtspunkt entfernt liegt. Die Zimmer sind hell und vor allem bei Kletterern und Wanderern sehr beliebt. Ideal, um die reine Bergluft zu genießen.

CARRER DE RENTADORS S/N, WWW.SIURANELLA.COM, T 977 821144, PREIS: 113,50 €

In Siurana wurde 1153 die letzte maurische Bastion in Katalonien vernichtet. Der Legende nach versuchten Soldaten der spanischen Reconquista, hier die maurische Königin Abdelazia gefangen zu nehmen. Um ihren Feinden nicht in die Hände zu fallen, sprang sie mit ihrem Pferd von einem Felsen in die Tiefe des Montsant-Tals. In Siurana hält sich hartnäckig das Gerücht, dass der Hufabdruck hinter der romanischen Kirche von ihrem Pferd stammt.

TOP 10

CAMPINGPLATZ SIURANA ist ein Campingplatz für Wanderer, Rucksacktouristen und Bergsteiger, der in der Nähe der Kletterfelsen liegt. Die Hochsaison ist hier die Zeit von September bis Mai, wenn es noch nicht zu warm zum Klettern ist.

COLL DE GINEBRE S/N, WWW.CAMPINGSIURANA.COM, T 977 821383, PREIS: 10 € P. P.

FALSET

Falset zählt 3000 Einwohner und ist die Hauptstadt von Priorat. Die Dorfbewohner leben vom Weinverkauf und bezeichnen den zentralen Platz Plaça de la Quartera als den schönsten Platz der Region.

FERRER BOBET Entlang der steilen Berghänge schlängelt sich der Weg Richtung Falset, bis hinter einer scharfen Kurve ein modernes Weingut auftaucht. Dabei handelt es sich um ein beeindruckendes Gebäude hoch über dem Tal, das manche als Schiff beschreiben, das zwischen den Weinbergen gestrandet ist, andere als einen Paraglider, der am Rand des Abgrunds schwebt. Um an einer Besichtigung von Ferrer Bobet teilnehmen zu können, muss man im Voraus einen Termin vereinbaren.

CARRETERA DE FALSET KM 6,5, WWW.FERRERBOBET.COM, T 609 945532

Die Katalanen kaufen ihren Wein gewöhnlich a granell, *also in großen Mengen beim Erzeuger. Der einfache Tafelwein ist dann deutlich günstiger und wird in mitgebrachte (Plastik-)Flaschen abgefüllt. Er wird oft mit Mineralwasser getrunken.*

EL CELLER DE L'ASPIC Dieses moderne Slow-Food-Restaurant befindet sich in der Weinkooperative Falset-Marçà. Hier gibt es Experten zufolge die beste Weinkarte Kataloniens. Vor dem Mittagessen kann man sich durch die modernistische "Weinkathedrale" von Falset-Marçà, 1919 von Cèsar Martineil entworfen, führen lassen.
CARRER DE MIQUEL BARCELÓ 31, WWW.CELLERDELASPIC.COM, T 977 831246, PREIS: 30 €

MAS ARDEVOL ist ein renovierter Bauernhof aus dem 19. Jahrhundert mit drei rustikal eingerichteten Zimmern mit Terrasse. Man schläft in absoluter Ruhe zwischen Weinbergen, Olivenbäumen und Bergen.
CARRETERA FALSET-PORRERA KM 5300, WWW.MASARDEVOL.NET, T 630 324578, PREIS: 92 €

BELMUNT DEL PRIORAT

Bellmunt del Priorat ist als Ort nichts Besonderes, aber die Minen sind einen Besuch wert. Die Einwohner des nahe gelegenen Miravet stürmten 1838 das Dorf und raubten für den Bau einer Fabrik das Blei aus den Minen.

MUSEU DE LES MINES Wie sah das Leben der Bergarbeiter in diesem Dorf aus? Für die Antwort auf diese Frage muss man sich in die unterirdischen Gänge des Industriebergwerks Eugènia begeben, das seit 1972 nicht mehr in Betrieb ist. Auch die Casa de les Mines, in der der Direktor mit seiner Familie wohnte, ist inzwischen verlassen.
CARRETERA DE LA MINA S/N, MINESBELLMUNT.COM, T 977 830028, GEÖFFNET: 1. JULI-15. SEPT. DI-SA 11.00-13.00 & 17.00-19.00, SO 11.00-13.00, 16. SEPT.-30. JUNI, SA 11.00-13.00 & FÜHRUNG UM 16.30, SO 11.00-13.00, EINTRITT: 7 €

SIURANA

TERRES DE L'EBRE REGION

REIS, VÖGEL UND WEINKATHEDRALEN

Im Terra Alta (Hochland), dem nördlichen Teil von Terres de l'Ebre, wird seit Jahrhunderten Wein produziert, seit 1972 mit dem Prädikat D.O. Terra Alta. Die Schönheit der Landschaft war für Pablo Picasso eine Inspirationsquelle und Gaudís Lehrling Cèsar Martinell schmückte einige Dörfer mit modernistischen "Weinkathedralen".

Informationen über das Anbaugebiet Terra Alta gibt es unter www.paisatgesdelvi.com *(siehe Priorat, Seite 283).*

1936 brach der Spanische Bürgerkrieg aus. In der Nacht vom 25. Juli 1938 überquerten republikanische Soldaten den Fluss Ebro, woraufhin ein blutiger Kampf zwischen den Nationalisten (pro Franco) und den Republikanern ausbrach. Diese Schlacht am Ebro, die Zehntausende Menschen das Leben kostete, ist in Katalonien als la Batalla de l'Ebre bekannt. Am 11. November besiegten die Nationalisten die Republikaner, und Franco erklärte am 1. April 1939 den Krieg für beendet. Viele Dörfer rund um den Ebro waren zerstört.

Wenn man dem Ebro nach Süden folgt, geht das Berggebiet in Flachland über und die Weinfelder werden zu Reisfeldern. Hier beginnt das Ebro-Delta, ein Vogelparadies, in dem ungefähr 350 Vogelarten überwintern. 1983 wurde das Gebiet zum Nationalpark erklärt. Da die Landschaft sehr flach ist, kann man gut Rad fahren.

Die beste Reisezeit ist von April bis September, dann ist das Delta am schönsten.

DELTEBRE

Das Herz des Ebro-Delta ist die Stelle, an der der Fluss Ebro ins Meer mündet. Dort liegt Deltebre, die Hauptstadt der Region. Die Stadt entstand 1981 aus einem Zusammenschluss der Dörfer Jesús i María und La Cava. In Deltebre werden viele Touren zur Erkundung des Naturschutzgebiets angeboten.

ECOMUSEU ist Museum und Informationszentrum in einem. Das Museum wirkt zwar etwas in die Jahre gekommen, doch die Ökosysteme im Ebro-Delta werden gut erklärt. Es werden hier auch Ausflüge angeboten.
CARRER DE DOCTOR MARTÍ BUERA 22, T 977 489679, GEÖFFNET: MO-SA 10.00-14.00 & 15.00-18.00, SO 10-00-14.00, EINTRITT: 1,20 €

TOP 10

ARRÒS MOLÍ DE RAFELET ist ein Laden in einer alten Holzmühle aus dem Jahr 1935. Die Geschwister Margalef produzieren auf traditionelle und ökologische Weise Reis und verkaufen auch den *arròs bomba*, eine regionale Reissorte, die in viel Wasser gekocht werden muss. Man kann außerdem eine Führung mitmachen.

CARRER DE SANT ROC 8, WWW.MOLIDERAFELET.COM, T 977 480055, GEÖFFNET: MO-SA 9.00-13.00 & 16.00-20.00, SO 9.00-13.00

FRESQUET Im Ebro-Delta werden jedes Jahr 120.000 Tonnen Reis produziert, daher verlassen viele Besucher die Region mit einem Päckchen Reis als Souvenir. Dabei gibt es in der Konditorei Fresquet ein viel originelleres Andenken: *deltakuki*. Das sind köstliche Kekse aus dem Reis der Region, Haselnüssen, Kakao und einer Prise Salz.

CARRER DE FLAMENC 5, WWW.FRESQUET.CAT, T 977 267856, GEÖFFNET: MO-FR 9.00-13.00 & 16.00-20.00, SA 9.00-13.00

BOOTSFAHRT AUF DEM EBRO Am besten lässt sich das Delta natürlich vom Wasser aus erkunden. Bei einem Ausflug mit dem Boot "Santa Susanna" kommt man an den wichtigsten Sehenswürdigkeiten vorbei wie beispielsweise der Isla de Buda, dem Ort, an dem der Ebro ins Meer mündet, sowie an schönen Fischerhäfen. Während der Fahrt wird auch ein üppiges Mittagessen angeboten. Wer während der Woche an einer Bootsfahrt teilnehmen möchte, muss drei Tage im Voraus reservieren.

CARRETERA DE RIUMAR S/N, WWW.SANTASUSANA.ES, T 977 480128, ABFAHRT FR-SO 13.00, PREIS: BOOTSFAHRT 11 €, MENÜ 25 €

Der wichtigste und umstrittenste Teil des nationalen Wasserwirtschaftsplans ist das Vorhaben, eine Million Kubikmeter Wasser aus dem Ebro in die südlichen Provinzen Spaniens zu leiten: der sogenannte Ebro-Transfer. Laut Warnungen von Umweltverbänden wird dadurch über die Hälfte des Deltas, das vom Ebro gespeist wird, austrocknen.

AUDOUIN BIRDING TOUR Das Ebro-Delta ist Lebensraum für zahlreiche Vögel. Wer mit einem Führer unterwegs ist, kann seltene Arten entdecken. Der Bus holt Interessierte direkt am Hotel ab, die Tour findet allerdings nur auf Anfrage statt.

PARTIDA BOCHETS S/N IN FREGINALS, WWW.AUDOUINBIRDING.NET, T 649 286086, PREIS: 20 €

TOP 10

LA BARRACA DE SANT SALVADOR bietet Übernachtungsmöglichkeiten in den typischen weißen Häuschen mit Strohdach. Jedes Haus hat einen eigenen Fischteich mit dazugehörigem Ruderboot. Den fangfrischen Fisch kann man auf dem Grill im Garten zubereiten, die Beilagen stammen aus dem Öko-Gemüsegarten. Man kann sogar ein eigenes Pferd mitbringen, für das neben dem Teich ein Stall bereitsteht. Nachts ist außer dem Quaken der Frösche nichts zu hören – das ist Ökotourismus pur. Der Mindestaufenthalt beträgt zwei Nächte.

CARRETERA DE LA MARQUESA, WWW.BARRACADESALVADOR.COM, T 627 542784, PREIS: 150 €

BOOTSFAHRT AUF DEM EBRO

L'AMETLLA DE MAR

Da Esel früher für die Feldarbeit im Delta und damit das Einkommen der Familien sehr wichtig waren, wurde sehr darauf geachtet, dass es ihnen gut ging: Sie bekamen ausreichend Futter und den kühlsten Schlafplatz. Die Menschen schliefen dicht an dicht in einem kleinen Zimmer auf einem mit Reis oder Mais gefüllten Jutesack.

L'AMETLLA DE MAR

In diesem südlich gelegenen Fischerdorf fahren die Fischer noch täglich aufs Meer hinaus. Der Hafen ist mit Netzen und Fischerbooten übersät.

LA LLOTJA ist ein Luxus-Restaurant, in dem Chefkoch Marc Miró fangfrische Meerestiere zubereitet. Gegessen wird in einem kleinen Speisesaal oder draußen mit Blick auf den Hafen.

CARRER DE SANT ROC 23, WWW.LALLOTJARESTAURANT.CAT, T 977 457361, GEÖFFNET: JAN.-JUNI MI-SO 13.00-15.00, FR-SA 13.00-15.00 & 20.00-22.00, JULI-DEZ. DI-SO 13.00-15.00 & 20.00-22.00, PREIS: 45 €

MAS DE MINGALL ist ein Bauernhof, in dem man in einem von fünf romantischen Zimmern übernachten kann. Wer will, kann auch zwischen den Oliven- und Mandelbäumen zelten. Das Schwimmbad wird mit Wasser aus dem Brunnen gefüllt. Auf Anfrage gibt die Inhaberin Keramik- und Malworkshops. Wem beim Duft von Thymian, Rosmarin und wildem Fenchel schon das Wasser im Mund zusammenläuft, der sollte fragen, ob er abends dort essen kann. Die Inhaberin kann viel über das ursprüngliche Katalonien erzählen.

CAMÍ DE GAVADA, WWW.MASDEMINGALL.NL, T 659 634684, PREIS: ZIMMER 55 €, ZELT 25 €

ULLDECONA

Schätzungen zufolge stehen in der Umgebung von Ulldecona, dem südlichsten Ort des Ebro-Deltas, 1500 Olivenbäume. Glaubt man den Einwohnern, sind diese wilden Bäume mindestens 1000 Jahre alt.

RUTA DE LES MUSCLERES Die beste Art, das Delta zu erkunden, ist vom Wasser aus. Und der beste Ort, um die köstlichen Muscheln und Austern des Deltas zu kosten, liegt auf dem Meer. Der Schiffer Agusti Bertomeu bietet eine zweistündige, äußerst informative Muschelfahrt an. Auf der "Caseta del Parrillo" kann man die frischen Muscheln und Austern gleich essen.

CARRER DE MAJOR 119, WWW.RUTADELMUSCLOIOSTRA.COM, T 600 447587, ABFAHRT SA 11.00, PREIS: 35 €

ERMITA DE LA PIETAT ist eine Bar in einem Einsiedlerhaus aus dem 13. Jahrhundert. Sie liegt auf einem Hügel vier Kilometer vom Zentrum des Dorfes Ulldecona entfernt. Die Terrasse bietet eine Panorama-Aussicht über das Tal, und im Juni und Juli finden hier gratis Jazz-, Blues- und katalanische Rumba-Konzerte statt. Wer danach nicht mehr Auto fahren will, kann in der angrenzenden Herberge übernachten.

CAMÍ DE L'ERMITA DE LA PIETAT S/N, T 977 261008, GEÖFFNET: DI-FR 9.00-15.00, SA-SO 9.00-0.00

TORTOSA

Das ehemals römische Dertosa liegt am Ufer des Flusses Ebro. Früher war es ein wichtiger Handelsort, von dem aus man ins südliche Ebro-Delta kam.

MONUMENT A LA BATALLA DE L'EBRE ist ein Monument zu Ehren der nationalistischen Soldaten, die in der Schlacht am Ebro im Sommer 1938 gefallen sind. 1966 wurde diese Säule als Warnung des Diktators Franco in den Fluss gesetzt.

CARRER DEL PINTOR GIMENO

MERCAT DEL PEIX Der ehemalige Fischmarkt der Stadt, direkt gegenüber dem großen Markt, ist ein im Stil des Rationalismus entworfenes Gebäude aus dem Jahr 1933.

Vor einigen Jahren wurde es vollständig saniert. Man findet dort noch viele Gegenstände aus den 1930er-Jahren und alte Fotos. Heute ist das Restaurant Viena darin untergebracht, in dem es der *New York Times* zufolge die besten Brötchen mit iberischem Schinken gibt.

PLAÇA BARCELONA 3, T 977 443795, GEÖFFNET: TÄGLICH 8.00-23.00, PREIS: BRÖTCHEN 4 €

PARADOR DE TORTOSA ist ein Schloss aus dem 10. Jahrhundert, das von den Mauren erbaut und später von den Templern erobert und zu einem königlichen Palast umgebaut wurde. Jetzt ist es ein riesiges Hotel. Eine Übernachtung in diesem *parador* mit Blick über die Stadt und das Ebro-Tal ist ein Erlebnis, daher sollte man schon Wochen im Voraus reservieren.

CARRER CASTELL DE LA SUDA S/N, WWW.PARADOR.ES/DE/PARADOR-DE-TORTOSA, T 977 444450, PREIS: 142 €

HORTA DE SANT JOAN

An der Grenze zum Naturpark Els Ports liegt das Dorf, in dem Picasso von 1889 bis 1909 wohnte. Ein Spaziergang durch das mittelalterliche Zentrum lohnt sich.

CENTRE PICASSO D'HORTA DE SANT JOAN befindet sich in einem alten Krankenhaus. Dort sind Kopien derjenigen Werke ausgestellt, die Picasso anfertigte, als er in dem Dorf wohnte.

ANTIC HOSPITAL S/N, WWW.CENTREPICASSO.CAT, T 977 435330, GEÖFFNET: DI-FR 11.00-13.30, SA 11.00-13.30 & 17.00-20.00, SO 11.00-13.30, EINTRITT: 3 €

SÈNIA DE DON PEDRO ist eine *masía*, das dem spanischen König Alfons XIII. im 19. Jahrhundert als Ferienhaus diente. Heute kann man als Gast hinter drei Meter hohen Festungsmauern im Hotelgarten seinen Aufenthalt genießen. 1999 gewann das Haus einen Preis als bestes Landhaus Kataloniens. Es ist nur für Gruppen geeignet.

CARRER PARTIDA DELS PLANS S/N, WWW.SENIADEDONPEDRO.COM, T 977 435259, PREIS: 500 € (BEI MINDESTAUFENTHALTSDAUER VON 2 NÄCHTEN)

GANDESA

Gandesa ist die Hauptstadt des Weingebietes D.O. Terra Alta. Die Attraktion ist eine "Weinkathedrale".

CELLER COOPERATIU GANDESA ist eine modernistische Bodega, die 1919 von Cèsar Martinell entworfen wurde. Winzer liefern hier ihre Traubenernte ab, die in der Bodega verarbeitet und in riesigen Weinfässern gelagert wird. Im Laden neben der Bodega wird der Wein verkauft.

AVINGUDA CATALUNYA 28, WWW.COOPGANDESA.COM, T 977 420017, GEÖFFNET: MO-FR 9.00-13.00 & 15.00-19.00

MERCAT DEL PEIX, TORTOSA

CASTELL DE MIRAVET, MIRAVET

Der modernistische Architekt Cèsar Martinell i Brunet wurde 1888 in Valls geboren. Zusammen mit Gaudí arbeitete er an der Sagrada Família. Danach entwarf er hauptsächlich modernistische Bodegas, von denen es 40 in ganz Katalonien gibt.

BENIFALLET

In Benifallet werden vor allem Oliven, Trauben und Orangen angebaut. Die Orangen kann man an vielen Stellen am Straßenrand direkt von den Bauern kaufen. In der Umgebung dieses Dorfes wurden in den 1970er-Jahren mehrere Tropfsteinhöhlen entdeckt.

TOP 10

COVES MERAVELLES DE BENIFALLET ist die erste Tropfsteinhöhle, die in dieser Gegend gefunden wurde. In dieser unterirdischen Wunderwelt kann man verschiedenfarbige Stalaktiten und Stalagmiten in Kombination mit bizarren Tropfsteinen bewundern. Die Wandzeichnungen stammen von einem Hirten. Der Führer kann übrigens auch Musik "herbeizaubern".

CAMÍ DE LES COVES S/N, T 977 462005, GEÖFFNET: TÄGLICH 10.00-13.30 & 16.00-19.30, MAI-OKT. TOUR ALLE 45 MIN., EINTRITT: 7 €

EL PINELL DE BRAI

Dieses hoch gelegene Dorf befindet sich zwischen den Bergketten Pándols und Cavalls. Nach dem Bürgerkrieg und Zerstörungen durch Fliegerbomben in den 1930er-Jahren machten die Einwohner mit dem weiter, was sie schon immer gut konnten: dem Oliven-, Mandel- und Traubenanbau.

LA CATEDRAL DEL VI Diese "Weinkathedrale" aus dem Jahr 1917 ist eine der berühmtesten von Martinell in Katalonien. Die Baustruktur erinnert an die Krypta von Santa Coloma de Cervelló (siehe Seite 120). Bei einer Führung wird alles über den Bau, die Geschichte und die Weinherstellung erzählt. Im Anschluss kann man den Wein natürlich auch probieren und kaufen.

CARRER DE PILONET 8, WWW.LACATEDRALDELVI.ORG, T 977 426234, GEÖFFNET: MO-SA 11.00-13.00 & 16.00-19.00, SO 11.00-14.00, EINTRITT: 3,70 €

CASAS COLGANTES sind Häuser, die 100 Meter über einer Schlucht hängen und in den Fels gehauen wurden. Man kann die Häuser und den wunderschönen Blick auf die Bergketten Pándols und Cavalls bewundern.

MIRADOR AL BARRANCO DEL PINELL, CARRER ALT, ELPINELL.COM

MIRAVET

In einer Flussschleife des Ebros und im Schatten einer alten Templer-Burg liegt Miravet.

CASTELL DE MIRAVET wurde von den Mauren gebaut und im 12. Jahrhundert von den Templern eingenommen und erweitert. Es ist das am besten erhaltene Beispiel für Templer-Architektur in Katalonien. Die Burg war bis 1308 bewohnt, dann gab Papst Clemens V. den Auftrag, die Templer zu vertreiben. Von der Burg aus hat man einen atemberaubenden Blick über das weite Tal, die Berge und den Fluss Ebro.
CAMÍ DEL CASTELL S/N, WWW.MHCAT.CAT/MONUMENTS/CASTELL_DE_MIRAVET, T 977 407368, GEÖFFNET: JUNI-SEPT. DI-SO 10.00-13.30 & 16.00-19.30, OKT.-MAI DI-SO 10.00-13.00 & 15.00-17.00, EINTRITT: 3 €

MOLÍ DE XIM ist ein stilvolles Restaurant in einer ehemaligen Olivenmühle. Hier kann man preiswert ein katalanisches Mittagessen mit saisonalen Produkten wie Artischocken oder Austernpilzen und einer überraschenden innovativen Note bekommen. Das verwendete Olivenöl wurde aus den eigenen Oliven hergestellt.
CARRER MAJOR S/N, WWW.MOLIDEXIM.COM, T 977 407758, GEÖFFNET: DI-SO 13.00-16.00, FR-SA 13.00-16.00 & 21.00-23.00, PREIS: TAGESGERICHT 11 €

PAS DE BARCA Die schönste Art, Miravet zu verlassen, ist mit einer Fähre, die womöglich die älteste Spaniens ist. Auch Autos werden transportiert. Die Fähre wird nur von der Flussströmung angetrieben.
PLAÇA DE L'ARENAL, GEÖFFNET: TÄGLICH 8.00-13.00 & 15.00-18.00, AUG. TÄGLICH 8.00-20.00, PREIS: 1 €, AUTO 3 €

ZISTERZIENSERKLOSTER-ROUTE

1098 spalteten sich einige konservative Benediktinermönche im Burgund von ihren Glaubensbrüdern ab, um einen eigenen Klosterorden zu gründen. Für Zisterzienser haben weder Luxus noch Reichtum eine Bedeutung, sondern genau das Gegenteil: die Askese. Im Süden Kataloniens befinden sich noch drei besondere, gut erhaltene Klöster dieses Ordens.

TOP 10

MONESTIR DE SANTA MARÍA DE POBLET ist das schönste und größte der drei Klöster. Es wurde 1150 von Raimund Berengar IV., Graf von Barcelona, gegründet. Innerhalb kurzer Zeit entwickelte es sich zum größten bewohnten Zisterzienser-Komplex Europas. Im 19. Jahrhundert wurden die Mönche vertrieben, woraufhin das zerstörte Kloster unbewohnt zurückblieb. 1940 kamen dann vier italienische Zisterzienser hierher und bauten das Kloster wieder auf. Dieser Einsatz brachte der Anlage 1991 einen Platz auf der Liste des UNESCO-Weltkulturerbes ein. Seitdem zieht sie viele Besucher an, kann jedoch nur mit einem Führer besucht werden, um die Privatsphäre der Mönche zu wahren. Der gotische Kreuzgang mit dem Pavillon, dem Springbrunnen und dem

MONESTIR DE SANTA MARÍA DE POBLET

ESGLÉSIA DE SANTA MARIA LA MAJOR, MONTBLANC

wunderschönen Dekor ist ein wahres Prachtstück. Auch die Abtei, der Speisesaal, die Bodega und die Wehrtürme sind bedeutende Beispiele für Zisterzienser-Architektur in Europa.

CARRER DE L'ABADIA, L'ESPLUGA DE FRANCOLÍ, WWW.POBLET.CAT, T 977 870089, GEÖFFNET: MÄRZ-OKT. MO-SA 10.00-12.40 & 15.00-17.55, SO 10.00-12.25 & 15.00-17.25, NOV.-FEBR. MO-SA 10.00-12.40 & 15.00-17.25, SO 10.00-12.25 & 15.00-17.25, EINTRITT: 7 €

MONESTIR SANTES CREUS Dieses Kloster wurde vollständig nach den Regeln der Zisterzienser-Architektur erbaut. Es wurde 1158 gegründet und diente in seiner Blütezeit Intellektuellen und Politikern als Treffpunkt. 1835 vertrieb ein Brand die Mönche. Der Schaden wurde 1931 behoben, das Kloster blieb jedoch unbewohnt – zum Vorteil der Besucher, die es nun nach Herzenslust besichtigen können. Hier befinden sich die Gräber wichtiger katalanischer Führer wie Jakob II. (der Gerechte) und Peter II. (der Große). Auch die Bodega, der Speisesaal und der schöne Kapitelsaal, der von Jakob II. im 14. Jahrhundert gebaut wurde, sind einen Besuch wert.

PLAÇA JAUME EL JUST S/N, SANTES CREUS/AIGUAMÚRCIA, WWW.MONESTIRS.CAT, T 977 638329, GEÖFFNET: OKT.-MAI DI-SO 10.00-17.00, JUNI-SEPT. DI-SO 10.00-18.30, EINTRITT: 4,50 €

MONESTIR VALLBONA DE LES MONGES Dieses Kloster in der Provinz Lleida war im Gegensatz zum oben genannten Zisterzienserkloster immer bewohnt. Nach dem Bau 1175 entwickelte es sich zum wichtigsten Frauenkloster Kataloniens. Hier wohnten die Töchter der einflussreichsten katalanischen Familien. Ihre Schenkungen lieferten einen wichtigen Beitrag zu seinem Wohlstand und Bestehen. König Alfons I. (der Keusche) und Jakob I. (der Eroberer) tauchten hier in unsicheren Zeiten unter. Heute ist die von Nonnen bewohnte Anlage ein spirituelles Zentrum, in dem Besucher auch übernachten können.

CARRER MAJOR S/N, VALLBONA DE LES MONGES (LLEIDA), WWW.VALLBONA.COM, T 973 330266, GEÖFFNET: DI-SA 10.30-13.30 & 16.30-18.45, SO 12.00-13.30 & 16.30-18.45, EINTRITT: 3,50 €

VALLS

TOP 10

Sie ist grün, lang und wird mit den Fingern gegessen. Man könnte sie auch die "dicke" Schwester einer Frühlingszwiebel nennen. Es ist die *calçot*, eine Zwiebelsorte, die in Valls angebaut wird. Was hier als einfaches winterliches Grillvergnügen (*calçotada*) begann, hat sich inzwischen zu einer beliebten Aktivität in ganz Katalonien ausgeweitet. Das Dorf Valls hat ansonsten nicht besonders viel zu bieten.

Die calçot-*Saison dauert von November bis April. Restaurants, die nach dieser Zeit noch* calçots *anbieten, greifen auf eingefrorene Ware zurück.*

TOP 10

CAL GANXO ist ein *calçot*-Restaurant in einer Oliven- und Weinmühle. Die gegrillten *calçots* werden auf einem Dachziegel, der die Wärme speichert, serviert. Um Beschwerden vorzubeugen: Die Zwiebeln *müssen* angebrannt sein. Die äußere Haut wird abgezogen und der innere, weiche Teil in *romesco* getunkt.

POBLA DE MASMOLETS S/N, WWW.CALGANXO.COM, T 977 605960, GEÖFFNET: NOV.-APR. TÄGLICH 13.00-15.30, PREIS: 36 €

MASIA BOU behauptet, das erste *calçotada*-Restaurant Kataloniens gewesen zu sein. Der Großvater des heutigen Inhabers Xat de Bereguer soll sogar die *calçotada* erfunden haben.

CARRETERA DE LLEIDA KM 21,5, WWW.MASIABOU.COM, T 977 600427, GEÖFFNET: MO-FR 13.00-16.00, SA-SO 13.00-18.00, PREIS: 36,50 €

LES VINYES ist ein Luxus-Spa-Hotel vor den Toren von Valls. Pferdeliebhaber können hier durch die umliegenden Weinberge reiten. Es ist ein kleines Haus für eine idyllische Übernachtung auf dem Land. Das Hotel ist sonntagabends und montags geschlossen.

CARRETERA C51 S/N KM 25, VILARDIDA, WWW.LESVINYES.COM, T 977 639193, PREIS: 99 €

MONTBLANC

Montblanc ist ein mittelalterlicher Bergort, der von einer dicken, etwa 1700 Meter langen Mauer mit Zinnen, Toren und 35 Wachtürmen umgeben ist. Die Gegend ringsherum ist von Bergen sowie Oliven- und Mandelbäumen geprägt.

ESGLÉSIA DE SANTA MARIA LA MAJOR Im 14. Jahrhundert wurde mit dem Bau dieser gotischen Kirche begonnen, durch den Ausbruch der Pest blieb sie jedoch unvollendet. Die Einwohner Montblancs nennen sie wegen der schönen Fassade, auf der kletternde Cherubim abgebildet sind, liebevoll die "Kathedrale der Berge".

PLAÇA SANTA MARIA 2, T 977 860110, TÄGLICH 11.00-13.00 & 16.00-18.00

PORTAL DE SANT JORDI Eines der südlichen Stadttore von Montblanc mit einem dreistöckigen Wachturm trägt den Namen des Heiligen Sant Jordi, der hier einen gefährlichen Drachen getötet haben soll (siehe Seite 27). Diese Legende wird alljährlich um den 23. April in einer Festwoche mit Ritterkämpfen und einem Mittelaltermarkt nachgespielt.

MURALLA DE SANT JORDI S/N

FONDA DEL CASTLÀ ist ein Restaurant, in dem man in die Vergangenheit zurückversetzt wird. Für ein stilgerechtes historisches Mittag- oder Abendessen stehen mittelalterliche Gerichte auf der Karte, die auf dem Holzkohlegrill zubereitet werden.

CARRER DE FUSTERIA 8, WWW.FONDACASTLA.COM, T 977 860876, GEÖFFNET: JULI-SEPT. DI-SA 12.00-16.00 & 20.00-22.30, SO 12.00-16.00, OKT.-JUNI SA-SO 13.00-16.00 & 21.00-23.00, PREIS: 20 €

MONTBLANC

Die **TOURISTENINFORMATION VON MONTBLANC** organisiert einen zweistündigen Stadtrundgang. Mit einem erfahrenen Führer besucht man das Erdgeschoss des Regionalmuseums und zwei mittelalterliche Gebäude, von denen eines ein ehemaliges Wohnhaus war. Der Spaziergang führt innerhalb der Stadtmauern durch die engen Gassen zu mehreren Palästen, einem Krankenhaus, Kirchen und historischen Plätzen. Man bekommt so ein gutes Bild davon, wie die Einwohner von Montblanc um 1500 lebten. Der Rundgang endet in einer Bodega mit einer Weinverkostung.

ANTIGA ESGLÉSIA DE SANT FRANCESC S/N, WWW.MONTBLANCMEDIEVAL.ORG, T 977 861733, FÜHRUNGEN: SA-SO 11.00, PREIS: 5 €

MAS CARLONS ist ein Bauernhof aus dem 18. Jahrhundert und liegt außerhalb Montblancs am Fuß des Pradesgebirges. Heute beherbergt er ein Hotel, dessen Garten mit Schwimmbad Aussicht auf die Weinberge und Olivenhaine bietet. Grillen ist erlaubt, wer will, kann an einer der von den Inhabern organisierten Exkursionen und Radtouren teilnehmen.

CAMÍ DE L'AMALGUER S/N, WWW.MASCARLONS.COM, T 977 860045, PREIS: 79 €

L'ESPLUGA DE FRANCOLÍ

In der Nähe von Montblanc, auf dem Weg zum Kloster von Poblet, liegt das Dorf L'Espluga de Francolí. Die lokale Spezialität ist *carquinyoli*, ein süßes, längliches Gebäck mit Mandeln.

MUSEU VIDA RURAL Das Museum befindet sich in einem Palast aus dem 17. Jahrhundert, der einmal einer reichen Apothekerfamilie gehörte. Hier erfährt man anhand von Fotos und historischen Gegenständen einiges darüber, wie das Landleben in Katalonien früher aussah. Liebhaber des Buches *Die Kathedrale des Meeres* von Ildefonso Falcones sollten sich das Museum nicht entgehen lassen.

CARRETERA DE MONTBLANC 35, WWW.MUSEUVIDARURAL.COM, T 977 870576, GEÖFFNET: DI-SA 10.30-14.00 & 16.00-18.30, SO 10.30-14.00, EINTRITT: 5 €

COVA DE LA FONT MAJOR ist eine sehenswerte Höhle, in der die Quelle des Flusses Francolí liegt oder, wie die Katalanen so schön sagen, in der der Fluss geboren wird. Die Höhle zählt zu den sieben größten Konglomerathöhlen der Welt. Der Rundgang durch den trockenen Teil der Höhle dauert eine Stunde und umfasst auch einen informativen Museumsbesuch. Wer die "Geburt" des Flusses mit eigenen Augen miterleben will, sollte eine Tour durch den feuchten Teil der Höhle buchen. Dafür müssen sich allerdings mindestens sieben Personen anmelden. Am Ausgang der Höhle befindet sich ein Brunnen, dessen kühles Wasser man ruhigen Gewissens in seine Wasserflasche füllen kann.

AVINGUDA CATALUNYA S/N, WWW.COVESDELESPLUGA.INFO, T 977 871220, GEÖFFNET: SEPT.-JUNI DI-SO 10.30-13.30 & 16.00-18.00, JULI-AUG. TÄGLICH 10.30-13.30 & 16.00-19.00, EINTRITT: 6 €, TOUR 38 €

Der Fluss Francolí könnte eigentlich die Stadt Tarragona erreichen. Wegen des geringen Niederschlags trocknet er jedoch auf dem Weg dorthin sehr oft aus.

VILLA ENGRACIA ist ein Landhotel in den Bergen, rund 500 Meter vom Kloster von Poblet entfernt. Die Betreiber organisieren Ausflüge, unter anderem Ausritte durch die Berge. Das Hotel verfügt über ein Schwimmbad und ein Restaurant.

CARRETERA DE LES MASIES DE POBLET, WWW.VILLAENGRACIA.COM, T 977 870308, PREIS: NEBENSAISON 95 €

CASTELL DE RIUDABELLA bietet außergewöhnliche Übernachtungsmöglichkeiten in einer Burg aus dem 12. Jahrhundert außerhalb von L'Espluga de Francolí. Die Anlage befindet sich inmitten von 180 Hektar Weinbergen, die zum Naturpark Prades gehören. Gäste können entweder in einem Appartement in der Burg oder in einem angrenzenden Bereich übernachten.

FINCA RIUDABELLA S/N, VIMBODÍ, WWW.RIUDABELLA.COM, T 977 878040, PREIS: 125 €

ORTSNAMENREGISTER

CS NATURALS DE FRUITA
SUC DE TARONJA
POMA PASTANAGA I GINGEBRE
LLIMONA, MENTA, MEL I GEL
ESPINACS, FONOLL, POMA I TARONJA
TERE: TOMÀQUET, LLIMONA, API, SAL I PEBRE
REMOLATXA, API, POMA I COGOMBRE
"M": MELÓ I CANYELLA
"S": SÍNDRIA, MANGO, LLIMONA I MENTA
ANTIOX: MADUIXA,
TARONJA I
SUC NATURAL AL
Tots els nostres sucs de
són 100% naturals.
la teva combinació de
preferida i te la
al moment!
4'50 €
3'50 €
TÈ VERD
TÈ NEGRE
CHAI

THEMENREGISTER

> SEHENSWÜRDIGKEITEN

> ESSEN & TRINKEN

> SHOPPEN

> 100% THERE

> AUSGEHEN

> ÜBERNACHTEN